文本、话语与政治：新闻传播研究的新视野

阎立峰 张燕萍 刘也夫 郑美娟 著

九州出版社
JIUZHOUPRESS

图书在版编目（CIP）数据

文本、话语与政治：新闻传播研究的新视野 / 阎立
峰等著. -- 北京：九州出版社，2021.7
ISBN 978-7-5225-0338-7

Ⅰ. ①文⋯ Ⅱ. ①阎⋯ Ⅲ. ①新闻学－传播学－研究
Ⅳ. ①G210

中国版本图书馆CIP数据核字(2021)第149816号

文本、话语与政治：新闻传播研究的新视野

作　　者	阎立峰　张燕萍　刘也夫　郑美娟　著
责任编辑	郝军启
出版发行	九州出版社
地　　址	北京市西城区阜外大街甲 35 号（100037）
发行电话	(010)68992190/3/5/6
网　　址	www.jiuzhoupress.com
印　　刷	三河市兴博印务有限公司
开　　本	720 毫米 ×1020 毫米　16 开
印　　张	12.5
字　　数	200 千字
版　　次	2021 年 7 月第 1 版
印　　次	2021 年 7 月第 1 次印刷
书　　号	ISBN 978-7-5225-0338-7
定　　价	52.00 元

序　言

正如书名所宣示的，写作这本书，目的是从跨学科的角度，探讨作为文本或话语的新闻产品的内在机理，及其与政治等外部要素的关系。

"文本"和"话语"皆是20世纪以来人文社会学界的流行词，但流行的程度，往往与使用者的不求甚解成正比。事实上，概念术语的更替一定追随着思想观念的嬗变。譬如，使用"文本"一词，就蕴含"人为编织的"、非自然存在的意思；同时也暗示，尽管努力追求自然客观，不过还是有一定成规和主观意图在其中。"话语"（discourse）一词，则几乎已到滥用的程度，以至于有的学科以谈"话语"为荣，有的学科以讲"话语"为耻。绝大部分的使用者，都是通过模糊印象来会意和使用"话语"（虽然用法大致上不会错）。造成该状况的原因，一方面在于缺乏清晰且现成的定义（福柯有界定吗？费尔克拉夫的话语分析法又显得琐碎而机械），另一方面，与一切皆"话语"的惰性思维有关（新闻是话语，历史是话语，文学是话语，文本也是话语……）。在这里，"话语"既是思维的起点，又是思维的终点；既是思维框架，又是思维对象；既是自变量，又是因变量。至于"政治"，在西方，似乎从葛兰西起就被视为一门"制造同意"（迈克尔·布若威语）的技艺，政治与权力（power）所蕴含的"强力""强制"等意味开始淡出，"吸引力""说服力""影响力"等所谓的"软实力"意味，逐渐淡入。大众媒体（包括新兴的社交媒体）无疑是在政治领域"制造同意"的最有力的工具。

就本书而言，文本、话语和政治三个关键词作为编织意义之网的三条丝线，新闻传播（或曰信息产品或文化产品，简称"新闻"）悬挂其上。从最简单的意义上讲，新闻可被视作文本，视作话语，视作政治本身。从另外的角度看，三个关键词又呈递进关系：从文本到话语，指归在于政治。希望循此思路可以探究，日常的语言实践，如何成为权力与政治实践的组成部分。

进行跨学科的思考，是贯穿本书的方法意图和理论意图。新闻传播学与文学、历史、哲学、艺术学以及社会学、经济学、心理学、信息技术等学科渊源深厚，根本原因在于新闻本身的多重属性——纪实报道、社会镜像、政治宣传、文化商品和历史文献，相应地具有了政治、经济、文化、社会等多重功用。与其他学科相比，新闻传播学科很难形成学科"自治"，这一点以往令同道中人稍显尴尬，却正是新闻传播学的生命力所在，数字化社会的来临即可确证。从万事万物的媒介，到万事万物被媒介化，是正在实现的社会事实。

本书通过引入人文学科的视角，结合话语理论、社会表演的概念、思路和立场，探讨新闻传播领域相关议题，试图对传统新闻学研究、政治传播等做一些较有新意的思考。

话语理论方面，本书主要论及福柯和费尔克拉夫（Norman Fairclough），他们是从"语言学转向"到"话语转向"的代表人物。基于福柯的话语理论，重新解析新闻文本得以建构的内在机制，思考新闻文本陈述与外部知识话语间的"互构"关系。关于费尔克拉夫等人的批评话语分析，则通过回到语言学的源头并结合欧洲社会批评理论的背景，来对批评话语理论和方法在国内传播学界的引入与发展状况做重新梳理和评价，力求阐明，跨越社会文化语境引入特定理论或方法时，必须直面隐藏其后的深层"前见"——价值观立场。

社会表演和人类表演属于戏剧学、人类学以及社会学的交叉地带。本书力图将政治、表演与媒介化联系起来，对西方政治与大众媒体的互动关系——媒介化的政治表演与政治表演的媒介化——进行读解，将当下西方政治表演的盛行，归结于媒介逻辑、权力艺术和民粹政治相互作用的结果。如此设想是否能为政治传播的研究另辟蹊径，尚有待学界检验。

与前述的人文学科视角相适应，全书的研究方法很传统也很人文：倡导直面对象；在理论溯源和文献辨析的基础上，不片面寻求观点结论的"客观""中立"及"可验证性"；诉诸研究者的思辨能力和创造性的解释能力；承认文本接收者是具有能动性的创作主体。"金石靡矣，声其销乎"，中国传统的"格物致知"不正是如此么，英美系的文本细读方法或者德法系的解释诠释之学，不正是如此么。希望以上理论角度、思考路径和观点，对于新闻传播学研究具有新的拓荒意义。

本书的几位执笔者在攻读博士学位期间接受了比较专业的人文学术方法的训练，具备较好的文本细读能力、理论思辨能力和文献整理辨析能力。本书所选定的专题，都来自他们长期以来在导师指导下进行跨学科思考的领域。研究过程中，被要求回到原典，回到术语和概念的源头，并且考虑到历史、社会等外部制约条件与文本的互动关联。

当然，作者们都充分认知到，学术愿望是一回事，学术成效是另一回事。新视野能否有新成果，还请同道指正。

附录两篇文章，可以视为本书所倡导的理论和方法的一次实践。众所周知，福柯的话语理论对于萨义德的媒介批评思想具有直接的催化作用。鉴于国内目前尚缺乏对萨义德的媒介批评思想的系统研究，《再现与反再现：爱德华·萨义德的媒介批评思想研究》一文，借助人文主义的诠释研究范式，以文本细读法，清理萨义德作品中有关新闻、媒介等方面的论述，辨析其文本内涵，勾画萨义德的媒介批评思想，并从新闻传播学科角度，探讨其启示性和局限性。

电子游戏作为计算机时代的智能娱乐方式，其仿真性和互动性为人类带来新的行动和情感体验。电子游戏同时也是一种社会产品，为社会所生产，也参与社会文化的再生产。《论电子游戏中的性别与叙事》一文，将游戏产品视为有意味的文本或者话语，展开细致的叙事学分析，并与社会与文化的性别议题挂钩，希望揭示出电子游戏背后的社会意涵。

阎立峰

2021 年 3 月于厦门

目　录

权力与建构：话语视域下的新闻文本研究

19 世纪末 20 世纪初，西方哲学开始语言学研究转向，一时间哲学家们在思考以何种合适的语言来讨论世界。此时的维特根斯坦宣称"全部哲学都是语言批判"①，彻底将哲学研究的风向转至语言学之中。而人文社会科学领域也正在经历索绪尔开创的语言学的洗礼，语言不再被认为是固定的表达系统，而是任意与武断的系统，其本身并不能保证词与物之间相对应的稳定关系，也并非是事实的承载中介。20 世纪中叶以来，语言学的话语转向以埃米尔·本维尼斯特和米歇尔·福柯等人的理论为代表，他们将语言与社会历史实践相结合，转向现实的语言活动，在其话语研究之中，"话语"不再是一种指示性的语言表达的工具。就新闻而言，其本质乃是一种语言产品，亦不可逃脱语言操纵的主观特质，它所强调的纯粹的新闻客观性报道，或许不过一场自我期许的乌托邦。故而，从话语的视角来看新闻文本，有助于我们充分认识新闻文本的建构特质，对新闻的阐释权力保持更高的警惕。

一、研究概述

（一）话语概念及其流变

语言的哲学思辨源自古希腊哲学有关"逻各斯"（logos）的探索，logos 一般被认为是理性与逻辑的代名词，但实质上它还含有话语的意思，或者可以说 logos 表明了人之理性寓于语言。语言一直被视作通往真理的途径，乃是理性构成的材料。赫拉克利特就认为 logos 含有自然规律和理性认知之义，并将其作

---

① [奥]L.维特根斯坦：《逻辑哲学论》，郭英译，北京：商务印书馆，1985 年，第 38 页。

为"说出的道理"来定义。① 柏拉图认为语言与行动分离，却与认知相关联，是认识的工具。② 亚里士多德同样注重语言的认知功能，即词与物，思维与逻辑的关系，语言成为获得认知的重要途径。③ 可以看出，古希腊哲学关于语言哲学的探索，将 logos 置于语言与理性相互交织的认识论中，人作为理性的动物，在认识世界过程中，在于说出真理，循自然规律行事。海德格尔认为语言最切近于人的本质④。他从哲学生存论角度思考语言与存在的问题，并指出说出来的语言即为话语，话语是人在生存论环节上的语言之基⑤。显然，海德格尔将"话语"视作比语言更为"源始"的逻各斯。由此可见，在语言哲学探索的过程中，话语是与语言、存在相关联的概念，它既作为认识论的工具，也是一种生存论的建构。

索绪尔建构的语言学理论体系，区分了语言与言语之间的二元关系，言语与语言相对，其遵循语言使用规则，乃是具体的语言活动。他关于话语的概念模糊于言语界定之中，为后来语言学第二种研究客体——关于话语理论的探索埋下伏笔。⑥ 列维-斯特劳斯的语言结构主义理论，将神话视作语言的有效形式，而神话故事的讲述，乃为构成神话的话语事件，它有别于语言与言语的两个层面，而是作为第三层面的神话素（Mythemes）出现。列维-斯特劳斯在神话研究中的创见，使得话语的概念在人文社科领域得以初见端倪。罗兰·巴特认为话语超出句子范畴，是更大的语言的单位，就它的本质来说，乃为第二种语言

---

① 赵敦华：《西方哲学简史》，北京：北京大学出版社，2001 年，第 14 页。

② 周昌忠：《西方现代语言哲学》，上海：上海人民出版社，1992 年，第 9 页。

③ 周昌忠：《西方现代语言哲学》，上海：上海人民出版社，1992 年，第 13—15 页。

④ ［德］马丁·海德格尔：《语言》，载《海德格尔选集（下）》，孙周兴译，上海：上海三联书店，1996 年，第 981 页。

⑤ ［德］马丁·海德格尔：《存在与时间》，陈嘉映、王庆节合译，熊伟校，北京：生活·读书·新知三联书店，2014 年，第 188 页。另，这里"话语"也有译为"言说"，即"语言在生存论及存在论上的根基是言说""言说表出的方式就是语言……"。另可查阅，［德］马丁·海德格尔：《人诗意地安居——海德格尔语要》，郜元宝译，张汝伦校，上海：上海远东出版社，1995 年，第 59 页。

⑥ ［瑞士］费尔迪南·德·索绪尔：《普通语言学教程》，高名凯译，岑麒祥、叶蜚声校注，北京：商务印书馆，1980 年，第 36—42 页。索绪尔将语言定义为"一种表达观念的符号系统"，划出了语言与言语的界限。他强调"言语"（Rede）或"言语活动"，需加上"谈话"（le discourse）的特殊意义。在《普通语言学教程》中，他多次提及"话语"概念，但未做深入阐述，主要讨论了区别于言语活动的、以语言为唯一对象的语言学研究。

学的研究对象。① 茨韦塔·托多罗夫（Tzvetan Todorov）则强调了话语的应用功能，它是语言的具体应用性活动。②

　　适逢结构主义语言学盛行之际，本维尼斯特与福柯却打开了语言学研究的新局面，二者的理论见地引发了语言学中的话语转向，尤其是福柯的话语理论为后来的人文社会科学研究开垦了广袤的理论疆域。本维尼斯特强调语言与社会的关系，指出社会的语义属性，并将主体性问题引入语言学研究之中，他认为只有在话语中主体性才得以显现。③ 福柯的话语理论集中反映了语言与主体意识的不可化约性，并认为语言建构了一切，人在话语之中。他将话语视作一种实践④，同时也视作事件，与社会各实践相结合。他通过考古学方法考察话语的形成条件，并在其后期理论研究中探究话语与知识权力的关系，以系谱学的方法阐发了他的权力话语观。话语作为理论的应用，沿袭的是福柯对它的最初界定，福柯经过了对《词与物》"知识型"的分析，再到《知识考古学》"档案"的描述，而后将"话语"严格框定出来，他所谓之话语，是语言之建构，与某一时段固有的思想方式相关，它作为一种社会实践，是各个社会实践环节下的产物，统御着人们言说、行动、交往等方面，使人们在话语之内展开实践活动。话语，作为一种高级的支配形态，对长时段的历史而言并非是固定不变的，而是非连续的断裂式的偶然存在形态，而知识型则是每个时代话语的表述方式，是某一特定时期的思维方式。福柯以后，"话语"一词被广泛地应用于后殖民主义、女权主义、种族主义等，由不同学科的研究者对其概念本身进行生发与延展，并赋予其不同的意义内涵。

　　20 世纪后半期，语言学上的话语分析有所突破，哈里斯（Zellig S. Harris）1952 年发表《话语分析》一文，将话语作为一种分析方法，应用于语篇分析

---

① [法]罗兰·巴尔特：《叙事作品结构分析导论》，张裕禾译，载王泰来编译：《叙事美学》，重庆：重庆出版社，1987 年，第 63 页。
② [法]茨韦塔·托多罗夫：《巴赫金、对话理论及其他》，蒋子华、张萍译，天津：百花文艺出版社，2001 年，第 17 页。
③ [法]埃米尔·本维尼斯特：《普通语言学问题》，王东亮译，北京：生活·读书·新知三联书店，2008 年，第 297 页。
④ Michel Foucault. *The Archaeology of Knowledge*. Trans. by A. M. Sheridan Smith. New York: Vintage Books, 2010, p.49.

之中，开启了话语分析研究始篇。① 而后的梵·迪克（Van Dijk）、费尔克拉夫（Norman Fairclaugh）都运用了这一方法，不断在各自研究领域内深入发掘。梵·迪克《作为话语的新闻》，以报纸的形态来分析新闻制作者、新闻标题的制作等。② 费尔克拉夫则吸收了福柯的话语理论，将话语与意识形态相结合，但仍纠缠于文本的分析，其著作《话语与社会的变迁》，提出文本、话语、社会三个维度的分析角度，不断丰富文本分析研究模式。③ 另外一支英美路径，则是将话语与日常生活的具体语言应用相结合，尤其是奥斯汀（J. L. Austin）和塞尔（J. R. Searle）的如何以言行事，强调了语言的实际应用功能。④

综上所述，话语一词的概念在学界的不断探究下，被赋予不同学科的新内涵，不论作为理论还是方法，它都在不断丰满之中。萨拉·米尔斯（Sara Mills）就曾说，话语是文学理论中最需要界定的概念。⑤ 后结构主义以来，话语概念被广泛使用，随着其应用范围的不断扩展，其含义也在不断变化或转换，甚至改变了其原有的意义。它的词义流变也从理性逻辑向社会实践或日常用语中过渡，不断应用于具体的文本案例分析。2019 年，比利时学者尼可·卡朋铁尔（Nico Carpentier）及其研究小组重构话语理论研究方法（DTA）模式，以区别于哈里斯以来的批判话语分析（CDA），意在使话语作为一种理论范式，回归理论研究中心。而在比利时举办的"话语研究：前行的路"国际会议，也体现了现时学界对话语研究的重新思考。

（二）中国新闻话语研究

20 世纪末 21 世纪初，中国新闻学界开始探索话语与新闻学相结合的跨学科性建构，2000 年起从新闻叙事学思考新闻话语研究。范步淹（2000）⑥、何纯

---

① Zellig S. Harris: Discourse analysis. *Language*, 1952, 28(1), Reprinted in Henry Hiz (ed). *Paper on Syntax*. Dordrecht: D. Reidel Publishing Company, 1981, p.107-142.

② [荷] 托伊恩·A. 梵·迪克：《作为话语的新闻》，曾庆香译，北京：华夏出版社，2003 年，第 2 页。

③ [英] 诺曼·费尔克拉夫：《话语与社会变迁》，殷晓蓉译，北京：华夏出版社，2003 年，第 4 页。

④ [英] J. L. 奥斯汀：《如何以言行事：1955 年哈佛大学威廉詹姆斯讲座》，杨玉成、赵京超译，北京：商务印书馆，2013 年，第 9—13 页。

⑤ Sara Mills. *Discourse*. London and New York: Routledge, 1997, p.1.

⑥ 范步淹：《新闻叙事学刍议》，《新闻前哨》，2000 年第 12 期。

（2003）①、蔡志国（2006）②等人，展开新闻叙事学学科性基础问题的探讨，建构新闻叙事学框架，其中涉及叙事故事、叙事话语等相关问题。陈力丹（2005）认为新闻叙事是对新闻事实的重构，其产生的口语或文字作品即"新闻话语"。③可见，新闻话语被界定为一种再现事实的话语。陈虹（2005）④、曾庆香（2005）⑤等认为新闻报道是叙事文本类型，并将新闻作为话语分析对象纳入学科研究领域。齐爱军（2006）指出新闻叙事的文本编码属于独特的叙事类型新闻话语，新闻话语正是新闻叙事研究的逻辑起点。⑥21世纪以来，新闻话语分析研究成为新闻传播学科重要的研究分支。黄敏（2004）⑦、胡春阳（2007）⑧、赵为学（2008）⑨、陈汝东（2008）⑩等学者们在总结相关理论综述，分析当前现状与趋势之时，同时立足于中国新闻话语研究，如沈晓静等（2011）阐述了中国新闻话语的文本建构与历史变迁。⑪孙静怡、王和平（2012）梳理了中国新闻话语现状，对新闻话语研究特性进行了探讨。⑫再次，赖彦（2011）、黄敏（2012）、史文静（2015）等学者相继出版新闻话语研究相关著作，成为话语研究在新闻传播领域的主要成果。

可以看出，新闻与话语研究的关联性，在学科交融的过程中，不断推进发展，基础在于将新闻视作叙事文本进行话语分析。但从福柯的话语理论视野观照新闻文本建构性的研究较为罕见，与福柯话语理论相结合的探索主要集中在

① 何纯：《关于新闻叙事学研究的构想》，《湘潭大学社会科学学报》，2003年第7期。
② 蔡志国：《对新闻叙事学研究框架的构想》，《南通大学学报》，2006年第4期。
③ 陈力丹：《借序言引发的话题》，《当代传播》，2005年第3期。
④ 陈虹：《试论新闻报道的叙事策略》，《新闻记者》，2005年第5期。
⑤ 曾庆香：《新闻叙事学》，北京：中国广播电视出版社，2005年，"序（陈力丹）"，第3页。
⑥ 齐爱军：《关于新闻叙事学理论框架的思考》，《现代传播》，2006年第4期。
⑦ 黄敏：《"新闻作为话语"——新闻报道话语分析的一个实例》，《新闻大学》，2004年第1期。
⑧ 胡春阳：《传播研究的话语分析理论》，《西南民族大学学报（人文社科版）》，2007年第5期。
⑨ 赵为学：《新闻传播学研究中话语分析的应用：现状、局限与前景》，《上海大学学报（社会科学版）》，2008年第4期。
⑩ 陈汝东：《论话语研究的现状与趋势》，《浙江大学学报（人文社会科学版）》，2008年第6期。
⑪ 沈晓静、陈文育、胡兴波：《中国新闻话语的变迁》，南京：河海大学出版社，2011年。
⑫ 孙静怡、王和平：《中国新闻话语：现状与趋势》，《编辑之友》，2012年第11期。

媒介批判领域。其中刘建民（2000）[1]、刘大先（2003）[2]、郑飞（2006）[3]等人指出新闻文本的表层与深层互构的层叠结构特性，文本是话语的具体化，乃是权力的事实，文本的编织即是权力的体现。新闻作为人文社科知识与权力交织的重要实践领域，必将为权力所驱动。卢颖生、郭志鹏（2009）[4]、郭淑娟（2011）[5]、吴学琴（2014）等学者集中探讨了新闻话语研究与意识形态之间的关联性。此外，学界对话语理论在新闻传播领域的建构意义及研究价值进行了思考。田中阳（2006）[6]、石义彬、王勇（2010）[7]、朱振明（2018）[8]等，提出新闻传播领域较集中于文本个案的研究，较少运用话语理论对新闻学理论进行探究。新闻传播本身即是话语的产物，通过话语理论来观照新闻传播学科的理论建构，更易于揭示本学科理论本质，同时为新闻文本的建构性特性提供新洞见。

依据学界思考福柯以来的话语理论对新闻传播学的跨学科意义，相关学者推进了福柯话语理论在新闻传播学科领域的运用。其中李东晓（2010）将经典传播理论"沉默的螺旋"与福柯权力话语观相结合，为传播学理论提供新的阐释路径。[9]自2010年起，李敬致力于福柯话语理论对传播学科的影响，不断尝试通过福柯的视角来剖析传播学现象，其中包括传播媒介话语、知识生产与受众主体的关系等。[10]也就是说，20世纪以来中国学者研究的中心由新闻叙事学始发，经过新闻话语分析研究与媒介话语批判，再到福柯话语理论的传播学科应用，对福柯话语理论与新闻传播学科的结合进行了一些探索性和可能性思考，但并未形成系统的新闻学研究理论与架构。就目前国内外研究特点及相关成果

① 刘建民：《媒介批评的文本理论》，《现代传播》，2000年第5期。
② 刘大先：《赛义德东方学的方法论及其启示》，《文艺理论研究》，2003年第5期。
③ 郑飞：《〈东方学〉中隐喻的福柯权力力量——兼论后现代语境下的后殖民理论》，《社会科学评论》，2006年第4期。
④ 卢颖生、郭志鹏：《媒介话语的意识形态建构——一个批判性的视角》，《新闻爱好者》，2009年第16期。
⑤ 郭淑娟：《新闻话语中的意识形态建构》，《当代传播》，2011年第1期。
⑥ 田中阳：《话语理论及其对新闻传播研究的价值意义》，《新闻界》，2006年第3期。
⑦ 石义彬、王勇：《福柯话语理论评析》，《新闻与传播评论》，2010年第1期。
⑧ 朱振明：《福柯的"话语与权力"及其传播学意义》，《现代传播》，2018年第9期。
⑨ 李东晓：《福柯的话语权力观与"沉默的螺旋"》，《中国传媒报告》，2010年第1期。
⑩ 李敬：《福柯的视角：媒介陈述与主体的生产》，《中国传媒报告》，2011年第4期。李敬：《传播学视域中的福柯：权力、知识与交往关系》，《国际新闻界》，2013年第2期。李敬：《传播符号学视角中的福柯——社会互动与讯息意义》，《上海大学学报（社会科学版）》，2018年第2期。李敬：《媒介话语中的社会道德研究——基于知识考古学的框架》，《新闻界》，2019年第10期。

来看，一方面缺乏对新闻文本话语研究的框架建构及理论探究；另一方面，对话语理论下新闻文本建构产生及运作机制，缺乏系统的理论解析与内外部研究。基于以上因素，本论题将围绕以下内容展开思考：一是，话语理论下新闻文本建构的思想理路及基本研究框架；二是，话语视角下新闻文本建构体系为何，其运作机制是如何发生作用的？

（三）研究基本框架

作为以新闻文本为对象的话语理论探究，新闻文本的建构虽以追求真相、客观公正为宗旨，却也难免陷入社会知识权力架构的网络之中。福柯早就点出知识权力与话语实践之间的关系，而"人"作为近现代的发明，是终究消逝于沙滩的一张面庞，话语建构着一切，与知识权力同生互构、互为因果。

新闻虽力求客观公正，却不免陷于主观。论证此观点的理论与方法颇多，而从福柯话语理论入手，却是为新。是故，本论题以"文本与权力的意义转换"为核心思想，进而从福柯话语理论看新闻文本建构。主要研究内容如下：第一，借由福柯对作者问题探讨所提出的"作者—功能"说来窥探新闻文本建构中作者角色与功能的嬗变。从文本内部来看，新闻记者是新闻文本写作的主体，是新闻文本的作者。作者位置及作者与文本间关系的变化，使得应有的作者功能产生变化。按福柯的作者观，作者不再是意义的起源，而只是可供被填充的"空无"的位置。但于新闻文本作者而言，新闻文本建构与话语生成需要作者对自我角色的消解进行重构与定位。第二，运用福柯"知识考古学"的陈述概念及其功能的描述，辅之以考古学的研究方法，探寻新闻文本内部建构的章法。借助福柯"知识型"概念，提出新闻文本秩序的规定性与一致性，隐含着新闻文本陈述的权力实践效果，这一文本秩序性限定并规范了新闻文本的建构内容与形式。第三，厘清权力与话语的辩证共生关系。从外部宏观结构看，新闻文本的话语实践集中体现了知识权力对真理的建构，媒体作为有真理影响力的机构，也不可避免地受到权力话语的规制。此外，媒体话语又对主体进行规制，影响并规约了人的行为与实践。第四，对受众的文本阐释及意义生产进行剖析。受众主体承载新闻文本作者以外的意义阐释，受众的阅读开启了新闻文本的多元意义的生产。受众阐释既是一种意义衍生，也是一种反制。

二、新闻文本的作者功能

在后结构主义思潮的影响下，"作者是什么？"的问题被一再追问与探讨。而新闻作者作为文本主体，是新闻事件的报道者、记录者与新闻信息传播的主体，亦是新闻文本的建构者，其自身的主体身份和角色定位也遭到了新的质疑与挑战，尤其是在新媒体技术时代，新闻作者主体性泛化严重，故而，重新思考新闻主体对自身身份的重构与确认刻不容缓，同时新闻主体在具体的新闻传播实践活动中，如何发挥其话语建构的作者功能，亦在探究之列。

（一）主体消亡：从"上帝之死"到"人之死"

当普罗泰戈拉宣告"人是世界万物的尺度"[①]，苏格拉底开始沉思人自身的"无知"[②]，希腊时期的哲学家们将哲思之光聚集于人的主体之上。柏拉图提出"磁石说""灵感说"，将诗人视为神之代言，受神之谕旨作诗[③]。亚里士多德指出人凭理性成为主体，人作为理性动物，意在求知[④]。可见，古希腊文明深究于主体本身价值的探讨，执着于人之主体卓然于群的信仰。直到中世纪神学中心的出现，上帝造物替代了人的尺度性，上帝作为一切意义之源，成为凌驾一切之上的主宰。17世纪末，自笛卡尔"我思故我在"[⑤]以降，西方理性思潮乍起，启蒙哲学摒弃了非理性因素的存在，同时将理性旗帜高高举起。康德建立理性法庭，并提出"人为自然立法"[⑥]，将人的主体地位推向空前高度。黑格尔则将主体高度抽象化，使主体成为主宰一切的绝对精神。西方近代哲学围绕主体问题展开深入探讨，当尼采高喊出"上帝死了"，犹如在西方天际中划出一道天光，

---

① [古希腊] 柏拉图：《泰阿泰德篇》，载《柏拉图全集》（第二卷），王晓朝译，北京：人民出版社，2003年，第664页。苏格拉底在与泰阿泰德的对话中，引述了普罗泰戈拉所言："人是万物的尺度，是存在的事物存在的尺度，也是不存在的事物不存在的尺度。"

② 苏格拉底启智性地道出："人应当知道自己无知。"《西方哲学原著选读》（上卷），北京大学哲学系外国哲学史教研室编译，北京：商务印书馆，1981年，第65页。

③ [古希腊] 柏拉图：《苏格拉底的申辩篇》，《柏拉图对话集》，王太庆译，北京：商务印书馆，2004年，第31页。

④ [古希腊] 亚里士多德：《形而上学》（第一卷），苗力田译，载《亚里士多德全集》（第七卷），北京：中国人民大学出版社，1993年，第27页。

⑤ [法] 勒内·笛卡尔：《谈谈方法》，王太庆译，北京：商务印书馆，2000年，第27页。原译文为："我想，所以我是。"

⑥ "自然界的最高法则必然在我们心中，即在我们的理智中。""人为自然界立法"，是康德"哥白尼革命"达到的一个重要结论。赵敦华：《西方哲学简史》，北京：北京大学出版社，2001年，第315页。

就彻底否定了创造一切的神学中心，打破了以上帝为中心主体的客观评判视角，要求重估一切价值，此时的尼采仿佛锻造了一把打开后现代之门的钥匙。而后的事实证明，这一"上帝死了"的历史终结，也预示了人作为近代知识的对象，同样必将消亡。

作为尼采主义信徒，福柯紧随尼采之思，批判了启蒙哲学以来对主体的神话，并喊出"人之死"的论断，认为人作为近代发明的知识对象，像海市蜃楼一样虚幻，并非永恒，必将如沙滩上的面孔，终将消逝。[①] 福柯对主体的认知，意在冲破康德以来先验主体哲学的牢笼，而"人之死"即是对主体哲学中"主体"概念的解构。人并非是天生具有特殊价值的自然立法者，也并未高于其他物种，人只是宇宙的物种之一，仅是在所有系统中发挥了主体的作用罢了。后结构主义以来对主体概念的解构，打破主体哲学对"人之为主体"的神圣光环，同时也是对人在与他者、自然的对立中，以凸显自身主体性的主客二元范式的解构。福柯、巴特、德里达等人对主体的消解，一方面是抨击笛卡尔以来无处不在的主体，另一方面是对笛卡尔所推崇的理性中心的解构。因此，后现代、后结构主义展开针对理性的批判，罗列了"理性中心主义"所导致的社会分裂等各弊端，指出理性实非推动社会进步之力量。

在尼采之后，德里达的形而上学现代性批判路径，致力于对"逻各斯中心主义"的解构，他与福柯的一个共通点，在于都将主体中心视为已消亡的神话。他的《人的终结》一文指出了人的必死性与有限性。在德里达看来，作为意义来源之人的主体，已不复存在。意义乃是主体与他者在文本解读的互文中产生的。巴特同样声称以作者之死为代价召唤读者诞生，作者不再重要，意义由读者产生。[②] 他意在指出"作者的死亡"已经成为"历史的事实"，作者成为写作的功能，是语言自我呈现的"工具"，即不是人在说，而是语言本身。而在作品形成过程中，作者是渐行渐远的，真正的意义来自读者，也就是说读者由原本的文本客体被转化成文本"主体"，作者仅是为语言或话语的建构提供的一个位

---

① [法]米歇尔·福柯：《词与物——人文科学考古学》，莫伟民译，上海：上海三联书店，2001年，第506页。

② [法]罗兰·巴特：《作者的死亡》，载《罗兰·巴特随笔选》，怀宇译，天津：百花文艺出版社，2005年，第301页。罗兰·巴特认同马拉美的全部诗学理论——取消作者而崇尚写作，认为言语活动在说话，而不是作者，读者的诞生正是以作者的死亡为代价来换取的。

置空间。福柯强调人之主体并非中心主宰，而是话语或知识型在建构着人的思维方式，主体仅仅作为话语功能而存在，并可由不同个体所填充，这也正是他的"作者—功能"所强调的内容。因此，他认为"人"是被话语建构出来的观念，一切尽在话语之中。福柯对"主体之死"的认识，是将主体视作话语的位置功能，主体乃是语言自我展示的工具。作者沦为书写者，仅仅是在笔下写出字的人，而一切文本的呈现则只是语言游戏的召唤，是语言的自我呈现，如同福柯所认为的那样，话语建构了一切，也包括人本身。

（二）福柯的"作者－功能"

福柯《作者是什么？》一文阐述了他的作者观的重要观点。关于"作者—功能"的论述，是在去主体中心化思考之下，对传统作者理论进行解构而成的作者新观。关于作者问题的思考，福柯开篇即指出它是一个悬而未决的问题[①]，经过一番探讨后，他指出"作者—功能"的四个特征：其一，"作者"（作为话语的存在功能）它们是占有客体的，其合法编撰在多年前已完成，只有当它们违反刑律之时，作者才得以显现。因此，"作者"在被确指前，始终处于一种危险的游戏之中。其二，"作者—功能"在话语里并非普遍永恒，某些时期或不同类型的文本并非总需要作者，作者在不同的历史文化时期里，以不同的形式运作。其三，作者并非个人自发形成，而是经过复杂程序完成的综合体。其四，作者并非单纯指实际个人，而是多种自我与阶级个人所占有的一系列主观看法。[②]

由福柯的作者功能特征可以看出，在后结构主义思潮的影响下，后现代文论视域下的作者观，都致力于解构主体，而福柯作者观可以说是对巴特提出的"作者之死"问题的再讨论，并且突出了话语对主体位置的建构作用。福柯认为作为主体的作者，并非写作文本的具体个人，他否定了"作为创作主体或焦点"而存在的意义来源，而"作者"则被看作一种话语功能的位置存在，它成为一个"空"的场域，是可由任一个体占据的主体位置。传统意义上的作者在文本写作中消解，其中心地位在文本世界中不复存在。由此可见，福柯眼里的主体

---

① [法]米歇尔·福柯：《作者是什么？》，逄真译，载王逢振、盛宁、李自修编：《最新西方文论选》，桂林：漓江出版社，1991年，第445页。

② [法]米歇尔·福柯：《作者是什么？》，逄真译，载王逢振、盛宁、李自修编：《最新西方文论选》，桂林：漓江出版社，1991年，第454页。

是由话语建构而成的。福柯的作者观抛弃了先验主体的存在，颠覆了传统理性的视角，以话语形构的方式建构理性实体，并将其囿于话语规则之内。

由福柯作者观反观新闻活动，新闻作者问题即是人与新闻的问题；在主体论视野中，亦是作者主体与文本客体的关系问题。杨保军定义新闻活动主体，简称新闻主体，其包括个体、群体（组织主体）。[①] 人是社会活动的主体，自然也是新闻活动的主体。但新闻主体不仅限于个体的人，它还包括新闻组织机构等，它们都处于不同的社会群体之中，也深受新闻所处社会环境的影响。在传统认知定义中，新闻作品是由新闻记者所写的，新闻记者即是作品的主体作者。作者是文本意义的建构者，是说出或写下文本，并能对文本负责的人。而就新闻作者而言，舒德森（Michael Schudson）使用 "News Maker"——新闻制作者，来称谓新闻作者（记者，或从业者），塔奇曼将其著作直接命名为 Making News，据此可以看出，媒体为公众所提供典型的认知世界，是制作与建构式的，而这个 "Maker" 即文本制作者，乃是新闻作品的主体。甘斯曾提出，新闻记者所处的阶层、机构对他们的立场倾向有显著的影响作用。[②] 梵·迪克认为，新闻是必然表达着新闻制作者的态度与立场的，而这些态度与立场又是受制于新闻机构乃至整个阶层或社会意识形态的影响。[③] 可见，始终隶属于某一新闻机构的专业新闻记者，他们所作之新闻作品并非单是记者个人思维的产物，而是整个机构共同作用的产物。而新闻作品的主体既是新闻记者所扮演的文本作者，也是整个媒体机构意志的建构。

首先，新闻记者作为文本作者，由不同的具体个人承担，他们在思考书写的过程中不可避免地输出自我认知与思维方式，对新闻事件的观察与书写是从自我主体中心的角度进行的。新闻文本作者对新闻事件的观点与评论，与其自身的知识、认知、生活与创作经验相联系。这就是说，新闻的主体作者将四散的语言囊括于一种彼此相连的网络关系中，并以一种统一性、连贯性的方式，

---

① 杨保军：《"新闻主体论" 论纲》，《国际新闻界》，2016 年第 1 期。

② 甘斯认为，新闻记者总是依附于特定的组织和阶层，因此他们的视角无法超越自己阶级，据此，他们有意识地判定何为新闻。[美] 赫伯特·甘斯：《什么在决定新闻：对 CBS 晚间新闻、NBC 夜间新闻、〈新闻周刊〉及〈时代〉周刊的研究》，石琳、李红涛译，北京：北京大学出版社，2009 年，第 3、394—395 页。

③ [荷] 托伊恩·A. 梵·迪克：《作为话语的新闻》，曾庆香译，北京：华夏出版社，2003 年，第 2 页。

使新闻事件实现合法化。不同的新闻记者对事件的判断持有不同的观察视角与认知态度，这与记者主体本身的社会阶层、文化水平、经验感知所形成的思维模式相关，就像科林伍德所说："这是一个由各种思维世界所组成的世界，而每一个思维世界都与思维者有关。"[①] 新闻记者的思维世界，是长期处于某一社会制度、历史文化等因素浸润之下形成的固定思维，它不仅取决于个体对一般事物的观察、思考能力，更取决于主体所处社会所建构的思想立场。新闻文本作者最严肃的思想立场即是政治立场，它由权力话语所操控，并规定着新闻记者所占据的主体位置的属性。从这一点上看，新闻记者虽作为一般意义上的文本制作者，但在本质上却体现了媒体组织机构的权力意志。而新闻作品的主体，与其说是新闻记者本身，不如说是媒体组织机构为新闻文本呈现提供了一个"作者—功能"的位置。恰如麦克尼（Lois Mcnay）对福柯"考古学方法"的理解：不是个体赋予话语以意义，而是"话语构成"提供了一大批个人可以占据的主体位置。[②] 这一主体位置是被权力话语所建构的功能位置，对于新闻作者而言，它首先便是意识形态立场倾向的限定，亦是新闻文本作者必须遵循的媒介权力话语法则。也即是说，新闻文本的主体（作者）被限定了可被填充的位置功能，而占据这个位置的个体，由话语规则规定，受制于媒体知识权力，也受限于匿名的社会机构与传媒体制。

（三）新闻作者身份的泛化与重构

新媒介兴起后，新闻为抢夺时效，逐渐由传统的深度报道向碎片式的实时报道转变，力图以短、频、快的方式赢得更大规模的受众。其中，新闻报界则尽量以传统的方式维持深度报道，拉开作者与读者的身份区别。而事实上，在数字媒体、移动通讯相互融合的趋势下，媒介与技术等价，一切技术都可称为麦克卢汉所谓的"人的延伸"。新媒介技术的发展"补救"[③] 了旧媒介，不断延

---

① [英] 罗宾·科林伍德：《历史哲学的性质和目的》，徐奕春译，黄子祥校，载 [英] 汤因比等：《历史的话语：现代西方历史哲学译文集》，张文杰编，桂林：广西师范大学出版社，2002 年，第 196—197 页。

② [英] 路易丝·麦克尼：《福柯》，贾湜译，哈尔滨：黑龙江出版社，1999 年，第 68 页。

③ 波尔特和格鲁森（1999）用"补救"的概念给新媒介下定义："我们将一种媒介在另一种媒介里的再现称为补救，我们认为，补救是新数字媒介的界定性特征。"实际上，新媒介的概念起源于麦克卢汉；他说，一种媒介的首要内容是另一种旧媒介。[加] 罗伯特·洛根：《理解新媒介：延伸麦克卢汉》，何道宽译，上海：复旦大学出版社，2012 年，第 4 页。

伸出人的感官或其他（当然也闲置了人的别的感官），人们被深度卷入媒介所形成的"力的漩涡"之中。可以说，新媒介所创造的新型社会交往模式本身所带来的影响与冲击远远超过了其所承载的内容。正是现代媒介技术的不断发展，使得人人都有成为新闻记录者的可能，读者身份也可随时转化成为写作者。这种泛媒体时代下的信息获取需求似乎不再追求新闻的"专业性"，为此，新闻业界曾就新闻界准入门槛是否在降低一度展开探讨，而其本质是技术革命之下新闻记者角色身份的嬗变问题。伴随媒介技术革新及媒介融合发展，新闻体裁种类、作者与读者、学者与群众之间的身份区分被模糊泛化，所谓的"作者"不再特指某一类人群。而新闻业，如报纸等，既是资本的一种形态，亦是作者有用的生产工具；既是写作的阵地，也是意识形态斗争之地；既属于这一方，也属于另一方，而作者的立场倾向在此时显得极为重要。因此，瓦尔特·本雅明（Walter Benjamin）会特别强调，把作者作为生产者的观察必须深入到最关键的报界（即新闻媒体）机制中，而作家在洞察他的社会条件、他的技术手段和他的政治任务时，还要和相对立的意识形态写作阵营做斗争。①

自传统作者权威向作者位置功能转变，导致作者中心向读者中心转移。对新闻传播领域而言，即是传者中心让位于受众（和用户）中心。随着媒介技术革命的不断推进，新闻记者身份遭遇了不同程度的解构，这使得新闻职业面临着新型挑战，尤其是所谓"后真相"时代的到来，碎片化的信息生产模式，加之态度及情感煽动化叙事，使新闻信息传递行业面临前所未有的信任危机。

当下的媒体发展更多体现出新闻作者的缺席，福柯此前所述的"作者—功能"则颇具战略性地预见了这一时期新闻媒体记者的处境，即新闻作品的作者并非固定的具体个人，"作者"成为一个可供替代的"空位"，这一主体功能的位置特性在当今得到了力证。自媒体技术所带来的"人人皆为记者"的可能性，使得碎片化信息占尽"眼球"，每一个自媒体信息提供者都成为某个事件的记录反映者。在知识信息爆炸的时刻，新闻源将其所提供的零碎信息直接呈现于受众眼前，从而架空了新闻"把关人"，这使得传播中的片段式信息的真实性不可

---

① ［德］瓦尔特·本雅明：《作为生产者的作者——1934 年 4 月 27 日在巴黎法西斯主义研究院的讲话》，王炳钧译，载［德］瓦尔特·本雅明：《作为生产者的作者》，王炳钧、陈永国、郭军、蒋洪生译，郑州：河南大学出版社，2014 年，第 8、12 页。

确认；但人们似乎也并不那么刻意追求事件的"真相"，而是跟随每一条实时滚动的信息动态，随即变更他们的舆论观点或所持态度意见。这些所谓的"雄辩胜于事实"的后真相时代的媒介舆论现象，恰如勒庞（Gustave Le Bon）所言，表相或不现实的因素往往比真相或现实因素重要得多。[①] 因此，真相已显得不那么重要，受众在接收信息时，更易于被情感因素与主观态度所影响，无论信息传递内容在传播过程中是否相异，舆论在某一时间皆有可能发生并喷似爆发及戏剧性反转。它显示出一种塞奇·莫斯科维奇（Serge Moscovici）的"群氓的时代"特点[②]，也印证了群体在心理学上的轻信和易受暗示[③]，情感倾向比客观事实更能影响舆论。因此，那些采取描述性"情景框架"暗示性、非充分的陈述，往往更具影响力。

由此观之，新闻记者主体身份的重构是亟待解决的问题，新闻记者的专业性，在为受众提供知识与信息的同时，能够引导受众正确理解世界，有利于受众纠偏谬误，甄别事实，拨乱反正。在新闻媒体发展过程中，新闻记者的作者效用显得更为重要，如果无法回避自媒体的新闻碎片化生产的弊端，那么新闻记者在占有主流媒体优势进行事实辨析的同时，还需要积极参与到新媒体的新闻运作中，尽可能解构新闻记者"作者缺席"的常态，在文本建构过程中实现其身份重构。

被冠之以"无冕之王"的新闻记者，在经典传播学中被称之为"意见领袖"，新闻记者的权威可见一斑。而在后真相时代的社会化背景下，非理性因素沉渣泛起，受众沉溺于拟像之中，为情感化叙事所浸染，新闻记者的专业性与权威

---

① [法]古斯塔夫·勒庞：《乌合之众》，冯克利译，北京：中央编译出版社，2004年，第38页。

② 无数的人就是这样沉迷于社会的一致性之中。他们错把总体的一致当成了由每个人的理智所确立的真理。正是暗示（suggestion）或影响（influence）产生了这种奇特的蜕变。这种暗示或影响的力量把个人转变为氓民。[法]塞奇·莫斯科维奇：《群氓的时代》（第2版），许列民、薛丹云、李继红译，南京：江苏人民出版社，2006年，第22—25页。

③ [法]古斯塔夫·勒庞：《乌合之众》，冯克利译，北京：中央编译出版社，2004年，第12页。勒庞认为，群体不受理性影响，且易受暗示和轻信。他们没有推理能力，因此它无法表现出任何批判精神，也就是说，它不能辨别真伪或对任何事物形成正确的判断。

感遭到冷遇。舒德森所谓"泛新闻工作者"①的出现，加剧了专业新闻记者身份的边缘化，代之而起的是多样化的不同个体对新闻主体位置的占有，面对此种境况，新闻记者主体身份的重塑与确认，乃是当下新闻业理应思考的新问题。

只是，神奇而炫目的社交媒体与移动通讯技术，究竟是重新"赋权"于主体，甚或从根本上瓦解了"话语统治"的魔咒，还是再次证实福柯的匿名话语无所不在的历史宿命论观点（即使是在人人具有"话语权"的当下也如此），暂时还不得而知。

三、新闻文本的陈述实践

新闻文本是构成新闻作品能指的文字编织形态。约翰·哈特利曾说新闻是"世界上最重要的文本系统"②，他将新闻视为一种文本系统，而非一般意义上的"新闻作品"，意在强调新闻文本是现代性的意义生产实践，也突出文本在语言学和符号学上的意义。新闻文本是信息的载体，由文本陈述建构而成。新闻的本体即是新闻文本及其陈述本身。保罗·利科尔有言："作为话语作品的本文是一个'书写'的作品"③，书写固定的文本即是文本陈述的过程。是以，通过探寻福柯的"陈述"概念，并将其应用于新闻文本本体的讨论中，有助于理解新闻文本的陈述实践及新闻陈述策略等相关问题。

（一）福柯《知识考古学》的陈述概念

福柯的知识考古学对话语进行了纯粹的描述，其中包括对话语内部法则和规律的探索。他的《知识考古学》将话语作为实践的对象来研究，也进一步探究了话语作为研究对象，其自身的构成又是什么，也即是对"言说何以能"的思考。福柯认为"话语构成"（discourse formations，也被称为话语形构）是由一组符号序列整体构成，而其先决条件是已被赋予了特定存在模式的陈述

---

① 舒德森认为："每天的新闻主要是新闻从业者和泛新闻工作者（特别包括新闻从业者所称的'消息来源'）之间互动的结果。"[美]迈克尔·舒德森：《新闻社会学》，徐桂权译，北京：华夏出版社，2010年，第4页。

② John Hartley. *Popular reality: journalism, modernity, popular culture.* London: Arnold, 1996, p.32. 转引自 [美]迈克尔·舒德森：《新闻社会学》，徐桂权译，北京：华夏出版社，2010年，第15页。

③ [法]保罗·利科尔：《解释学与人文科学》，陶远华等译，石家庄：河北人民出版社，1987年，第14页。

（statement）。[1] 话语形构通过陈述来实现，但陈述不能简单地被视作话语原子或单位，它不同于句子、命题，也不是言语行为。它是意义的携带者，是存在的功能。它能赋予语言学上的句子以意义，赋予逻辑学上的命题以真值。在考察陈述之时，福柯认为陈述的功能应描述为"它的实际运作、它的条件、支配它的规则及它的运作范围"[2]，强调陈述与各符号群相关联的功能性，这一功能特性体现在陈述的运作需要一个指涉属性（referential，或译为参照系），一个主体，一个联结领域，一种物质性。首先，陈述具有指涉属性。陈述与指涉属性（参照系）相联系，是各种规则交错的场域。陈述的指涉属性（参照系）形成了（陈述的）地点、条件、出现的范围，区分了个体、对象及事物状态，并涉及了陈述自我运作的权威。[3] 福柯总结道，陈述层次的描述不需要通过形式或语义的分析来实现，只需要通过陈述和相异空间（spaces of differentiation）关系的分析来完成，在这种分析中陈述本身显示了差异。[4] 其次，陈述与陈述主体的关系，并非作者与其所言所述的关系。在理解陈述主体时，应放弃将作者直接视为陈述主体的预设，陈述的主体与文本的作者并非同一指代，陈述的主体是一种功能，这种功能是有待填空的位置。这也说明，陈述主体位置不是一劳永逸地确定在某一文本之中，主体并非是固定的，任何个体都可以成为这个"空无"位置的主体，它是可以被替代的。再次，陈述是关联性的存在，此陈述与彼陈述之间发生的关系或作用，必定在它们相互交织的范围内。因此，但凡自由或孤立的句子和命题，它们并不能成为陈述，只有将它们放置于整体的陈述关系网络中才具有陈述功能。每一个陈述都是以其他陈述为前提的，陈述是集群的，始终处于某个网络之中，必定与相邻近的空间领域接壤。它在归属的陈述群的系列整体中扮演某一角色，并与其他陈述相互依存又有别于其他。最后，陈述必须有一定的物质性。阿兰·谢里登（Alan Sheridan）指出，陈述所具有的物质

---

[1]　Michel Foucault. *The Archaeology of Knowledge*. Trans. by A. M. Sheridan Smith. New York: Vintage Books, 2010, p.107.

[2]　Michel Foucault. *The Archaeology of Knowledge*. Trans. by A. M. Sheridan Smith. New York: Vintage Books, 2010, p.87.

[3]　Michel Foucault. *The Archaeology of Knowledge*. Trans. by A. M. Sheridan Smith. New York: Vintage Books, 2010, p.91.

[4]　Michel Foucault. *The Archaeology of Knowledge*. Trans. by A. M. Sheridan Smith. New York: Vintage Books, 2010, p.92.

性并非附加其上的，这一物质性正是陈述本身构造的一部分。[①] 这种区别在于陈述通过口头对话语言说出或以文字印刷形态出现，即使是构成完全相同的语句也并非是同一陈述。陈述的物质性正是由某一实体性（符号、声音、行动等）构成，或通过不同的实体媒介呈现。因此，陈述是一件不可重复的事件，但却具有可重复的物质性（repeatable materiality）。陈述的这种可重复物质性"不是由其所占的空间或发表的日期来定义，而是由它作为一事物或客体的地位来定义"[②]。也即是说，陈述所服从的物质性原则不是它在时空中的定位法则，而是制度上的秩序规则。

句子归属文本，命题与演绎相对，陈述则隶属于话语形构。[③] 我们通过上述分析可以看出，话语是由陈述群构成的，对话语的分析正是对陈述整体的描述与分析。话语分析与陈述的描述二者相辅相成，是一种同心圆的关系。话语是千头万绪、指涉繁杂的，因此一个独立话语的形成是被简化与稀释了的，它一旦成立便与其他话语相异。话语指涉深广，每个话语必与其他话语形成一种网状的"组织关联性"。话语建构通过一系列陈述群的构成实现，陈述功能性与原则性凸显出陈述的异质多变。陈述之间的这种"恒常变异的脆弱性"使文本生产与文本解释都充满不确定性与暧昧性。"陈述不是一劳永逸的东西……因此，陈述是流动的，有效用的、消逝的。"[④] 正是陈述的流动与多变，有助于或阻碍某种欲望的实现，有利于或有悖于某些利益，被话语所包含或排斥的事物状态永远处于竞争之中，隐含了权力的意欲。它们都在恰如其分地为隐而不现的权力意志所服务，而新闻话语实践也正是通过新闻文本陈述来实现真理话语的表达。因此，新闻文本的话语建构须关注文本陈述怎么说和为什么这么说的话语规则。

（二）新闻文本陈述的表意实践

从话语理论视角上看，新闻文本的话语实践亦是通过新闻文本的陈述功能

---

① [英] 阿兰·谢里登：《求真意志——密歇尔·福柯的心路历程》，尚志英、许林译，上海：上海人民出版社，1997年，第132页。

② Michel Foucault. *The Archaeology of Knowledge*. Trans. by A. M. Sheridan Smith. New York: Vintage Books, 2010, p.102.

③ Michel Foucault. *The Archaeology of Knowledge*. Trans. by A. M. Sheridan Smith. New York: Vintage Books, 2010, p.116.

④ Michel Foucault. *The Archaeology of Knowledge*. Trans. by A. M. Sheridan Smith. New York: Vintage Books, 2010, p.105.

来实现的。如福柯所指出，陈述是话语单位或存在的功能，新闻文本的话语建构亦在新闻文本的陈述实践之中。新闻是对即时即地发生事件的新信息的报道与传播。新闻文本是对新闻事件新信息的即时陈述所构成的文本形态，它不限于书面文字，同样包括图片、音响等多样的形态。但从狭义层面上进行界定，暂将其限于书面文字的文本。文本本身是多义性与建构性的，而新闻文本的特性要求在对新闻事件信息符号编码之时，即要注重对时间、地点、文字、数据等相关要素的真实性、客观性与准确性的把握。如前所述，新闻文本的话语建构，有赖于"陈述"功能来实现。文本陈述不仅能在文本的字、词、句、段上形成内涵各异的话语形态，也能形成不同的语篇结构，并以特定的文体形式来报道新闻事件。可见，新闻文本的陈述对话语的形成具有至关重要的作用。在社会诸话语构成当中，新闻话语的社会语义功能突出，新闻文本所形成的社会文本意义符码，直接影响受众对事物的认知。新闻文本建构的话语形态是意识形态的表征，新闻文本的陈述始终围绕意识形态立场进行，它凸显了新闻话语建构过程中对陈述整体序列的选择和目的性的建构。新闻文本建构与话语实践相辅相成，新闻文本注重事件如何陈述与文本表意所在，最终由新闻文本陈述所建构的话语形态将与社会多元文化的诸话语产生关联和互动。

通常意义上讲，文本陈述是对语词、句子、命题的有效组织。从福柯话语意义上分析，新闻文本陈述则不是单纯的"陈述"，此时的新闻文本陈述与新闻话语建构相关联，它不是简单的句子在语法上的连贯或命题在逻辑上的演绎，或是言语行为所交织而成的文本形态，它是某种在建构新闻文本话语过程中所进行的整体的陈述实践活动；它并非一种新闻文本的存在形态，而是使句子、命题能够成为陈述的话语功能，新闻文本陈述在相关联结领域发生作用，且它的物质性比其他陈述形式更显著。由此分析，我们可以下一个定义，新闻文本的陈述是指在新闻文本建构过程中，使句子在语法层面、命题在逻辑层面都恰好形成以话语形构为目的的符号序列功能和文本组织方式。一般而言，我们会认为新闻文本陈述和描述新闻事件的词汇构造及句子的表达相关，而从陈述功能性来看，与新闻文本陈述更紧密的是其陈述本身所处的空间领域，各新闻文本陈述之间的相互联结的关系，一个陈述与其他陈述、其他对象的关系，即它的存在条件与功能范围，或可理解为新闻文本陈述所存在的差异性空间或生态环境。

陈述是话语的分析单位，话语包含了多个陈述，但不是每个陈述都能成为话语。陈述是非孤立非中立的存在，布朗（Alison Leigh Brown）就曾表示，没有孤立存在的话语，它们必定在一个动态的网络界面中交往互动。[①] 陈述只有与它相关的其他陈述在共享空间内，形成共同语境，才能形成话语。正如丹纳赫（Geoff Danaher）等人所说："话语是由那些彼此相关联的陈述构成的，它们共享一个空间，共同建立语境；它们也可能会共同消失并为别的陈述取代。"[②] 如此看来，新闻文本的话语由新闻文本陈述来实现，新闻文本陈述与其相关的其他陈述互相关联，在共同的外部空间内共享语境，才能形成有效的话语形构。新闻文本的陈述不仅可在文本语法句子、逻辑命题、主题设定上各有不同，它或者利用文体的多样性，或借助隐喻和修辞的手法，通过不同的语言符号序列行文来呈现各不相同的新闻报道内容，而且文本的陈述本身在文本能指与意义过剩的所指上就存在并非一一对应的断裂式意义链接，词语之间的关系与意义的建构存在霸权式话语争夺的嫌疑，这一点在新闻文本陈述上颇为显著。新闻文本在陈述功能下所进行的文本建构活动本身就带有合目的性的建构特性，可被视为霸权形式运作的表征，而这一新闻文本的陈述最终关涉到权力话语的实现。

（三）新闻文本陈述的话语实践

在福柯那里，话语是要被夺取的权力。当我们涉及所说的媒体话语权，或媒体霸权，并加以诸如文化霸权、软实力较量、国际争端、争夺话语权等词汇时，它们已然带有鲜明的意识形态色彩。因此，阿特休尔（J. Herbert Altschull）认为，新闻就是力量，为了维护权力，取得权力，就必须控制新闻传播工具。[③] 一个新闻事件是被如实报道还是被有意歪曲，绝大多数程度上取决于那个占有更多资源、更具权威性，或更有话语权的新闻媒体，更重要的是取决于媒体背

---

① ［美］艾莉森·利·布朗：《福柯》（第 2 版），聂保平译，北京：中华书局，2014 年，第 45 页。

② ［澳］J. 丹纳赫、T. 斯奇拉托、J. 韦伯：《理解福柯》，刘瑾译，天津：百花文艺出版社，2002 年，第 41 页。

③ ［美］J. 赫伯特·阿特休尔：《权力的媒介——新闻媒介在人类事务中的作用》，黄煜，裘志康译，北京：华夏出版社，1989 年，第 6 页。

后不同的政治因素，即意识形态的操控。对媒体话语的左右是霸权运作的一种隐性形式，且当下意识形态的渗透似乎也愈加贴近于日常生活。这种易被忽略的日常式浸入形态，更适合于对被统治阶级的意识支配，使得他们能够默许或认可现有的秩序，同时也弱化了政治的强权特性。而新闻话语恰恰是此种意识形态侵浸日常的最佳载体。新闻文本通过经"事实"包装后的信息进行意识形态输出，大众则在看似自主的情境中长时累月地接触媒体，长此以往将形成社会话语的最高形态，即意识形态的高水平模式，它可被认为是一种霸权形式，或是社会群体集体实践与期望的集合。而西方新闻的"权威力量"（霸权）似乎有一种自诩的合法性，它体现在对自我标榜的新闻客观性的保有上，这显然带有一种掩耳盗铃的滑稽感。阿特休尔就曾指出，倘若人们设想新闻记者的与众不同之处是使新闻做到了"客观"地反映了周围的世界，乃是一种逻辑上的谬误。① 托德·吉特林（Todd Gitlin）把媒体贴切地比作一面哈哈镜②，认为它不是现实的镜式反映，它显现出对现实的折射，或多或少，或疏或密地反映事物的存在，也就是说，完全真实或完全虚假的报道都是不存在的。媒体属于社会，也塑造着社会，它为公众提供了看起来"是"（可信）的世界，同时又对现实加以解释，这一对新闻的选择和对现实的"解释力"即是与权力相关的过程，亦是权力行使的过程。赫伯特·甘斯（Herbert Gans）在对新闻组织内外部的研究结论中也指出，新闻的生产是一个权力系统。新闻的信息来源多样，它的存在遍布于社会文化乃至历史政治之中，而西方媒体记者的观点则将始终与其所遵循的新闻惯例相一致。吉特林认为，这些惯例使得他们对新闻的看法坚而有力，足以形成固定的偏见来维持霸权主义原则。③ 据此可知，新闻文本的陈述实则是基于一定的政治立场、新闻态度、价值取向等，在一定新闻框架内选取新闻文本陈述的语言、文体与表达方式。新闻文本对整体新闻事件描述的方式，渗

---

① ［美］J. 赫伯特·阿特休尔：《权力的媒介——新闻媒介在人类事务中的作用》，黄煜，裘志康译，北京：华夏出版社，1989 年，"原著序"，第 3 页。阿特休尔曾指出，马克思主义国家的新闻媒介乃是"官方所有"，媒体所宣传的内容是官方的目标和政策。市场经济（资本主义国家）的新闻媒介属于"商业形式"，其内容为商业利益服务。发展中国家则属"利益形式"和"非正式形式"。

② ［美］托德·吉特林：《新左派运动的媒介镜像》，张锐译，胡正荣校，北京：华夏出版社，2007 年，第 9 页。

③ ［美］托德·吉特林：《新左派运动的媒介镜像》，张锐译，胡正荣校，北京：华夏出版社，2007 年，第 204 页。

透着意识形态色彩，在新闻框架与新闻预设的影响下，新闻文本显现的是主体位置被规限后所形成的约定俗成的一整套新闻话语，新闻文本的建构被视作一定时期的文化、意义和权力运作的表征模式。

四、新闻文本的外部规制

新闻文本的建构不仅关乎文本陈述与文本秩序的问题，它还涉及外部"力量"对文本建构与话语实践的规制。新闻文本建构显示出外在知识结构与媒体制度对其自身的规制性，凸显了福柯系谱学研究下，权力对知识真理的建构作用。显然，新闻文本的建构与意识形态密切相关，同时也受到外部权力话语的规制。媒体作为"真理表达"的机构，一方面得益于自身塑造的"第四权力"的形象，另一方面是得到权力系统的支持，这也使得新闻文本被视作近似于理论知识般的存在，而其所形成的新闻话语也与权力意志息息相关，因此，在知识与权力的共谋之下，新闻文本实则是一种外部权力话语建构的产物。

（一）话语与知识权力

人们对知识的思考构筑了理论的形态，而理论又与实践紧密结合。在福柯看来，话语即是一种实践。而"知识"则是历史话语实践下，依照规律建构的认知系统。知识在话语实践中不断提炼与总结，它不仅仅是理论的建构，更是权力话语斗争的力证。福柯在谈及"知识"和"权力"两个词时说道，知识是特定时期的认知结果，权力是涵盖了话语的特殊机制。[①] 他认为知识是权力运作的产物，而话语是自主运作的领域，它独立于理性主体之外，因此，话语或语言是"一种自身的游戏。知识不过是这种游戏的产物"[②]。在法文中，关于权力（pouvoir）和知识（savoir）两个词语，共有一个词根 voir（看）[③]。而这两个语词的构成都体现出"看"（观察或监视）的意图，或许正是受此特殊的词语同源构成启发，福柯运用一种历史性的系谱学研究方法，对知识与权力进行了本体论研究。

从福柯的作品中，我们可以看出，权力与知识为自己所接受的事实提供了

① ［法］米歇尔·福柯：《什么是批判》，严泽胜译，载汪民安编：《什么是批判：福柯文选Ⅱ》，北京：北京大学出版社，2015 年，第 190 页。

② 刘北成：《福柯思想肖像》，上海：上海人民出版社，2001 年，第 207 页。

③ 刘北成：《福柯思想肖像》，上海：上海人民出版社，2001 年，第 264—265 页。

合理性，它们构筑了特定时期的历史知识系统。因而，格霍（Frédéric Gros）会说："对福柯而言，权力—知识系统可以说是意指一种历史现实场域，其特殊化为客体的真理（作为真理法则的规范）与身体的物质性（身体借由规训的分析式包围）。"① 福柯所用的 Discipline 一词，据瓦尔泽（Michael Walzer）分析，既表示知识的各分支学科，也是控制与规训的体系。微观权力渗透的社会生活正是 Discipline 双重含义叠合的结果，即 Discipline（纪律、规训）使 discipline（知识科学）成为可能。因而，瓦尔泽总括道："知识来自社会控制，又为社会控制提供了基础。社会控制的每一个特定形式都建立在知识的某种形式之上，又使知识的某种形式成为可能。"② 知识的最高形态是真理，确切说是真实的话语，具有支配力的话语，是人们必须服从的话语。③ 也即，权力渗透于真理形成之时，真理因其赋有权威而使人们屈从，其在自我呈现的过程中掩饰了真理意志及其变化。福柯认为，在任何知识领域的话语构成之中，权力意志都在介入其中。他直陈："每个被视为真实的陈述都行使了某种权力，它直接就是权力的产物。"④ 知识与权力共生，知识本身就是权力的形式存在⑤，那么，"真理"则是一种居于支配地位的权力形式。福柯曾追寻与拷问关于"真理"的问题，即"真理"如何被赋予价值，以致把人们置于它的绝对控制之下。⑥ 关于"真理"，福柯曾做如下界定："真理是指一整套有关话语的生产、规律、分布、流通和作用的有规则的程序。真理以流通方式与一些生产并支持它的权力制度相联系，并与由它引发并使它继续流通的权力效能相联系。这就是真理制度。"⑦ 每个社

① [法]弗雷德里克·格霍：《福柯考》，何乏笔译，上海：华东师范大学出版社，2017年，第83—84页。

② [美]迈克尔·瓦尔泽：《米歇尔·福柯的政治观点》，迟庆立译，载汪民安、陈永国、马海良编：《福柯的面孔》，北京：文化艺术出版社，2001年，第413页。

③ [法]米歇尔·福柯：《话语的秩序》，肖涛译，载许宝强、袁伟编选：《语言与翻译的政治》，北京：中央编译出版社，2000年，第5页。

④ [法]米歇尔·福柯：《什么是批判》，载《什么是批判/自我的文化——福柯的两次演讲及问答录》，潘培庆译，重庆：重庆大学出版社，2017年，第42页。

⑤ [法]福柯："惩罚理论与机构"，见《法兰西学院年鉴》，1971—1972年，第283页。转引自[英]阿兰·谢里登：《求真意志——密歇尔·福柯的心路历程》，尚志英、许林译，上海：上海人民出版社，1997年，"译者前言"，第15页。

⑥ [法]米歇尔·福柯：《权力的阐释》，载《权力的眼睛——福柯访谈录》，严锋译，上海：上海人民出版社，1997年，第32页。

⑦ [法]米歇尔·福柯：《米歇尔·福柯访谈录》，蒋梓骅译，载杜小真编：《福柯集》，上海：上海远东出版社，1998年，第447页。

会都有其真理制度，它是各类话语赖以流通的最高规则，它以科学话语的形式为社会接受并使用，引起普遍的权力效应。权力的关系构筑了知识的可能性体系，真理知识则扩大并强化了这种权力效应。正如福柯的论述："总之，不是认识主体的活动产生某种有助于权力或反抗权力的知识体系，相反，权力—知识，贯穿权力—知识和构成权力—知识的发展变化和矛盾斗争，决定了知识的形式及其可能的领域。"① 每一种权力关系建构一种新的认知系统，而所形成与积累的新型知识，又使权力效应得以扩大。权力政治往往套之以"知识"的面貌来遮蔽自身，尤其是以知识话语形态出现，渗透于人们日常社会生活。也正如有的学者所说："它以非政治的姿态或惊人的政治无知性显示着'话语的秩序'，这秩序本身就是政治的痕迹。"② 承上所述，权力与人类科学生产的知识真理密切相关，它在真理生产系统中构建知识谱系，最终确立的"真理"形态，即是权力话语斗争的产物。福柯在《性经验史》中说道：权力无处不在，并不是权力自身可以囊括一切，而是权力无时无刻不在相互的关系中生产出来，权力到处都有，它来自四面八方。③ 权力这种生产性力量，构筑了知识对象及知识系统，权力与知识互为一对共生体。那么，我们也就有理由把知识与权力看成相互作用、彼此隐含的两个要素。隐匿的有效权力妨碍其他知识的产生，排斥或取代其他文本知识。意义的政治策略后的话语斗争，使"胜出"的解释成为知识，也就相应地成为"真理"。权力产生知识，知识构成一个权威性真理，其本身又体现出一种权力。在某种意义上，知识巩固了权力的形式，使其合法化，并保障其运行。在社会发展过程中，普遍存在各种权力关系的相互渗透，也正是它们的存在确定了各个社会机体的性质。

（二）文本话语实现的规制

话语为知识确定了可能性系统，它可被认定为一种理解世界的框架，或是类似知识型的概念，即知识领域的东西。因此，话语的建构或可说是一种框架

---

① ［法］米歇尔·福柯：《规训与惩罚》，刘北成、杨远婴译，北京：生活·读书·新知三联书店，2012年，第30页。
② 许宝强、袁伟编选：《语言与翻译的政治》，北京：中央编译出版社，2000年，"前言"（孙歌），第8—9页。
③ ［法］米歇尔·福柯：《性经验史》，佘碧平译，上海：上海人民出版社，2002年，第69页。

行为。但话语所形成的框架体系，并非单一的，正如语言所构筑的普遍规律一样，话语与社会、政治、历史条件等交汇，对产生的每一话语的理解，浸透着对社会机制、政治运转与历史趋势的理解，话语是它们的综合与积淀，它们也决定了话语的陈述方式，包括话语的内容与形式。新闻话语的特殊性在于它与意识形态所显现出的亲缘性。新闻文本是基于不同意识形态背景建构的，新闻事件的放大与缩小，意义的增殖与缩减，并非随意为之，而是围绕意识形态的需要构建，因而，作为社会建构的一种，新闻文本的话语建构并不那么自由。

文本话语实现的规制因素包含了意识形态和各社会运转机制。意识形态是意义与实践的体系，话语是意识形态的一种独特现象。每个话语均产生于特定历史时空的特定社会经济背景之下，话语并非是中立的，话语反映着社会结构，也巩固了社会结构。巴赫金认为话语是意识形态的符号化，它处于意识形态的统一体中，既伴随着意识形态，也折射着意识形态。[①] 符号和意识形态相关，它的全部意义依存于意识形态的整体，意识形态是政治斗争的场域，符号场域也不例外。如此，由符号所构的话语，也就无法与权力进行分割，权力话语的斗争就是各认同群体之间的斗争。也即，话语作为一种意识形态符号，亦受制于意识形态。意识形态可以说是潜在的无意识结构，它是一种普遍客观存在，而人本质具有的意识形态性，也使得话语实践始终存在于意识形态之中。

每一话语的产生都是言说者独特的感知和思维方式的产物。如果说语言是一种系统的世界观和文化观的集合，那么，话语这一独特的语言表达方式则更多指向意识形态。吴学琴提出，话语与话语权所构筑的文化领导权是实现意识形态认同的方式。[②] 从新闻生产的视角出发，文本创作基本属于一般意识形态创作，媒体话语的建构是国家意识形态的体现，而西方媒体机构的真理表达凸显了意识形态下的"真实"。哈罗德·拉斯韦尔（Harold Lasswell）有言："在每一个社会里，价值都根据特色鲜明的模式（制度）来形塑和分布。……这样的制度就是其意识形态。"[③] 可以说，新闻话语同时也显现出一种语义政治学的特性。

---

① ［苏］巴赫金：《马克思主义与语言哲学》，载《巴赫金全集》（第二卷），钱中文译，石家庄：河北教育出版社，1998 年，第 356 页。

② 吴学琴：《媒介话语的意识形态及其建设》，《马克思主义研究》，2014 年第 1 期。

③ ［美］哈罗德·拉斯韦尔：《社会传播的结构与功能》，何道宽译，北京：中国传媒大学出版社，2013 年，第 46—47 页。

新闻文本是语言媒介的特殊产品，新闻话语是新闻领域知识建构的权力体现。新闻话语不仅隐含着意识形态，并且在现实中产生重要作用。正如甘斯所指出的："在新闻中，意识形态被界定为一套精心构想出的、连贯的、统整且僵化的鲜明的政治价值，它被认为能够对政治决策产生决定性影响。"[1] 而新闻话语作为意识形态话语，乃是"一种诠释现实的权力实践"[2]。因此，以文本形式呈现的新闻话语与意识形态密切相关，新闻文本话语既反映意识形态，也受制于意识形态。格莱德希尔认为，媒体已成为意识形态的控制工具。[3] 新闻作为重要的意识形态载具，它本身即在意识形态实践之内。新闻话语的形成代表了新闻从业者与媒体组织机构的社会政治立场。对此，舒德森也说道：新闻是一种潜在而间接的社会力量。信息来源与新闻工作者之间的交换，本身就是政治行动的一种形式。[4] 新闻工作与社会实践密切相关，并与社会政治、经济、文化等秩序相关，其本身是一个与意识形态高度契合，带有较强经验性的专业领域。由此可见，与其说新闻文本话语的实现与政治态度、政治立场和政治行动的制约相关，不如说新闻文本的话语实现受到了整个政治场域的规制。新闻文本话语所形成的外部意见气候或公众舆论，从表面上看，它是"社会契约自发的再现"（福柯语），这使得人们很容易忽视媒体本身在这一过程中所起的重要作用，而实际上，公众舆论产生的真实条件是通过公众舆论媒介，而这一"媒介"（或媒体组织机构）却深陷于权力运作机制之中，并以不同的媒介形态出现，如报刊、出版、电影和电视等形式。[5] 媒体是在经济政治利益支配下工作的，公众舆论的物质性和媒体经济构成都受到一定政治因素的影响。舆论或话语的自发形成

---

① [美]赫伯特·甘斯：《什么在决定新闻：对 CBS 晚间新闻、NBC 夜间新闻、〈新闻周刊〉及〈时代〉周刊的研究》，石琳、李红涛译，北京：北京大学出版社，2009 年，第 37 页。

② Philip Schlesinger: *The Sociology of Knowledge*, p.4. 转引自 [美]赫伯特·甘斯：《什么在决定新闻：对 CBS 晚间新闻、NBC 夜间新闻、〈新闻周刊〉及〈时代〉周刊的研究》，石琳、李红涛译，北京：北京大学出版社，2009 年，第 37 页。

③ [英]克里斯蒂娜·格莱德希尔：《文类与性别：肥皂剧个案分析》，陆兴华译，载[英]斯图亚特·霍尔编：《表征：文化表象与意指实践》，徐亮、陆兴华译，北京：商务印书馆，2013 年，第 522 页。

④ [美]迈克尔·舒德森：《新闻的力量》，刘艺聘译，展江、彭桂兵校，北京：华夏出版社，2011 年，第 3 页。

⑤ [法]米歇尔·福柯：《权力的眼睛》，载《权力的眼睛——福柯访谈录》，严锋译，上海：上海人民出版社，1997 年，第 164 页。

及对于民主监督下舆论公正的期待，很可能是一场幻想，因此福柯曾慨叹"新闻界"——新闻媒体，作为19世纪的主要发明，把观看的政治的所有的乌托邦性质发挥得淋漓尽致。^①这足以说明，不论新闻文本建构或是新闻话语的实现，都与隐匿的社会权力运作紧密相关。

（三）新闻作为知识的表达

新闻媒体作为追求真相的重要机构，媒介话语也被视为一种"真理"意义的表达。作为社会的一种"真实"话语，媒介话语对人的思想与行为有重要影响。丹纳赫等人就认为："当代西方社会里，媒体在决定何为真理的问题中扮演了一个重要角色。"^②甘斯强调美国新闻生产的参与者，从媒体机构、新闻记者，到信源及受众，他们有意识地判定什么是新闻、如何选择及报道新闻。^③媒体事实上是属于有"真理影响力"的机构，它是一个权力话语机构，建构着被社会大众所认可的真理（真相），抑或说在一定程度上决定了哪些信息或知识能够成为"真理"。媒体在新闻领域的自我表达构成了自身的话语形态，而外在的社会话语场域规限了这一媒体话语构成。媒体新闻选择所框定出的"把关人"隶属于媒体机构，这也意味着他们必须服从媒体话语的法则，在此话语规限的基础上，他们进行新闻选择并决定了哪一部分的议题可以成为新闻话题。媒体"把关人"的角色扮演是对公共领域事件的审视与辨别，也是对那些可以构成新闻话语事件的判断，这种审视与判断源自对政府、商业、教育、医疗、体育、宗教等其他社会机构真理游戏法则的正确评价，形成了媒体自身所生成与宣扬的"知识真理"。事实是，它们也最终符合了最大利益者或意识形态的价值要求。这也正是某一利益集团的权力话语转义的形态，它"既决定着在世界上'所能够被看到的东西'，也决定着关于这个世界'所能够被认识的东西'"。^④媒体是移动的聚光灯，光束停留何处，何处即为焦点。新闻是一种选择，它是新闻记

---

① [法]米歇尔·福柯：《权力的眼睛》，载《权力的眼睛——福柯访谈录》，严锋译，上海：上海人民出版社，1997年，第165页。

② [澳]J.丹纳赫、T.斯奇拉托、J.韦伯：《理解福柯》，刘瑾译，天津：百花文艺出版社，2002年，第48页。

③ [美]赫伯特·甘斯：《什么在决定新闻：对CBS晚间新闻、NBC夜间新闻、〈新闻周刊〉及〈时代〉周刊的研究》，石琳、李红涛译，北京：北京大学出版社，2009年，第3页。

④ [美]海登·怀特：《形式的内容：叙述话语与历史再现》，董立河译，北京：文津出版社，2005年，第162页。

者捕捉新闻事件的一种判断，同时也是一种对事物发表观点与评价的方式。有事物被选择、被曝光，就同时有事物被遮蔽，事件要进入媒体话语领域，必先成为媒体焦点，才有可能成为被关注的话题。因而，新闻之所以成为"新闻"，并非由事件本身决定，而在于它是否符合新闻的价值与标准，而这又取决于"把关人"的价值选择及意图。这种赋权能力，与其说是"把关人"的一种选择，毋宁说是一种权力的操控，或是现代媒体逻辑的运作体现。大卫·奥尔泰德和罗伯特·斯诺即运用"媒体逻辑"（Media Logic）这一术语，来分析媒介建构内容的基本模式。它犹如一套媒介文法与控制法则，用以决定媒体内容何以处理与呈现，在政治传播领域尤为奏效。在现代美国社会，"媒体逻辑"占有主导地位，美国整个政治过程是与媒体逻辑运作密不可分的。[①]

新闻媒体作为人与其所处环境的认知中介，某种程度上定义了人们所认知的世界。人们对现实世界中新闻事件的发生，仅仅停留在听到的或读到的新闻文本或报道上，人们通过新闻从业者的叙述实现对新闻事件的捕捉，其中新闻信息的传递，糅合着新闻媒体与外部世界之间复杂的关系较量。可以肯定的是，新闻不论是在形式上还是内容上，其与现实世界都存在着不可分割的联系。这种联系提供了新闻叙事的根本基础，但新闻的制作讲求新闻叙事的理想化，并不受到严格的叙事惯例约束，甚至新闻与现实世界的真实关系也可能被任意组合，只为不同的新闻叙事提供可能。这也说明了外部社会意识形态或话语对新闻文本的规制作用，新闻文本呈现的报道事件与事实之间的模糊牵连，却也使得人们将新闻文本所描述的象征性的拟态环境信以为真，体现了媒体权威在受众心中的权重。舒德森称新闻是文化的一种形式，它的某些特征为"公共的知识"[②]。而在埃里克·麦格雷（Éric Maigret）看来，"文化不是无辜的娱乐或中立的艺术，而是力量对比的空间"[③]。新闻作为文化软实力形式的一种，是多方力量争夺话语权的场所，媒体看似拥有公正地对事实进行宣告的权威之力，实则它

① David L. Altheide & Robert P. Snow: *Media Logic*, Beverly Hills. Cal. : Sage Publications, 1979, p.146.

② [美]迈克尔·舒德森：《新闻的力量》，刘艺聘译，展江、彭桂兵校，北京：华夏出版社，2011年，第16页。

③ [法]埃里克·麦格雷：《传播理论史——一种社会学的视角》，刘芳译，北京：中国传媒大学出版社，2009年，第41页。

本身却是意识形态的斗争工具。因此，麦克雷则更进一步指出："传媒不是意识形态效果的中心，而是意识形态本身，是空洞的再现。"① 故事的选择与新闻生产都是符号领域的价值侵入，新闻话语更准确地说是一种意识形态话语。萨义德曾论述道："每个美国记者都应觉察到，他或她的国家不仅是超级强权，而且其拥有的利益与追求利益的方式，都使其他国家望尘莫及。"② 美国媒体在对他者的报道中，不仅创造出自身，而且强化了利益。媒体机构在积极建构现实议题的过程中，既言及追求真相，却也从不失立场与利益，而绝不是局外客观的观察者。用戴维·莫利的话语讲，（新闻）语言并非中立、客观反映现实的记录工具，也不存在毫无偏见的记录。每个语言的记录，都早已被应有的价值观所附着。③ 西方媒体是有组织偏见的机构，任何知识（科学或真理）不过是其恰到好处的意义的诠释。塔奇曼指出"新闻是知识"④。他说：

> 由于利用了预先设定的理论框架来处理新闻源，新闻本身可以被描述为一种理论性活动。……（新闻工作者的）编排整理促进了对事实彼此之间关系的理解，那么编排整理就是一种归类的形式。正是这种整理活动要求并创造了作为事实的现象之中以及现象之间的一种理论关系。⑤

因此，他强调新闻是一种理论化活动，并主张利用社会学的视角来考察新闻的这种理论化活动，它使社会现实实现合法化。⑥ 甘斯同样认为"新闻也是一种知识类型，而新闻从业者（像社会学家一样）所掌握的同样是反映特定视

---

① [法] 埃里克·麦格雷：《传播理论史——一种社会学的视角》，刘芳译，北京：中国传媒大学出版社，2009 年，第 45 页。

② [美] 爱德华·萨义德：《报道伊斯兰——媒体与专家如何决定我们观看世界其他地方的方式》，阎纪宇译，上海：上海译文出版社，2009 年，第 66 页。

③ David Morley: Industrial Conflict and the Mass Media, *Sociological Review*. 1976, 24(2). 转引自 [加] 罗伯特·哈克特、赵月枝：《维系民主？西方政治与新闻客观性》，沈荟、周雨译，北京：清华大学出版社，2005 年，第 91 页。

④ [美] 盖伊·塔奇曼：《做新闻》，麻争旗、刘笑盈、徐扬译，北京：华夏出版社，2008 年，第 185 页。

⑤ [美] 盖伊·塔奇曼：《做新闻》，麻争旗、刘笑盈、徐扬译，北京：华夏出版社，2008 年，第 190 页。

⑥ 塔奇曼表示："我希望强调的是新闻是一种理论化的活动。为了评估新闻工作作为一种理论化活动的社会学意义，我在此求助于社会学理论，特别主张社会科学的双重解释学的社会学理论，这些理论有助于我们分析新闻是戏剧化、理论化的活动，是使现状合法化的活动。" [美] 盖伊·塔奇曼：《做新闻》，麻争旗、刘笑盈、徐扬译，北京：华夏出版社，2008 年，第 191 页。

角的知识。"① 同时他提及："作为观察者，新闻从业者和知识分子能够也的确时不时采纳其他人的视角，但他们无法完全超越自己的视角，因为他们也总是附属于特定的组织、阶层与其他社会位置。"②

新闻从业者是事件的观察者与亲历者，同时其作为知识的生产者，也创造着新闻知识的不同形态，在多种视角的融合和冲突中，不断确认事实也不断更新知识。新闻是知识权力的文本形态，新闻的选择与生产，隐现着权力斗争的痕迹，真理话语在新闻实践中悄然建立。

五、新闻文本的受众阐释

文本是由作者、作品、受众和世界这四种要素所建构，其中受众是文本生产与消费的重要组成部分。受众作为文本建构的外在因素之一，通过新闻文本的阅读与阐释进行文本意义的再创造。一方面后结构主义以来的主体消亡，迫使作者持续退场，而催生读者的主体性。另一方面，炫人眼目的媒介技术革新也在不断强化受众的地位。受众的信息接收与反馈，对新闻文本外部话语建构有重要的影响。拉斯韦尔笔下描绘传播行为的"5W"模式③中"to whom"实则就是有关受众的研究，它也成了新闻传播学科领域内新的研究中心，并被称为"受众中心论"，同时这也意味着新闻传播研究议题从传者中心转向受众中心④。

（一）受众及受众特性

丹尼斯·麦奎尔（Denis McQuail）曾提到，西方最早的受众概念乃为"特定地点的实体人群"，是指在公共场所，比如在歌舞剧院、竞技活动场地等观看

---

① ［美］赫伯特·甘斯：《什么在决定新闻：对 CBS 晚间新闻、NBC 夜间新闻、〈新闻周刊〉及〈时代〉周刊的研究》，石琳、李红涛译，北京：北京大学出版社，2009 年，第 394 页。

② ［美］赫伯特·甘斯：《什么在决定新闻：对 CBS 晚间新闻、NBC 夜间新闻、〈新闻周刊〉及〈时代〉周刊的研究》，石琳、李红涛译，北京：北京大学出版社，2009 年，第 394—395 页。

③ 哈罗德·拉斯韦尔在《社会传播的结构和功能》中提出描绘传播行为的"5W"的模式：谁（Who）、说什么（Says What）、通过什么渠道（In Which Channel）、对谁说（To Whom）、取得什么效果（With What Effect）。［美］哈罗德·拉斯韦尔：《社会传播的结构与功能》，何道宽译，北京：中国传媒大学，2013 年，第 35 页。

④ 受众研究议题的"三个转向"："美学视域的转向——从作者到读者，传播视域的转向——从传者到受者，文化产业视域的转向——从生产者到消费者。"阎立峰：《思考中国电视——文本、机构和受众》，西安：陕西人民教育出版社，2009 年，第 192 页。

29

大规模表演活动的人群。①Audience（受众）最原始的词义是"倾听"，特指听的状态。亚里士多德在分析观看与倾听二者的不同之时，强调倾听的"听"带有"听从"之意，具有一种被动的隶属关系，乃是一种从属状态。如此说来，"接受问题"（听从顺受）乃是"受众"一词的应有之意。②法兰克福学派认为受众意识形态受制于媒体意识形态，从这一意义上讲，受众是被动和消极的。费斯克则突出受众的能动性，强调大众对意识形态的反抗。他认为："观众并不是简单地接受其所给予的信息，他们是生产性的，他们确实对其世界的表述作出了自己的理解。围绕着意义的争夺，自上而下的同质化力量与自下而上的多样化力量之间的竞争依然会出现，尽管权力的天平会倾向有利于上层利益的一边。"③由此可知，作为接受者和意义生产者，受众对意义的争夺与阐释是积极与主动的。费斯克还指出文本存储意义，受众则以不同的方式召唤文本符号的意义，作为文本意义解读的主要参与者，受众享有"符号民主"的自由特权。他将受众视为意义的生产者，文本形成后的丰富意义由不同受众自行展开，受众便是新闻文本多元阐释的意义提供者。显然，费斯克这一由文本向受众的研究转向，极大地肯定了受众对意义的增殖与创造。

阅读是一个言语活动的行为过程。受众阅读文本首先面向的是现象文本，即具体语言结构所构成的语言文本，是文本的表象。而现象文本作为传播性文本，其结构化的能指关系，显示出能指的能产性，这种能产性的生发作用构成了生成文本。文本向阅读者首先展开的是现象文本，而后阅读所进行的意义生产，属于生成文本范畴。生成文本的意指活动是现象文本的符号能指与所指所形成的意义衍生活动。受众对文本的阅读不在于消解文本所搭建的完整系统链，也不在于证实文本的合法性，而是依据文本的多元性来联结这些系统，不断丰盈与增殖文本生成意义的附加值。

作者在完成作品创作后，未经阅读的文本，被认为是作者与文本之间所形

① [英]丹尼斯·麦奎尔：《麦奎尔大众传播理论》（第4版），崔保国、李琨译，北京：清华大学出版社，2006年，第306页。

② [英]罗杰·迪金森、拉马斯瓦米·哈里德拉纳斯、奥尔加·林耐：《受众研究读本》，单波译，北京：华夏出版社，2006年，译者序第16页。

③ [美]约翰·菲斯克（John Fiske）：《解读大众文化》，杨全强译，南京：南京大学出版社，2001年，第158页。

成的文本闭合性存在，即封闭的文本。当受众开启阅读，文本所呈现的状态是敞开式的开放文本，即剥离出作者在场与意图，面向多元主体的受众文本，它是有待"解读"乃至"写作"的崭新文本形态，是多元阅读主体与文本客体关系的交织。文本意义和阐释意义的冲突与碰撞，则在此受众阅读过程中实现最大化。罗兰·巴特曾区别了可读的文本和可写的文本。他所谓的可读的文本是指可被阅读但不可写作的文本，是产品而非生产，是文学整体的构成；可写的文本则使读者不再成为消费者，而是文本的生产者，它是一种永恒的现在时。[①]新闻文本的建构过程中，作者书写的文本与受众阅读文本的即时性与互动性更强于其他文本形态。作者书写文本或者更倾向于封闭的文本，也即是说，是作者与文本之间构建自我意图创作，文本书写完成，作者文本即告终结，作者则将文本交付于受众。受众文本是指受众阅读新闻文本，启动解读机制，解码文本内容，形成受众对新闻文本的意义阐释。受众文本的意义阐释是社会舆论中心所在，也关涉到最终新闻文本话语的生成。而受众文本的特性正在于其阐释的多元性、阐释的不确定性、阐释的聚合性。

第一，受众文本阐释的多元性。向受众敞开的文本是一对多的形态，即新闻文本的唯一性与受众主体的多元性，因而受众对文本的阐释也必定是多元的。受众对文本的阐释，是自我意识的不自觉投射，是思维模式、知识经验、个人感悟相糅合的产物，它突出受众思考的自由主观性。无论是不同受众对同一文本的阅读，或是同一文本同一受众阅读，每次的阅读阐释都是新的、不可复制的。因此，文本阐释是多元且复合的。文本阅读属于每一个存在者，它属于一种阐释活动，是文本与受众之间的一种对话与交往，受众开启文本阅读的同时，在理解和阐释文本间融汇了自我的认知与发现。

第二，受众文本阐释的不确定性。新闻文本是新闻记者亲历事件的经验文本，受众的阅读是融合了受众的自我价值、立场倾向、思想动机的一种阐释。受众文本一旦开启，受众自主阐释的边界是模糊的，但受众文本的阐释向度则在话语规定的界限内。受众阅读新闻作品，构成了受众与文本的主体间性关系。受众并不一定跟随新闻文本的主题导向思考，每一个敞开的文本都因为受众的

---

① [法]罗兰·巴特:《S/Z》，载《罗兰·巴特随笔选》，怀宇译，天津：百花文艺出版社，2005年，第151—154页。

阅读而重新获取意义，从封闭与沉静的文本中转向开放与言说的状态。因而，可以说阐释的多元性将导致阐释的不确定性，而受众文本的多样性也亦缘于此。

第三，可能出现集体无意识的阐释聚合性。在批判视野中，对大众的建构始于对大众社会的批判。在英文中，"Mass"含有"群聚"的贬义，它一开始就预示着对大众社会的批判是贵族式的。①将受众分为理性与非理性的不同群体。理性受众能准确辨别新闻报道的可信程度，在阅读新闻文本后，能够对新闻事件与文本陈述做出客观判断与评价，即使是对有争议的新闻，或歪曲事实的新闻，也能保持清醒的头脑。他们自身良好的判断力，使其能始终对新闻报道保持警醒的状态；但并非所有受众都是理性的，绝大部分的受众仍处于被媒体"投喂"状态，这意味着他们脑海中形成的客观世界图像与媒体所勾勒的世界"图景"具有高度的一致性，且非理性受众更带有偏见与盲目性，常常对某一事件进行单纯的肯定或否定，无法进行自我的独立思考，而只能盲从于媒体意见。这一部分受众恰好贴合了莫斯科维奇所谓之"群氓"，而他们所形成的聚合性偏好，恰好指证了受传播影响下的受众群体意识。

（二）文本解读机制

文本的意义解读是作者与读者的互构。作者意图投注于文本创作之时，受众阅读文本时的意义生产则在于文本与读者主体间的互动与交往。这一理论形态由沃尔夫冈·伊瑟尔（Wolfgang Iser）提出，他认为发生的文本与读者之间的相互关系正是阅读行为研究的中心所在。伊瑟尔创立接受理论，提出本文的"召唤结构"，并指出：

本文的未定性和意义空白是联结创作意识与接受意识的桥梁，是前者向后者转换的必不可少的条件。它的作用在于能促使读者在阅读过程中赋予本文中的未定之处以确定含义，填补本文中的意义空白。……未定性和意义空白就构成了作品的基础结构，这就是所谓的召唤结构。②

① ［英］罗杰·迪金森、拉马斯瓦米·哈里德拉纳斯、奥尔加·林耐:《受众研究读本》，单波译，北京：华夏出版社，2006年，译者序第12页。
② ［德］沃尔夫冈·伊瑟尔:《阅读活动——审美反应理论》，金元浦、周宁译，北京：中国社会科学出版社，1991年，第11页。

这种"召唤结构"是文本与受众关系的空间地带，文本只有通过受众阅读才能实现其本身，文本的潜在意义正在于受众阅读的参与及解读。

解读是指受众对文本符号的解码能力，是对一符号与其他符号连接并置所组合成的创造性关系的理解能力，它带有明显的主观性，也反映出解读者自身对文本内外部环境的总体感知能力。新闻文本的双向解读则是指文本与读者是相互作用的动态过程，新闻文本的意义构成和读者对文本的理解是文本阐释的两个重要方面，新闻文本在作者意图投注时隐含着想象的读者，他们作为"超验"的理想读者，被期待能够按照原作者设想的文本召唤结构阅读文本，但实际上读者的阅读却是变动不居，不可捉摸的。正如伊瑟尔所言："阅读以创造性建构作为其全部活动的根基，本文作为相互作用的一个方面，殆难对其全局支配左右。"① 也即是说，文本本身的意图并不能成为受众解读的唯一指向，受众解读乃是文本与受众阅读经验两相作用的结果，二者互动之下，使文本"召唤结构"的空白得以弥补填充，并以此确定文本未定之处。因此，新闻文本需通过受众阅读，并接受文本所呈现的信息内容后，才能实现对文本的解读。文本的意义源自作者创作的意图投注跟受众阅读的文本意义解读，即文本建构过程中的文本建构者意图，文本完成后解读者的意义期待。双向解读的内涵正体现在作者的文本意义生产与受众的文本期待及意义阐释两方面，此二者之互构乃是文本与受众的双向意义建构。

文本初生意义是作者于文本的创作亲缘关系封闭之前，作者创作意图的投注。文本建构在作者隐退时闭合，而受众的阅读文本却正在此时敞开，文本解读也在此间进行。受众顺延作者意图投注的方向解读文本，或可谓之正向的意义解读。也就是说，受众文本解读与文本初生意义相契合，文本建构者所传递的信息内容及意义生产为受众所接受，文本建构者的意义主导了受众的意义解读。这一正向解读模式散见于新闻传播中宣传文本的解读，因为它有利于自上而下的信息阅读与理解，而宣传文本信息的扩散与知识的传播也正是依赖此种正向阅读以使受众通晓文本意义之所在。只是，受众的阅读是一种主观性极强的活动，无法保证对文本的理解始终保持"正向"状态。利科尔（Paul

---

① ［德］沃尔夫冈·伊瑟尔：《阅读活动——审美反应理论》，金元浦、周宁译，北京：中国社会科学出版社，1991年，第128页。

Ricoeur）曾指出："读者的主观性与文本所展示的世界一样是可疑的和潜在的。"[①]读者的主观是根植于"前见"基础上的主观，这个"前见"即是受众阅读时无法避免的既存的感知经验、知识文化、认知模式、思维方式等，它们对每一个文本世界所产生的新思考，都是意义增生之处。受众自身的经验性理解先于阅读文本的叙述，受众反向解读是在受众期待视野下展开，经由知识经验反向衍生的文本他意，或将超出文本建构者意图，如此，作者意图投注与受众解读相互渗透交织，生成文本意义的多元阐释。这里多元的意义阐释，包含受众在自我期待视野下进行的解读，以及与文本初生意义相反的抵抗式解读。

解读模式的内在机制是指受众文本阅读所进行的文本解读及意义生产机制。这一受众解读机制，一般认为是受众对文本的自我解读，也是文本与受众二者所开启的互动关系；从内在机制上看则是知识权力对受众主体的规制，即受众作为主体所进行的阅读与解读受到外部权力话语的规约。故而，从这个意义上看，受众的解读是有边界的，是在媒介权力所支撑的知识话语的界域之内的。霍尔曾将受众解读大众媒介信息的方式分为支配式、协商式和抵抗式[②]；其中，霸权主导的支配式或矛盾左右的协商式都在解读风险可控之内，而抵抗式阅读与理解——受众或放弃使用媒介，或进行选择性信息接收与记忆，或完全反向阅读——或可超出话语阈值。不过，即使存在抵抗式阅读，也较难产生独有的见解或解读。这是因为多数受众同处于特定的社会历史语境或地理空间内，共享着较为一致的话语框架及认知结构，而这也为他们设定了解读的阈值空间，而这一阈值又受到媒介权力话语的规制。因此说受众的解读是边界性的，这一解读的内在机制即是权力话语所建构与运作的机制。

受众的解读起点是自我感知经验的综合，这种综合感知交织作用形成的经验性的知识，乃为受众文本阅读与理解之"前见"，受众对新闻文本的解读即由此出发。从受众中心论来看，受众被视为诸关系中的主体，受众对新闻文本

---

① ［法］保罗·利科尔：《诠释学与意识形态批判》，洪汉鼎译，载洪汉鼎编：《理解与解释——诠释学经典文选》，北京：东方出版社，2001年，第467页。

② 霍尔在《编码，解码》中提出三种假设的解码模式：主导—霸权式（dominant-hegemonic position）、协商式（negotiated code）与反抗式（oppositional）。［英］斯图亚特·霍尔：《编码，解码》，王广州译，罗钢校，载罗钢、刘象愚编：《文化研究读本》，北京：中国社会科学出版社，2000年，第356—358页。

的解读取决于自身的知识构成与社会阅历。我们把受众视作一"主体"来看待，意义的产生是受众阅读文本后的感知、感悟。这里依托的是受众的个人知识背景、认知模式、历史经验与所处的社会文化结构所形成的总体观。首要的即是文化与意识形态对人们立场倾向的影响。宏观的社会、经济、政治、历史等环境影响了社会大众的认知。阿尔都塞对主体的研究认为，意识形态的控制是隐蔽的。福柯也证明了现代权力的微观与隐匿。意识形态是一种无意识，我们并不能清晰地感到意识形态的控制与塑造，但主体始终存在于其中，并不断内化意识形态。阿尔都塞认为个人成为主体乃是接受了意识形态的召唤，而这一主体作为一个社会身份的存在是虚幻的。阿尔都塞称之为"主体性"的东西，是我们依赖语言与意识形态来建构的，比如社会身份的存在、自我认知等。在英文中，subject 一词的两种含义为"主体"和"屈从体"，"所谓主体并不是独立自持的，而是由文化建构的"①。因而，受众的文本解读亦处于权力话语的建构之中，知识话语规约了受众阅读文本的解读阈值。受众群体多样，其认知知识的范畴，决定了他们可以看到事物的哪些方面。不同学科知识建构了不同的思维与认知视野，这种知识本身就预设和框定了文本解读的方向。虽然，受众的个人经验、独特的思考与感知模式会对文本解读带来差异，但受众对文本解读始终笼罩在外部权力话语机制的巨大阴影之下。

（三）文本的意义生成

巴特颠覆了作者于作品而言"父性"与"神性"的本源地位，并认为文本乃是语言活动之产物。文本不是意义的共存与叠加，而是历时性的，它在时空的长河中不断穿梭，又似话语四散分离。文本从词源上即是某种编织物，是依据文本能指编织的立体式的复数概念。这种复数性所蕴含的多元性，强调了文本意义阐释的"散播"现象。意义是话语过程的产物，它不等同于话语本身。文本作为编织物，其意义正是通过受众的阅读与阐释不断延续和变化而来。多元的受众阅读与阐释，使意义生成转向了动态的、延伸的过程，也即是说，意义从确定的一元传递转向了多元建构。因而，受众的阅读与阐释是意义实现的必要条件，受众是意义转换与衍生的重要范畴。

---

① 罗钢、刘象愚：《前言：文化研究的历史、理论与方法》，载罗钢、刘象愚编：《文化研究读本》，北京：中国社会科学出版社，2000 年，第 12 页。

意义是未完成的语言活动产物，是受众阅读的建构性活动。意义的建构有赖于共享的语境，因而受众阅读的意义阐释，不再是文本符号后的能指与所指所意指的内容，而是被重构或待建构之物，这种建构所共享的语境，可以被定义为某一系统内复杂的社会、历史、文化等所构成的机制。一切意义都发生在意向性网络之中，但这一复杂网络的构成体是由知识、信念、欲望等组成的意义网络。无论是这种复杂的系统，或是意义构建的网络，它们都意在指出意义建构所链接的共同范畴。这里或许可以借助克里斯蒂娃的"互文性"来理解，它指的是某一文本与其前后文本之间的关系，即文本的历史与文本的对话性。[①]即是说，意义阐释所需要的共同语境或上下文，任一文本都是与其他文本相互关联的，没有孤立存在的文本形态，那么文本的意义就存在于各文本的相互连接的网络之中。这种网络是文本意义阐释的坐标与参照，它具有协商与对话性质，使文本意义阐释得以相融，使相互的理解成为可能。费什曾提出"解释团体"的概念，他认为："意义（meanings）既不是确定的（fixed）以及稳定的（stable）文本特征，也不是不受约束或者说独立的读者所具备的属性，而是解释团体（interpretive communities）所共有的特征。解释团体既决定一个读者（阅读）的活动形态，也制约了这些活动所制造的文本。"[②]"解释团体"可被理解为类似于库恩的"科学共同体"或"范式"[③]，它为人们的理解提供一个规则体系，或是一种先在结构。这种解释团体或范式，也是话语形构的一种样式，规定了意义阐释的向度，受众在这一向度内阐发意义。

六、结语

福柯的话语理论及其考古学、系谱学方法，在多个学科领域产生了广泛影响。就新闻传播学而言，福柯的话语理论也提供了新的研究方法与理论视角，

---

① ［法］朱莉娅·克里斯蒂娃：《主体与语言：互文性理论对结构主义的继承与突破》，黄蓓译，载［法］朱莉娅·克里斯蒂娃：《主体·互文·精神分析——克里斯蒂娃复旦大学演讲集》，祝克懿、黄蓓编译，北京：生活·读书·新知三联书店，2016年，第11页。

② ［美］斯坦利·费什：《读者反应批评：理论与实践》，文楚安译，北京：中国社会科学出版社，1998年，第46页。

③ ［美］托马斯·库恩：《科学革命的结构》，金吾伦、胡新和译，北京：北京大学出版社，2003年，第9—10页。研究范式为科学共同体成员提供科学实践的先决条件，即一个特定研究传统的发生与延续的先决条件，或是一种坚实的研究共识。

拓宽了学科的研究路径。具体而言，福柯的考古学冲破了自康德以来的先验哲学的牢笼，提出了以话语为核心的理论范畴，并将考古学限定于话语研究本身，进行对话语内部法则与规律的探究。福柯的权力系谱学则强调话语与权力同生互构的辩证关系。那么从话语视角审视新闻文本的建构体系，它就不可避免地受到了权力话语的规制。而西方媒体话语的建构本质上乃是一场知识与权力的共谋。因此，运用福柯的话语理论作为研究的理论基础，以考古学和权力系谱学为研究方法，从内部和外部、宏观和微观的角度剖析西方新闻文本的建构与媒体的话语实践活动，可以此来揭示新闻文本与知识权力间意义转换的机制。

新闻文本是特殊的文本形态，它既是社会现实的直接反映，也是社会政治权力博弈最激烈的地方。舒德森坦言，新闻业可被理解为政治的一部分，且这种理解应是开放性地探究不同政治文化制度如何塑造不同的新闻文化制度。[①]由此可见外部的政治文化与社会制度对新闻业的建构作用，以及新闻与政治权力之间显著的关联关系，而新闻文本所承载的信息正是权力话语运作的产物。社会大众通过新闻文本来认知世界，新闻文本是人们通往真相的重要途径之一。长久以来，人脑中所认知的现实世界，乃是新闻文本勾勒出的"拟象"图景，循此常常无法真正触及"真实"或真相本身。新闻媒体乃是具有真理影响力的重要机构，新闻文本的信息知识，应用于现实而成为"真实"，其所呈现的事件陈述比事件本身更易令人信服，这也说明新闻的象征性远远大于新闻事实本身。人们对媒体的依赖感正日渐增强，同时媒体对人们的行为实践一直都有潜移默化的影响。媒介技术的进步不断更新着人们接收信息的方式，日常生活则被深度卷入媒介运作之中，此时的社会大众既是信息内容的获取者，也是媒介信息内容的规训对象。读者（受众）作为传播的合作伙伴（或必不可少的一部分），在新闻话语中只是间接地或模糊地在场。[②]新闻的世界对于许多受众而言是表象先于原型的世界。语言和媒体在建构着整个世界的图景，现实成为媒体建构出的形象的组成。语言本身是任意与虚幻的，而知识或真理也只是语言游戏的策略，它们的目的在于优先占领事实概念，塑造新闻报道权威。

---

① ［美］迈克尔·舒德森：《新闻社会学》，徐桂权译，北京：华夏出版社，2010年，第198页。

② ［荷］托伊恩·A.梵·迪克：《作为话语的新闻》，曾庆香译，北京：华夏出版社，2003年，第76页。

新闻与意识形态的相关度，很大程度上是指新闻媒体机构在意识形态的操控下组织新闻文本并通过新闻语言陈述完成文本建构，而媒体话语经由新闻文本呈现，形成受众舆论，因此整个媒体运作过程都充满着意识形态色彩。塔奇曼直言："新闻是建构的现实" [①]，新闻文本无法承载客观世界的"真实"，新闻文本对新闻事件对象、主题、陈述的选取，皆伴随着意识形态的价值侵入。让 - 吕克·南希（Jean-Luc Nancy）曾指出，一切皆为政治（tout est political）。[②] 新闻正是政治的最佳附属。它并非是反映某种政治的可能形态，而是其本身就是政治的一部分。新闻中有政治的叙述，但它也是政治叙述形式中的一部分。[③] 新闻作为特殊的文本形态，乃是多重力量作用的产物，新闻文本的建构与话语的生成皆可归因于权力。法兰克福学派认为媒介即意识形态，福柯的权力话语观也揭示了媒介作为真理表达机构与权力话语的互构关系，无论如何，新闻与权力之间始终存在力量的交融与转化。

---

① [美] 盖伊·塔奇曼：《做新闻》，麻争旗、刘笑盈、徐扬译，北京：华夏出版社，2008 年，第 173 页。

② [法] 让 - 吕克·南希：《一切皆为政治？——一个短评》，郭建玲译，载 [法] 让 - 吕克·南希：《解构的共通体》，夏可君编校，郭建玲、张建华、张尧均、陈永国、夏可君译，上海：上海人民出版社，2007 年，第 341—342 页。

③ [美] 迈克尔·舒德森：《新闻的力量》，刘艺娉译，展江、彭桂兵校，北京：华夏出版社，2011 年，第 16 页。

话语与传播：批评话语分析再探析

　　批评话语分析在国内的引入，最早是在外国语语言研究领域。国内语言学者施旭早年在荷兰阿姆斯特丹大学留学期间，就与冯冰合作编译了批评话语研究代表学者梵·迪克在话语分析方面最新研究的部分成果，并在 1993 年结集为《话语·心理·社会》出版。根据语言学者李亚明的推介，这是国内第一部关于话语分析的译著。[①] 在这个阶段，国内语言学界引入和推广的主要是话语分析。不过，它不再仅是学术层面上的研究，还被赋予了应用的价值——"对研究成果进行批判地应用，将其社会、文化、政治含义用于解决世界所面临的严重问题"[②]。

　　此时，在欧陆和英美的社会语言学界，批评话语分析也刚刚从话语分析的学科发展中独立出来。1991 年，在荷兰阿姆斯特丹大学的一场为期两天的小型研讨会上，它才正式作为一个学术社群宣告成立。之后，通过梵·迪克、费尔克拉夫和沃达克等第一代学者笔耕不辍的著述，以及《话语与社会》(Discourse and Society) 等专业期刊的发展和影响，使得批评话语研究作为一种学术流派的影响力逐渐从语言学扩散至传播学、政治学和教育学等人文社会学科领域。辛斌、纪玉华、丁建新等国内的外国语研究者是在 2000 年前后，开始通过期刊论文和论著等方式向国内引介批评话语分析，但当时他们所介绍的批评性话语分析或批评话语分析，主要指的是福勒 (Roger Fowler) 及其同事在东英吉利大学发展的批评语言学研究。到 2006 年，田海龙提出，批评话语分析并非只是批

---

　　① 李亚明:《中国第一部话语分析译著——〈话语·心理·社会〉》,《外语教学》,1995 年第 4 期。

　　② [荷]冯·戴伊克:《话语·心理·社会》,施旭、冯冰编译,北京:中华书局,1993 年,中译序言第 9 页。

评语言学的另一个名称，而是它的继承与发展。①事实上，批评话语分析是语言学在西方人文社科理论"话语转向"影响下，真正尝试向其他人文社会学科输出语言学的新理论观点和方法的代表。

批评话语分析在国内传播学界的引入，则是因为一次颇为偶然的推荐。应是 2002 年左右，经由美籍华人传播学者潘忠党的书目推荐，并设法获得了原著在中国大陆出版的版权，梵·迪克和费尔克拉夫的代表著作《作为话语的新闻》和《话语与社会变迁》得以在 2003 年由传播学者翻译成中文并通过传播学论丛的方式在国内出版。

可以看到，批评话语分析在 20 世纪末至 21 世纪初引入国内时，是以不同的路径和方式分别对国内的外国语研究和传播研究产生了影响。国内的外语研究学者则是把它作为西方语言学界的最新发展引入国内。在初期，由于译者对"text"和"discourse"这两个术语中译时的不同考虑，有把前者译为"语篇"将后者译为"话语"的，也有把前者译为"篇章"将后者译为"语篇"的（当然也有将"text"译为"本文"的）。譬如，辛斌是国内最早关注和研究英国和欧陆的批评语言学和批评话语分析的语言学者之一，他在 1995 年前后开始撰文引介批评语言学（Critical Linguistics），而批评语言学和批评语篇分析（Critical Discourse analysis，简称 CDA）是同义不同名而已。之后，随着西方话语理论在国内学界影响力不断扩大，批评话语分析这一译法直接表现了两者之间的密切联系，因而成为更为通用的译名。然而，在国内传播学界，批评话语分析最早是被译为"批判话语分析"，以它作为主题词在中国知网（CNKI）搜索可发现，采用这个译名的文献的期刊来源主要是传播学和教育学这两个学科。同时，在传播研究者最早翻译的两本批评话语分析的代表性著作中，在很多语言学术语和概念的中译上，前者鲜有参考和采用国内外国语研究者的译法，甚至在一些概念上因为不了解语言学科领域对特定词汇的使用而存在明显的误译。

也就是说，批评话语分析虽然在国内学界引入较早，但它在外国语言学科的引入跟在其他人文社会学科的引入其实是两条分离的、鲜有交叉的路径。一方面，国内的外国语研究由于学科自身的影响力以及关键概念翻译上的差异，

---

① 田海龙：《语篇研究的批评视角：从批评语言学到批评话语分析》，《山东外语教学》，2006 年第 2 期。

研究者对于批评话语分析的阐释和研究并没有能够突破学科界限进而对其他学科形成影响。另一方面，批评话语分析通过传播学科的译介才真正推进了它在中国的发展。正是借助于 2003 年的中译本，传播学和教育学研究者得以了解并应用批评话语分析。

在传播学科，批评话语分析的引入契合了学科自身发展的某种迫切需求。在初期，它是作为可对新闻本身进行不同于以往的深刻分析的研究方法被引入的，并被寄予了推动新闻研究深入发展的殷切希望。

这说明，国内传播学对西方批评话语分析的引入，是出于本学科发展的某种特定需求，直接跨越学科、语言和语境的各种复杂因素将它化约为一种特定的工具性方法。当然，如此一来，批评话语分析在国内传播研究中的应用，缺乏足够的理论梳理和辨析，甚至没有对国内外语言学相关的研究成果进行必要的了解和吸收。

这种忽略一种知识体系背后复杂的社会现实脉络和理论渊源的"化约"做法，直接导致了批评话语分析之后在传播研究中"难以为继"困境的出现，相关的具体问题我们将在后面详细叙述。总的来说，批评话语分析实际上并没有像内容分析法一样有固定的程序可以施行，而语言学的学科门槛使得很多术语概念容易被误解和误用，而现有的、颇为零散的理论梳理和讨论无法解决这些问题。因此，我们迫切需要从更为系统和深入的视野去梳理和分析批评话语分析在国内传播学界的引入和发展历程，并回到它原初的情境中去讨论它是为了解决什么样的问题而出现的，它自身的发展中又出现了哪些困境，更重要的是，在传播研究尤其是国内的传播研究中批评话语分析究竟可以发挥什么样的作用。

一、批评话语分析在中国传播学界的引入

在国内传播学界，批评话语分析与"话语"相关的理论和方法是在 20 世纪末通过新闻传播学专业期刊论文、传播学译著等渠道被正式引介进来。这一方面是因为福柯（也包括本维尼斯特等人）在人文社会科学理论领域掀起的"话语"转向所产生的广泛影响。最早在国内新闻传播专业期刊上介绍福柯（福科）

话语理论①和巴赫金的超语言学、对话理论②的论文，其引证文献主要来自人文和哲学领域的著作、译著和期刊。这说明，当时国内传播研究的发展已不再完全依靠美国的实证主义传播研究范式，而是开始引入西方哲学、文学等传统人文学科中的理论和方法资源。

在此之前，中国传播学科的发展主要受施拉姆所创建的以拉斯韦尔的"5W"为主要框架、采用量化研究方法进行应用研究的"传播科学"的影响。有论者认为"这个框架限制了我们对中国传播研究史的理解，导致我们对施拉姆版的传播学以外的传播研究在中国的接受与扩散甚少关注甚至视而不见。"③随着西方相关的话语理论的影响力在国内人文社会科学领域的不断扩散，国内的传播学者开始借助"知识考古学"等欧陆批判思潮中发展出的方法，对于自身传播学科的建制历史进行深入的梳理和反思，重新回顾了20世纪初国内传播学与欧美社会学传统下的批判传播研究之间的互动交流，尝试为现有研究打开更多面向的发展路径。在当时，美国的应用传播科学已经不再能满足国内传播学研究的要求，因而迫切需要寻找新的理论资源和视角以解释日益复杂的传播实践，这在某种程度上也为与西方社会批评理论渊源颇深的批评话语分析在国内传播学界的引入和普及铺平了道路。

并且，20世纪70年代以来，世界政治、经济、文化和媒介格局发生了较大的变化，以量化研究为主的美国主流传播学理论生产在攀上高峰后，日益显现出其理论解释力和适用性的局限。当世界变得越来越复杂，观点越来越多元时，尤其是随着市场经济的发展和完善，传媒文化工业日益勃兴，逐渐成为民主化、工业化进程中的重要一环，美国主流的传播学理论对新媒介现象的解释愈发力不从心，而以"欧洲中心主义"为代表的批判视角开始重返舞台，凯瑞（J. Carey）、贝克（H. Becker）等人重新发现和诠释了芝加哥文化研究学派，进而推动美国传播研究与欧洲传统批判主义重新进行交流和对话。这些美国传播研究新的发展动向，借由国内传播学相关译著出版计划以及传播学者之间的个人或群体网络，或直接或间接地促进了中国传播学研究与国际理论思潮展开对话。

---

① 王岳川：《福科：权力话语和文化理论》，《现代传播》，1998年第6期。
② 李彬：《巴赫金的话语理论及其对批判学派的贡献》，《国际新闻界》，2001年第6期。
③ 刘海龙：《中国传播研究的史前史》，《新闻与传播研究》，2014年第1期。

正是在这样的背景下，由美国传播学者潘忠党推荐可译介书单、复旦大学黄旦主持出版的"传播·文化·社会译丛"，在引进美国经典实证研究著作的同时，较早地引入并翻译社会学、语言学等其他学科以大众传播实践为对象的研究成果。批评话语分析的代表性著作《作为话语的新闻》和《话语与社会变迁》正是经由这套译丛的出版而为大陆传播学界所熟知，成为传播研究者了解和应用批评话语分析的必读书目。《作为话语的新闻》和《话语与社会变迁》原著分别出版于 1988 年和 1993 年，受当时欧洲后结构主义思潮的影响，语言不再仅仅被视为人们交流的中介工具。人们愈来愈意识到，语言的使用受到使用者社会属性的制约，不同的社会位置意味着言说权力的差异。

批评话语研究的兴起正是源于语言学者对社会普遍存在的话语权力差异的不满，他们认为研究者应该恰当地应用学术的象征性权力为"弱者"的处境和问题发声。这其实与传播领域中批判性研究的学术旨趣（关注种族歧视、社会不公等的自然化）是高度一致的。费尔克拉夫在他的第一本专著《语言与权力》（Language and Power）中曾提道：

语言学家，尤其是通常所说的在"社会情境中研究语言"的社会语言学家，对于语言和权力的关系积累了足够的知识，但在我看来，他们并没有公正地对待语言和权力之间丰富而又复杂的相互关系。……很多社会语言学的研究通常致力于描述社会语言现象中存在的权力分配的不平等，但他们却没有尝试去解释这些现象的实质实际上是权力关系和权力斗争的产物。[①]

另一位批评话语分析的重要学者、《作为话语的新闻》的作者梵·迪克（范戴克、范迪克等都是他的中译名）在接受中国传播学者访谈时也曾提道："一旦选择从事批判话语研究，就意味着研究者要明确自己的政治立场，并且至少在学术研究及出版方面，要坚持为反抗任何形式的压迫而斗争。"[②] 这说明，批评话语分析的产生发展正是源于研究者尝试通过自身的研究，回应并且处理当时

---

① Fairclough N: *Language and Power*, New York: Longman, 1989, p.1.
② 常江、田浩：《托伊恩·范·迪克：批判话语研究是一种政治立场——新闻、精英话语与意识形态》，《新闻界》，2018 年第 5 期。

英国和欧陆社会现实中存在的种种问题。

其时的英美学界，哲学、人文和语言等多个学科在话语理论及方法上的发展形成了颇为复杂的局面，而源自欧陆、与欧洲社会批判学派及后马克思主义哲学有着密切关联的批评话语分析实际上是当时的英国和欧陆的语言学者受到外部理论的影响，将语言分析与外部社会分析结合起来的一种尝试。并且，他们还致力于把这种尝试作为语言学的创新向教育学、大众传播等学科进行推广。

于是在这一过程中，批评话语分析最初是作为一种创新性的文本处理方法被美国的传播学界所认知。当时，美国的大众传播研究侧重于宏观的社会传播效果，文本层面的研究较为边缘。内容分析作为主要研究方法，但因"研究者无法解读传播内容字里行间的深层意涵，无须'挖掘'表层背后的意义，或是探索隐含的或相关的意义"，其发展逐渐放缓。① 梵·迪克曾提到，克里彭多夫（Krippendorff）在 1980 年出版的《内容分析：方法入门导论》（*Content Analysis：An Introduction to Its Methodology*）虽然受到欢迎，但从其参考书目来看，20 世纪 70 年代的内容分析并没有发展出有实质性意义的贡献。② 有趣的是，克里彭多夫在接受香港传播学者访谈时，曾谈到他在 20 世纪 70 年代末之所以选择内容分析作为博士选题，正是因为自己的语言学背景。③ 更有意思的是，克里彭多夫在后期也转向了话语研究，他认为研究者不应该被自己的研究方法所操控："要理解话语就要抛开偏见，就要超越话语之间的界限。"④ 这其实说明，话语研究与语言有天然的亲缘关系，且应用它分析媒介文本确实能够揭示很多内容分析法难以触及的问题。同时，这种转变也是话语理论和方法在传播学领域被接受和应用的一种表现。

基于上述背景，语言学受"话语转向"的理论影响所发展出来的"对话分析""话语分析"等新的学科分支，是被大众传播学界视作可采用的新方法来认知的。这从美国传播学者约翰·菲斯克（John Fiske）担任主编的"文化与传播

---

① [荷] 祖伦：《女性主义媒介研究》，曹晋、曹茂译，桂林：广西师范大学出版社，2007 年，第 92 页。

② Teun A. Van Dijk: Introduction: Discourse Analysis in (Mass) Communication Research, *Handbook of discourse analysis*, London: Academic Press, 1985, p.2.

③ 苏钥机：《内容分析的变迁面貌——对社会建构现实及其他的思考》，《传播与社会学刊》，2019 年总第 47 期。

④ 田海龙、张立庆：《为何将话语置于行动中研究？》，《当代修辞学》，2020 年第 5 期。

系列丛书"（Studies in Culture and Communication）中可窥见一斑。该丛书中的《语言与社会导论》（An Introduction to Language and Society）详细介绍了语言学脉络下的话语分析理解和应用，《理解新闻》（Understanding News）则采用话语分析方法对新闻语言进行研究。这些都是"对话分析"和"话语分析"应用于传播学研究的早期成果。不过，由于当时话语理论发展的复杂局面，我们需要对这些成果中所使用的概念，尤其是"语言""话语""文本"等基础概念的意涵多加留心，它们的内涵与外延会随着学科领域的不同和理论的发展而发生变化。

费斯克参与编撰的《关键概念：传播与文化研究辞典》（Key Concepts in Communication and Cultural Studies）里面，"话语"（Discourse）词条重点论述的正是这一概念在后结构主义和符号学领域中意涵的发展和变化。在语言学中，"话语"指称的主要是"比句子更重要的动词性言说"（verbal utterances）。[①]但新的理论发展——尝试从不同于传统角度回答"意义从何而来"这一问题的新发展，也被纳入到了"话语"概念的内涵之中，成为文本分析而非话语分析的研究对象。通过文本分析，即"显示某一文本如何采用不同的话语元素，然后对他们进行咬合"[②]可以追索话语权力斗争的过程。而话语分析"关心的不仅是某个言说者的复合语句，而且更常考虑的是两个或更多言说者的交替互动，以及用来操持和控制特定语境之中的话语的语言规则和社会习俗"[③]。或者说，话语分析指的不再仅是对语言的分析，而是对意义的制造、分配、消费以及再生产等社会过程的分析。"文本分析"这一方法被引入语言学研究大大扩展了语言学领域中的话语研究的范围，而"话语分析"也得以从具体的语言分析中抽离出来，实现对意义的社会化过程的关注。

实际上，当时正处于新兴状态的、尝试"把一种语言学文本分析方法与一

---

① ［美］约翰·菲斯克等编著：《关键概念：传播与文化研究辞典》，李彬译，北京：新华出版社，2003 年，第 84 页。

② ［美］约翰·菲斯克等编著：《关键概念：传播与文化研究辞典》，李彬译，北京：新华出版社，2003 年，第 86 页。

③ ［美］约翰·菲斯克等编著：《关键概念：传播与文化研究辞典》，李彬译，北京：新华出版社，2003 年，第 84 页。

种有关语言在政治和意识形态过程中的功能的社会理论结合起来"①的批评话语分析，也正是结合了这两个层面的分析，以实现对意义生产和再生产过程的研究。只不过，批评话语研究者并没有止步于对意义的分析，他们通过吸收欧陆的社会批判理论的观点提出话语实践与社会实践之间是一种辩证关系，而他们的分析对象则是表现为文本形式的话语实践。因此，批评话语研究最终目标指向并非是某种理论体系的构建，而是对外部社会现实问题的影响和改善。

因此就不难解释，为何 Tracy 等美国传播学者会提到，一些将自己的研究定义为批评性的传播学者会认为批评话语分析没有展示出理论上的重要性。批评话语分析对批判社会理论的观点理解和应用并不深入，哪怕是在与其关联颇紧密的互动社会语言学和批判文化传播研究中，也都处于较为边缘的地位。②这是因为批评话语研究的目标不是发展新的社会理论，而主要是致力于在语言学分析中应用批判社会理论观点，为分析结果提供解释，并通过自己的研究，为在意义的社会生产与再生产过程处于弱势地位的民众发声。这也是为何相对于批评传播学、批评文化研究等也以批评（Critical）为目标的传播研究，批评话语分析会因其对文本的关注和对语言学分析概念的应用而更具有归纳性。同时这还意味着，批评话语分析作为英国和欧陆社会语言学发展的新成果，在同为英语国家的美国的传播研究领域，实际上也存在着跨学科应用和融合的难题。

至此可以看到，批评话语分析在中文传播研究中的引入，其实质是试图在一个舶来学科中引入和吸收另一个来自完全不同理论背景和领域的舶来学科。因此，除了语言差异给分析方法的移用带来的困难外，真正的困境在于脱胎西方社会背景中的理论观点和解释框架与国内的传播话语实践是否可以，以及如何融合的问题。

2003 年，在《作为话语的新闻》和《话语与社会变迁》这两本批评话语分析著作的中译本出版后，中文传播学界曾引发了一阵应用和探讨的小高潮。《作为话语的新闻》的中译者曾庆香就将"话语主体""话语实践"等批评话语分析

---

① [英]费尔克拉夫：《话语与社会变迁》，殷晓蓉译，北京：华夏出版社，2003 年，第 25 页。

② Karen Tracy etc.: "Critical Discourse Analysis and (U.S.) Communication Scholarship" in Charles T. Salmon (ed): *Communication Yearbook 35*, Routledge, 2012, p.244.

的关键概念进行应用和辨析①，从而具有新的揭示意义。当然这里难免存在着中国的新闻话语实践所需要的和适配的批评性解释，与西方的批评话语理论之间，是否以及如何能够相互融合和协商的问题，该问题是批评话语分析能否在国内传播研究中有所发展的关键。无论是尝试引入还是尝试应用该方法的传播研究者，相信对于这一过程所面临的困难，应该有足够的认知。

无论如何，中文传播学界在 2003 年对批评话语分析代表性著作的译介有力促进了批评话语分析在国内新闻传播学领域的接受和发展。费尔克拉夫和梵·迪克两本著作 2021 年 4 月在中国知网（CNKI）查询到的引用量分别为 2549 和 2348 次，相对他们由中国语言学者译介的专著来说引用量高出很多。② 但是在 2003 年的译介之后，国内传播学领域对于批评话语分析的理论梳理和辨析、后续的著作译介和应用研究等工作颇为零散、不成体系，相信与对移入域外理论和方法的困难认知不足有关。在引入国内传播学界近 30 年的时间里，批评话语分析仍不是传播领域常用的文本处理方法，某种程度上这其实也是一种召唤进一步研究的预示。

二、移用困境：批评话语分析在国内传播学界的发展状况

在具体探讨批评话语分析在传播学研究中的应用和融合所面临的困境和问题前，我们需要先对它在近 30 年的时间里在国内传播学科的发展情况进行大致的了解。本文以新闻传播学四个主要学术期刊（简称"四大刊"）为对象，采用"批评 / 批判话语分析"作为关键词进行了摘要搜索（见表 1），可发现，它在四大刊中的成果数量很少。并且仅有的 20 篇文献中，该关键词主要是作为"方法"来使用的，这与"批评话语分析"在外语语言学领域的发展情况有着显著差异。

---

① 曾庆香：《西方某些媒体"3·14"报道的话语分析》，《国际新闻界》，2008 年第 5 期。

② 除了由传播学者译介的著作外，梵·迪克还有《话语·心理·社会》和《精英话语与种族歧视》这两本由国内语言学者编译和翻译的著作，在 CNKI 上查询的引用量为 382 和 29 次。费尔克拉夫另有一本《语言与全球化》中译专著在 2020 年出版，由语言学者田海龙翻译，暂无引用量。

② 由于"话语""批评话语分析"等术语都源于西方学术语境，在中文语境中并没有对标的理论和词语。因此，在术语翻译的过程中，不同学科背景的学者对于同一术语或概念采用的中译名有所差异。传播学领域最早在引入 Critical Discourse Analysis 的时候是译为"批判话语分析"，之后国内的外国语研究通用的"批评话语分析"译法也为传播学界所采用。因此，在这里分别把这两种译法都进行了摘要检索。

表 1："批评话语分析"在新闻传播四大核心期刊中的文献数量

搜索关键词	国际新闻界	新闻与传播研究	新闻大学	现代传播	合计
批评/批判话语分析[2]	4	3	3	10	20
费尔克拉夫	2	0	2	1	5
梵·迪克	2	1	2	0	5
沃达克	1	0	0	0	1
话语实践	11	4	9	6	30
话语分析	21	11	9	18	59
合计	41	19	25	35	120

外国语言学者穆军芳 2015 年曾筛选了 1190 篇与批评话语研究相关的文献，并对它们进行了知识图谱分析。结果显示，介绍和探讨批评话语分析主要概念、主要研究方法，以及国内外发展情况和最新相关著作的述评、介评、理论探究类的文献成果刊发量排名第二，占到 19.8%。[1] 并且穆军芳的研究中还有一个与媒介话语研究密切相关的发现，即 "媒体领域的批评话语分析是当前国内批评话语分析成果最为丰富的应用领域，所刊发论文占总刊发量的 49.1%"[2]。结合本文在新闻传播四大刊中的搜索结果来看，传播研究者显然不是媒体领域的批评话语分析成果的主要产出者。而外国语言研究者对媒体话语的关注和研究，由于立场和视角的不同，他们对于国内传播研究关注的主要问题以及批评话语分析在其中的应用和发展困境其实少有觉察，因而也较难在传播学领域产生足够的影响。并且，从对新闻传播四个主要期刊进行的关键词搜索结果来看，传播学领域至今还鲜有将批评话语分析作为语言学的一个新兴分支来探析的梳理性成果，这意味着，尽管批评话语分析引入国内传播学界的时间很早，但主流的新闻传播研究对于批评话语分析的总体性认知并不到位。

赵为学在其研究中曾提到，虽然 2004 年以来应用批评话语分析进行单篇新闻话语研究的成果数量较为可观，似乎形成了一股研究热，但新闻传播学界总

---

① 穆军芳:《国内批评话语分析研究进展的科学知识图谱分析 (1995—2015)》,《山东外语教学》, 2016 年第 6 期。

② 穆军芳:《国内批评话语分析研究进展的科学知识图谱分析 (1995—2015)》,《山东外语教学》, 2016 年第 6 期。

体上还是对批评话语分析比较冷淡。^①前文曾说过，在传播研究中，批评话语分析主要是被当作方法认知的，这里所谓的冷淡，指的其实是在研究中探析和应用批评话语分析的新闻传播研究者并不多，这主要是与批评话语分析这个学派的学科背景有关。

为了更为准确地了解批评话语分析在新闻传播领域的应用和发展情况，我们继续采用"费尔克拉夫""梵·迪克""沃达克""话语实践"和"话语分析"作为关键词在新闻传播学四大刊上进行检索，发现在摘要中提到前三位学者中译名的文献，其内容主要是对这些学者理论观点和方法框架进行梳理和辨析。这说明，不仅鲜有站在学科视角探析批评话语分析在国内传播学领域中的应用和发展的理论辨析成果，专门对批评话语分析代表性学者理论观点或方法框架做梳理的文献成果也比较少。同时，"话语实践"作为批评话语分析中的重要分析性概念，其出现频次较高的原因可能是因为福柯话语理论的广泛影响，使得其在传播研究中已逐渐作为常规学术概念被接受和使用，所以采用该关键词的文献数量会高于直接使用"批评/批判话语分析"概念的文献。

如前述表1所示，在摘要中使用"话语分析"这一关键词的文献数量，远超过"批评话语分析"，前者占总比为49.1%，后者仅有16.7%。显然是因为在传播学领域中，批评话语分析通常是被视作话语分析的方法之一。在摘要搜索结果中，批评话语分析的文献成果都被包括在话语分析的检索结果之内，本文为了不重复计数进行了剔除。这一情况也可佐证前面的结论，即国内的传播学领域对于引入和应用批评话语分析的复杂性认知不足。

最后，为了更全面地理解"批评话语分析"在国内传播学界的发展情况，本文还对"话语""意识形态"等与"批评话语分析"密切相关的概念进行了关键词检索^②（结果见表2）。其中，以"话语"为关键词的文献占比达71.8%，而以"意识形态"为关键词的文献占比是24.9%。这意味着"话语"作为一个学术概念，它在传播研究领域的接受和应用程度远高于"批评话语分析""意识形态""互文性"等特定研究领域的关键概念。而这实际上又与"话语"概念在西

---

① 赵为学：《新闻传播学研究中话语分析的应用》，《上海大学学报》（社会科学版），2008年第4期。

② 由于表2中搜索的"话语"和"意识形态"这两个关键词的意涵较为复杂，外延也更为宽泛，因而其检索方式采用的是关键词检索而不是表1所用的摘要检索。

方人文社会科学的理论转向中所扮演的关键角色有关。

表 2："话语"等关键词在新闻传播四大核心期刊的关键词检索结果

搜索关键词	国际新闻界	新闻与传播研究	新闻大学	现代传播	合计
话语	91	34	52	149	326
意识形态	30	7	15	61	113
互文性	3	1	0	11	15
合计	124	42	67	221	454

在西方的学术语境中，"话语"概念经过 19 世纪末 20 世纪初索绪尔启发下的西方哲学"语言转向"的推动，构成了 20 世纪中后期哲学、语言学、文学和人类学等主要人文社会学科理论转向的基础。福柯被认为是最早对语言转向做出回应的学者。"他最早谈论的知识型实际上就是说明语言分类知识的影响，其之后的谱系学研究，则主要谈论知识、权力共同参与了我们的语言活动，从而造成了我们所认识的世界。"[①]之后，巴特、德里达和拉康等法国后结构主义者在文学和哲学领域的研究继续扩大了福柯在《词与物》中开启的"话语转向"的影响力，使"话语"概念突破了语言的社会使用这一纯粹的语言学研究范围，"进入到更为开阔的人文社会科学领域，成为一个多元综合且备受重视的关于意识形态再生产方式的实践概念"[②]。这无疑推动了"话语"概念在几乎所有人文社会学科中的应用和发展。

"话语"一词可以跟任何研究领域搭配形成新的学术语汇——"X 话语"。正如文贵良所说，"话语"一词几乎成了德里达说的加"X"的符号，"话语"所指在这种轰炸式的无性繁殖中消失得无影无踪，相反，"话语"的能指却在词语的组构中无限膨胀。[③]需要说明的是，我们在这里所说的学科，指的主要是近现代以来从西方人文社会学术体系中引入的舶来学科。按照一般的发展规律，这些舶来学科在中国的引入和发展需要经历从囫囵吞枣到理性辨析后再深度融

---

① 孙文宪、王丹：《语言转向：从语言学到语言哲学》，《北方论丛》，2011 年第 1 期。
② 刘继林：《"话语"：作为一种批评理论或社会实践——"话语"概念的知识学考察》，《烟台大学学报》（哲学社会科学版），2011 年第 3 期。
③ 文贵良：《话语与生存：解读战争年代文学（1937—1948）》，上海：上海书店出版社，2007 年，第 2 页。

合的发展过程。我们在这里探讨的主题：批评话语分析在国内传播学领域的引入和发展，从表面上看也是属于这样的过程。这一过程因"话语"一词能指的无限膨胀而显得更为复杂。

正因为如此，在表 2 中，"意识形态"和"互文性"这两个联结不同学科领域的关键词，文献数量占比远低于中文传播领域对"话语"概念的使用。需要注意的是，不同学科之间乃至同一学科内部对于"话语"概念的理解以及具体的研究路径其实都存在很大差异。潘雯曾梳理过哲学、语言学和文学中"话语"概念的意涵和承袭的思想传统，发现它在哲学中有分析哲学和法国后结构主义两条主要进路；而语言学中的"话语"转向则源自对结构主义的超越，主要表现为语用学和话语分析的发展；至于文学领域的"话语"理论的发展虽是源于结构主义文学研究的需要，但却是在后结构主义中获得其主要发展。[①] 这意味着国内学界对"话语"相关理论和方法的引入是需要辨析其基本意涵的。

具体到本文的主题，"话语"作为一个学术概念在中文传播学界之所以能有很高的接受程度和使用频率，还与 21 世纪以来传播研究逐渐强调媒介尤其是大众媒介内容生产对社会政经文化的建构性影响密切相关。大众媒介在社会生活中的巨大影响力，使得媒介文本不可避免地成了语言学者重点关注的研究对象。同时，由于内容分析法难以进行价值和意义探讨，而强调社会文化对语言使用影响的话语分析，以及更为注重社会文化语境与语言使用之间辩证影响的批评话语分析对于传播研究者来说是极有吸引力的。

20 世纪 80 年代以来，由于后现代思潮对社会科学实证主义传统的颠覆，自然科学的真理性知识和社会科学的普遍性法则被批判性地重新审视，知识不再被视为先在真理而是被看作人类活动的产物，是人社会实践的结果。知识生产者、社会文化环境或特定情境会对知识的生产及其应用产生重要影响。作为与西方社会政治文化语境、研究者关系紧密的学术思想，传播学和话语分析（包括批评话语分析）在国内学界引入及其落地发展的复杂性并非社会实证科学中"移用"这一方式可以应对的。

因此，在中文传播学界引入和应用批评话语分析，面临着研究者的理论观

---

① 潘雯：《"话语"之用——关于"话语"概念的一个跨学科观察》，《中共浙江省党校学报》，2010 年第 4 期。

点、支持其观点的话语和非话语资源等一揽子的置换和本土化。就现有的研究来看，批评话语分析在传播研究中应用和融合一定程度的"遇冷"与此类置换和本土化没有引起足够的理解和重视有着密切关联，我们在后面也将对这些困境进行详细的论述。

三、学科门槛：批评话语分析在传播研究中的应用困境探析

如前所述，批评话语分析早期主要是由国内的语言学（主要是外国语言学）和传播学这两个学科领域引入，但很长一段时间内，它们是各自分离的。即使是现在，交流也并不深入。其次，尽管国内的外国语研究较传播学界更早也更为深入地引介批评话语分析，但由于其学科自身的特性以及国内外国语研究者可直接阅读英文，也是用英文写作，相关成果在早期并没有引发较大范围的关注。直到 2003 年传播学者翻译的相关中译本出版，才真正使批评话语分析在国内学界受到较为普遍的关注。但这次中译是一次偶然性事件，并非系统、有准备的引入，这从译丛中其他著作的主题以及后续的相关成果可看出。

由于批评话语分析本身的跨学科特性，在学术概念使用上又与话语理论、文化研究等批判学派有着高度的同一性，很容易造成对理论理解和分析框架应用的混淆。从现有的研究成果可以观察到，它在传播学科领域的发展正在逐渐走向理论和应用的分离。前文曾提到，很多新闻传播领域的研究对它的应用主要是用来分析单篇的新闻文本，这实际上偏离了批评话语研究真正的价值。究其原因，主要在于批评话语分析本身是语言学科受"话语"转向思潮影响的产物，在理论上与后马克思主义、后结构主义等社会思潮频繁互动，在方法上又与语言学分析紧密关联，因而在与其他学科融合发展时难免出现多重关隘和困境。

就现有传播研究者对批评话语分析的梳理和辨析工作来看，它主要是被视为话语分析的新的发展路径。《话语分析：传播研究的新路径》一书中就把批评语言学（Critical Linguistics）直接称为"批评的话语分析"，等同于"Critical Discourse Analysis"①。《大众传媒话语分析的理论、对象与方法》中，也把梵·迪

---

① 胡春阳:《话语分析：传播研究的新路径》，上海：上海人民出版社，2007 年，第 171 页。

克对新闻话语的研究称为"综合性的新闻话语分析"①。事实上，传播学者对于话语分析和批评话语分析的兴趣正是源于语言学者对大众传媒文本的分析，这为传播研究提供了新的文本解析方法。

不同于内容分析法所代表的"应然和实然"的传统认识论视角，批评话语分析同话语分析、批评语言学一样，是始于包括美国在内的西方语言学者对语言和社会（主要是意识形态）之间关系的兴趣。它们追求的不是有信效度的、可复制的分析程序，而是致力于通过语言（话语）分析找到权力关系生产和维系的证据。因此，批评话语分析并不回避意义和价值的探讨，反而通过吸收批评理论、社会学等的立场观点，为语言和社会，尤其是语言与意识形态再生产之间的关系提供批评性反思的工具，这也正是其主要价值所在。

至于传播研究，大众传播实践在很长时间内都被认为是对现实的某种摹本。李普曼在《公众舆论》中曾提出大众传播并非周围具体社会—历史情境的镜像再现，但他仍预设了一个理想的"真实再现"版本。因而，在实证主义的传播研究中，采用的内容处理方式基本是把媒介文本从具体社会情境中抽离，通过具有信度和效度的程序分析，得到描述性结论，然后再与更好的理想版本进行"实然"和"应然"的比较。它的优点是可以借助数据，以清晰、准确地表述现存实践的某些问题，尤其是人们模糊感觉到的"不公"和"偏见"。但是，由于缺少对外部社会文化情境的关注，内容分析的结论往往难以融入现有的传播实践。而包括批评话语分析在内的话语分析学派作为后结构主义思潮的产物，代表的其实是"认识论"上的重大变革。在话语分析研究者的视野中，语言不再被单纯视为人们交流信息和思想的中介工具，而是社会实践的结果或反映，并且会反过来影响社会实践及其意义。由此，语言与社会的辩证关系成为话语研究关注的核心问题。

同话语研究一样，受外部社会思潮的影响，传播研究尤其是大众传播研究开始认识到，大众媒介是通过对外部世界的表征施加影响。报刊新闻、电视节目等媒介产品本身即是一种有舆论影响力的话语表达，不能被简单化约为信息传递工具。它所能采取的表现形式和生产方式受制于现有传播制度、技术、实践所形成的常规等因素的限制。随着认识论从关注媒体的"应然"和"实然"

---

① 丁和根：《大众传媒话语分析的理论、对象和方法》，《新闻与传播研究》，2004年第1期。

的比较差异，转换到关注传播实践与外部实践的互动与关系构建，必然需要一种新的分析方法连接新的理论观点和具体的传播实践。而在所有的话语分析路径中，批评话语分析作为最为集中和有效处理媒体文本的方法之一，自然引起了传播研究者的注意。

这里需要简要说明的是，批评话语分析主要是在英国的媒介文化研究领域而非美国的传播学界中引发了关注。在 2000 年以后，英语世界（主要是指英国）的传播研究著作逐渐将其纳作分析途径之一。英国格拉斯哥大学媒体小组的学者 Greg Philo 曾撰文对批评话语分析的分析策略和格拉斯哥的媒介研究策略进行了比较。[①]并且，通过英国语言学和媒介研究社群的工作，批评话语分析的影响被扩散至新西兰和澳洲的学术群体。2004 年，英国空中大学出版社出版的《媒体话语：分析媒体文本》（*Media Discourse: Analysing media texts*）的作者 David Matheson 是新西兰坎特伯雷大学的大众传播学讲师，而他之前曾在英国的卡迪夫大学和斯特拉思克莱德大学的新闻系工作过。这可看出，本文所讨论的批评话语分析，其主要研究力量集中在英国及与英国学界联系颇紧密的新西兰和澳洲。

因而，批评话语分析在国内传播学界的引入，实际上是另一种有别于美国实证主义传播研究的范式的融入。也就是说，在英国的学术社群内，批评话语分析与文化研究、叙事分析等其他路径一样，共享有关权力和意识形态的理论观点。

在现代社会，权力的行使越来越多地是通过意识形态来实现的，尤其是通过语言的意识形态运作来实现的。我们生活在一个语言时代，当代主要的社会理论家，如皮埃尔·布尔迪厄（Pierre Bourdieu）、米歇尔·福柯（Michel Foucault）和尤尔根·哈贝马斯（Jürgen Habermas）都认识到了这一点，他们在理论中对语言的重视与日俱增。[②]

同样，他们的学术旨趣是要通过不同的分析路径讨论甚至批评意识形态和

---

① Greg Philo: Can discourse analysis successfully explain the content of media and journalistic practice? *Journalism Studies*, 2007,8(3).

② Fairclough N: *Language and Power*, New York: Longman, 1989, p.2.

文化霸权（又译领导权）① 在日常生活的具体运作以及它所引发的社会不平等的问题。

因此，批评话语分析在它原生的学术语境内，主要被视为一种方法路径，但是，当它跨越学科、语言以及外部社会文化语境被引介到中国传播研究中时，我们并没有充分认识到它作为一种分析框架背后所依靠的价值支撑。在欧美的社会环境中，媒体主要是由资本把控，新闻表达和呈现上存在特定偏好，加深了种族歧视、性别歧视、精英主义利益集团等社会问题。普通民众身处其中则被无意识地操控着，无力反思和进行反击。以费尔克拉夫、梵·迪克和沃达克为代表的语言学者认为应该恰当应用学术的象征性权力为弱者的处境和问题发声。因此，如果忽视背后的意识形态和权力批评的立场，批评话语研究就丧失了它最为核心的价值。这直接关涉到在国内学界引入西方学术话语体系最为关键的问题，即批评话语所构建的理论框架及其立场是否适合于国内包括传播在内的社会文化实践。

正如施旭曾提到过的，批评话语分析借助英美经济文化资本，已经形成了一种面向全球、被照搬效仿的学术霸权话语体系。"其思维方式、价值立场、问题导向，既来源于西方传统，又局限于西方现实。"② 也就是说，我们不能简单地承袭批评话语研究的权力和意识形态批评立场，而是需要经由跨文化、跨历史对话，建立起一套回应本土传播实践与学术需求且有解释效力的理论和价值框架。这也是国内传播学引入话语理论及其分析路径时需要予以重点考虑的问题。从传播研究发展的角度来看，引入新的理论资源和分析路径的目的，不该只是证明一些已经得到过无数次论证的"某国际媒体针对某新闻事件的报道倾向是通过新闻机制进行意识形态操控下的产物"等观点，而是需要更有建设性、对现实更有解释力的创造性发展。

从批评话语分析的发展历史看，其早期主要是英国和欧洲大陆的语言学者

---

① "Hegemony"一词在中文世界有"领导权"和"霸权"两种译法。在传播研究领域内，研究者从批判西方文化对大陆传统文化的强势影响的角度采用的是"霸权"这一带有一定贬义成分的译法。但在政治理论领域，该词则是译为"领导权"。由于欧洲世界资本主义形态的成熟使得西方无产阶级革命无限期被拖延，因而后马克思主义理论家拉克劳和墨菲认为需要在这一新历史发展阶段重新认识和解释"领导权"理论，以便在不同社会领域内积极开展"领导权"的斗争。

② 施旭：《文化话语研究的中国实践》，《中国社会科学报》，2018年3月6日。

通过语言分析回应后马克思主义社会理论尤其是进行权力和意识形态批评的一次尝试。在后期，它之所以能够跨越不同国家和学科领域的界限成为人们所熟知的社会语言学分支学派，一方面与该学术群体内的代表性学者笔耕不辍、不断改进和修正自身的理论论述、不断尝试将其应用于不同学科的研究对象相关；另一方面，以梵·迪克为代表的倡导批评话语分析的学者创办了一系列专业期刊，如《话语与社会》（*Discourse & Society*）、《话语研究》（*Discourse Studies*）、《话语与传播》（*Discourse & Communication*）、《批评话语研究》（*Critical Discourse Studies*）等，为话语尤其是批评话语分析的推广和发展起到了重要作用。有越来越多的研究者开始使用"批评话语分析"这一概念来描述自己的学术专长。需要注意的是，不同于实证主义路径下的"内容分析"概念，"话语分析"和"批评话语分析"所指称的并非任何具体的文本处理的框架或方法路径，而是社会语言学内部受到批评社会理论影响的学派分支，这意味着对它的应用实际上有着很高的学科门槛。

根据沃达克（Ruth Wodak）的回忆，她在 20 世纪 70 年代学习社会语言学时，受哈贝马斯和乔姆斯基、质性和定量研究范式之间争论的影响，开始意识到脱离情景语境的语言研究难以对社会发展过程提供有价值的洞察，也正是向社会科学的转向最终产生了批评话语研究。[①] 批评话语分析作为一个学术社群出现，最早是在 1991 年 1 月，荷兰阿姆斯特丹大学举办的一场为期两天的小型研讨会上，梵·迪克、沃达克、费尔克拉夫、刚瑟·克雷斯（Gunther Kress）和范·勒文（Theo van Leeuwen）等批评话语分析第一代学者共同讨论了话语分析中不同的理论框架和方法路径，并且发展了能够包容这些不同背景和流派的学者的理论分析架构的共同原则。[②]

实际上，在批评话语分析学派内部，不同学者采取的理论观点和整合的概念资源有着很大差异，他们的分析在架构和操作上也都非常不同，这对于希望在国内传播学领域应用批评话语分析的研究者来说是极大的挑战。作为语言学

---

① Ruth Wodak: "Critical discourse analysis" in Clive Seale etc. (ed): *Qualitative Research Practice: Concise Paperback edition*, Sage Publications, 2006, p.185.

② Ruth Wodak: " What CDA is about - a summary of its history, important concepts and its developments " in Ruth Wodak & Michael Meyer (ed): *Methods of Critical Discourse Analysis*, Sage Publications, 2002, p.4.

领域跨学科融合的产物，批评话语分析在国内传播学界的引入不仅需要学术概念的中译，还需要对批评话语借鉴的元理论进行理解和辨析。并且，研究者在批评话语分析路径的构建中会难以避免地融入自己对其他理论的观点和看法，后来者必然需要辨析其观点的合理性和适用性。

最后，译介批评话语分析的代表性著作的传播学者是跨学科进行英文中译，因著作本身的特点需要对多个相对陌生的学科的理论和术语概念进行翻译，这也就不难理解为何 2003 年版的《话语与社会变迁》中译本会存在较多的术语概念的"误译"情况。考虑到本文的主题，在这里我们不讨论中译本中具体的行文情况，只针对专有名称和术语概念的翻译情况进行一定讨论。中国学者吴冠军在他翻译的美国学者卢克（Allen Luke）的论文脚注中曾提到《话语与社会变迁》中译者对这一领域似乎比较陌生，譬如将早已为国内学界所熟知的 Bakhtin（巴赫金）译为巴库廷。[①] 在书中，类似的情况还有很多，譬如英国系统功能语言学创始人 Halliday 的中译名，是由译者自行音译为哈利迪，国内语言学常用译名是韩礼德。法国话语自动分析学者 Pecheux 被音译为"佩奇尤克斯"，而他在社会语言学中更为常见和通用的译名是佩肖。尽管这些哲学、文学理论和语言学领域知名学者的中译名自行音译，会造成读者难以把译名与源学科进行联系的情况，影响读者的阅读体验，但总体问题不大。原因是当时国内主流研究范式为美国的应用传播研究，欧陆的各种后现代文学、哲学理论和语言学对当时传播研究者来说是较为陌生的。但是，译本中的术语概念误译，尤其是框架中的分析概念的误译问题则会直接影响读者对著作的理解，下文将以此作为案例对这类情况进行深入的探讨和分析，以有助于真正理解批评话语分析在引入国内传播学界所产生的各种问题及其在进一步应用和发展上所面临的困境。

四、实例分析：费尔克拉夫三向度话语分析框架的误译和误解

费尔克拉夫在《话语与社会变迁中》提出的三向度话语分析框架（three-dimension conception of discourse）在国内传播学界有很高的知名度。其主要内容是在"text"和"Discursive Practice"两个层面组织了七个分析概念，并且为

---

① ［美］艾伦·卢克：《超越科学和意识形态批判——批判性话语分析的诸种发展》，吴冠军译，收录于《文化研究》（第 5 辑），桂林：广西师范大学出版社，2006 年，第 85 页。

其中最为重要的分析概念"互文性"引入了次级分析概念。然而，由于不能很好地跨越语言学，译者多采用直译而不是在学科内进行翻译，造成很多误译问题。当然，当时国内语言学界对语言哲学、系统功能语言学也处于引进状态，很多关键术语概念的意涵也得经过一段时间才能逐渐沉淀下来。下文根据费尔克拉夫在分析框架中提示的七个主题分析概念以及相关的次级概念原文分别进行搜索，并尽力将其置于原学科背景中进行理解和中译，并在此基础上描述其被引入新闻传播等其他学科时可能会面临的困难。

在《话语与社会变迁》中，费尔卡拉夫于语篇（Text）维度采用的是"语词"（Vocabulary）、"语法"（Grammar）、"衔接"（Cohesion）和"篇章结构"（Text structure）四个分析概念。中译本将 Cohesion 译为"文本的连贯"，将 Text structure 译为"文本结构"。无论"文本的连贯"还是"文本结构"，均难以联结国内传播学研究和国内外国语言研究各自的知识体系。也说明译者是在并不熟悉中国的外国语言学研究的情况下根据传播研究的概念翻译习惯进行中译的。对于非语言学背景的研究者来说，除了"语篇衔接"外，其他三个分析概念仅凭经验是勉强能够理解的。不过要提请注意的是，费尔克拉夫对于语篇的语词和语法的分析实际上包含了系统和功能两个层面，是从系统功能语言学立场上来论述的。衔接和篇章结构更是如此，研究者希望通过这两个分析概念来考察包括词汇、语法衔接等形式衔接要素和语段等语篇构成要素等，是根据何种规则和采用什么方式组合结构成语篇（文本）的，而以上这些其实需要传播研究者对韩礼德及其夫人韩茹凯的研究有所了解才能实现相对准确的理解和运用。

其次，在话语实践层面，费尔克拉夫采用的"施为用意"（Force）、"语篇连贯"（Coherence）和"互文性"(intertextuality) 这三个概念，是语言学科借鉴语言哲学、文学理论等的产物。在中译本中，除最后一个互文性外，其他两个概念的翻译也待商榷。前者被译为"力量"，后者则译为"连贯"，这与前面的术语中译问题是一样的。当传播研究者尝试应用这些分析概念时，实际上没有完全厘清具体应该如何运用。此外，费尔克拉夫使用的这些术语的意涵和应用实际上在语言学科内部也存在诸多争议。

"施为用意"全称"illocutionary force"，是由英国哲学家 J.L. Austin（以下

称为奥斯汀）首先提出。奥斯汀最早区分了施行话语和记述话语，之后却发现施行话语难以通过词汇和语法标记清晰定义，于是猜测记述话语也是施行话语中的一种，因而进一步提出陈述、描述是一种话语行为（locutionary act），此种话语行为与话语施事行为（illocutionary act）和话语施效行为（perlocutionary act）一起组成了奥斯汀的言语行为理论（Theory of Speech-acts）。① 他还区分出裁决式、运用式、承诺式等一般的施为用意类型。而美国哲学家塞尔（J.R. Searle）则认为奥斯汀的分类存在着重叠、标准不一致和局限于施为动词等问题。他进而发现了间接言语行为现象（indirect speech act），② 并进一步提出间接行为理论——当句子的施为用意与典型功能适配的时候，句子可视为直接言语行为，但是当它们不适配时，则说明句子实施的是一个间接言语行为。③

这意味着"施为用意"不是由语篇的语法结构所决定，而是受制于外部语境条件。但对于其条件究竟是什么在学界并没有形成共识。而费尔克拉夫引入"施为用意"作为话语实践层面的分析概念，是要理解语篇生产者是在什么样的语境条件下进行语篇生产，并且试图完成什么样的目标等。但"施为用意"的分析目标、分析单位选择等都是研究者感到困扰的问题。同样的问题在"语篇连贯"和"互文性"这两个概念的理解和运用上也存在。"语篇连贯"来自韩礼德（M. A.K Haliday）和韩茹凯（Hasan Ruqaiaya）的《英语的衔接》（Cohesion in English）。韩礼德和韩茹凯在文中指出，语篇连贯必须从情境语境和语篇衔接两方面来看，情景语境是连贯的，所以语域是一致的；语篇本身是连贯的，所以前后是衔接的，因此语篇衔接加语域一致等于语篇连贯。④ 费尔克拉夫在《话语与社会变迁》中也提到语域（register）这个概念，但因译者并不知道这是系统功能语言学的术语概念，译本中直译为"注册"。以上显示跨学科、跨语言应用某个理论框架所面临的困难，尤其是这种生发于西方社会文化语境的学术流派，它的引入和融合发展需要应对的困难更是复杂。

---

① ［英］奥斯汀：《如何以言行事——1955年哈佛大学威廉·詹姆斯讲座》，厄姆森、斯比萨编，杨玉成、赵京超译，北京：商务印书馆，2013年，第97页。

② ［美］约翰·R.塞尔：《表达与意义：言语行为理论研究》，王加为、赵明珠译，北京：商务印书馆，2017年，第24页。

③ 张春隆：《论言语行为及存在的问题》，《外语学刊》，1994年第2期。

④ ［英］韩礼德、韩茹凯：《英语的衔接》，张德禄等译，北京：外语教学与研究出版社，2007年，第20页。

除了语言翻译和学科跨越给传播研究应用带来的困扰，融合域外其他学科学说最大的挑战还在于辨析学派自身理论建构中存在的问题。下面仍以费尔克拉夫的框架为例，选择框架中最为关键的概念"互文性"（intertextuality）进行典型案例分析。"互文性"最早是由法国学者克里斯蒂娃（Julia Kristeva）在研究了巴赫金的对话理论后提出来的。她认为巴赫金称之为对话（dialogue）和二重性（ambivalence）的这两个轴并没有清楚地区分开来，所以"巴赫金的对话性看似一种互主体性，其实更应该说是一种互文性"[①]。

对于"互文性"，费尔克拉夫首先关注的是被分析语篇以明确的方式利用的其他语篇及其反映的相互关系，即"manifest intertextuality"（明确的互文性）；其次是关注被分析语篇与外部语境之间的相互关系，即分析对象的话语形构（discursive formation）与外部总体话语实践（discursive practice）之间的相互建构关系，即"interdiscursivity"（互语性）。互语性存在于话语的社会秩序、话语的机构秩序、话语类型和建构话语类型的种种要素等各个层次。[②] 因此，费尔克拉夫引入福柯的"话语秩序"概念，认为它是社会秩序在话语层面的一种表现。话语形构则是话语秩序的具体实现，大量话语形构的实现会使某些起到筛选和排除作用的行事规则沉淀下来，获得某种实证性，进而成为一种话语实践（discursive practice）。然后，他继续选择了"语类"（genre）、"活动类型"（activity type）、"风格"（style）和"话语"（discourse）这四个概念作为话语秩序或者说话语形构规则的主要构成要素。这四个次级概念来自系统功能语言学和语用学，它们在某种程度又受到福柯话语理论和巴赫金超语言学的影响，需要置于特定理论背景中去理解。所以，因译者对这些概念的背景不熟悉，"活动类型"在中译本中被译为"行为类型"，但无论是前者还是后者，读者都很难通过这个词理解到它真实的意涵。

"语类"也可译为"类型"，是常见的文学概念，经由巴赫金的言语体裁研究从文学领域扩展到了现实语言世界，成为语言学的一个研究热点，并产生了专门的语类研究。

---

① 秦海鹰：《人与文，话语与文本——克里斯特瓦互文性理论与巴赫金对话理论的联系与区别》，收录于《欧美文学论丛》，北京：人民文学出版社，2003 年，第 16 页。

② ［英］费尔克拉夫：《话语与社会变迁》，殷晓蓉译，北京：华夏出版社，2003 年，第 114 页。

　　"活动类型"①是英国语言学家莱文森（Stephen. C. Levinson）在 20 世纪 70 年代末提出的概念。莱文森通过活动类型这个概念把语言和社会情境进行连接，他主要强调的是活动类型（社会事件）结构对语言使用和理解的影响。费尔克拉夫认为"活动类型"这个概念相当于巴赫金在言语体裁问题中提到的"布局结构"（compositional structure）②，语类会对语篇可选择的活动类型结构产生限制，它们相互之间也存在适配度高低的问题。

　　至于"风格"，费尔克拉夫是从系统功能语言学的角度来理解的。他认为语篇风格是随着"语旨"（tenor）、"语式"（mode）和"修辞方式"（rhetorical mode）这三个参数的变化而发生变化的。这三个概念在中译本中分别被译为"思路""样式"和"修辞方式"，这种脱离概念产生背景的翻译，让读者不能启动相关的知识进行理解和使用。实际上，它们在系统功能语言学中都是颇为重要的概念，其中"语旨"和"语式"是韩礼德提出的构成情景语境三大结构要素中的两个，它们分别决定语篇的人际意义和语篇意义的选择。"修辞方式"是韩礼德在 20 世纪 70 年代重新修正语域理论时提出来的，他认为中介渠道和修辞方式一起构成了语言在言语交际中的使用方式，即"语式"。但费尔克拉夫并未对"语式"和"修辞方式"之间的关系做出辨析，而主要是采用这三个概念说明语篇风格会受到的影响。譬如，语篇风格可根据修辞方式的不同分为论证、描述和解释三种类型。③

　　"话语"概念指的是被分析篇章所涉及的知识领域，相当于以往研究中所说的"主题""概念意义"和"话题"等，与韩礼德的"语场"概念类似。费尔克拉夫采用"话语"而不是"语场"，是因为他认为"话语"这个概念可以既指明特定语篇所涉及的知识领域，又可以指涉构建该知识领域的特定方式，如科学医学话语与另类医学话语之间的差别主要是由构建方式的不同决定的。"话语"是四个秩序要素中最具自主性的要素，作为知识领域的话语可以适配多种

① Levinson, S.C.: "Activity Types and language" in Paul Drew & John Heritage: *Talk at work*, Cambridge University Press,1992. p.69.

② "Compositional Structure" 是费尔克拉夫引自巴赫金的英译本 "Speech Genres and Other Late Essays" 中的 "The Problem of Speech Genres" 一文。在俄文中译的《言语体裁问题》中该词被译为 "布局结构"，《话语与社会变迁》中译本译为 "作品结构"。

③ Fairclough: *Critical Discourse Analysis：the critical study of language*, Addison Wesley, 1995, p.127.

多样的语类。

论述至此，已经可以看出，费尔克拉夫分析框架中所纳入的主要和次级分析概念，在语言学研究中要么是一个特定主题研究，要么是特定主题的关键概念。首先，对于非语言学背景的研究者来说，要想相对准确地理解这些概念已是困难重重，更难以将这些并没有明确意涵和分析路径的概念应用于对传播文本的分析中。假如译者对于很多关键概念的翻译并没有考虑到概念所产生的学科背景，也将导致读者在理解和应用上的较大困难。其次，费尔克拉夫选择性忽略了概念模糊性给具体分析带来的困难，强调框架内的分析概念是相互影响和制约关系，并不存在层级上的差异，这也造成研究者在具体分析时缺乏特定的方法或程序可以依照，而是需要自行选择分析的对象、方向和重点，而概念翻译上的问题又会使得研究者无法链接这些概念所属学科的知识体系。这也可以解释为何很多传播研究者主要是从分析的结构层面借用他的框架，在具体分析上却只对研究对象做较简单的内容性分析。实际上，演绎式的语言分析很容易导致研究结论的高主观性，从而引发质疑。抑或说，这些结论并非是经过对具体文本的语言分析发现的，而是作为支持结论的论据插入的。语言分析在这里变成一种佐证先入为主观念的工具，而非研究工具。

最后，批评话语研究对外部解释性理论的构建也存在问题。作为一个学术社群而非一种理论体系，批评话语分析共享的是一些特定的原则，在这些原则基础上，不同学者所构建的分析框架、提示的分析路径都有较大差别。以费尔克拉夫为例，台湾学者倪炎元曾仔细梳理过费尔克拉夫的批评话语研究在英国和澳洲语言学术社群内部受到的颇为严厉的批评。批评应该跟费尔克拉夫较为宏大的理论野心分不开。此外，《话语与社会变迁》是费尔克拉夫早期的工作成果，后期他在理论架构上进行了较大的调整，其中涉及的理论更偏向社会学，如吉登斯的"场域"理论，但由于所涉及的学科和概念比较庞杂，难免出现概念和理论误解和误用的情况。

对于费尔克拉夫的话语构建来说，互文性是非常重要的概念。通过互文性概念的层级拆解，他把福柯理论中的话语秩序概念也引入进来，将辩证视野带到了具体分析之中。也正是通过他的引入，互文性研究甚至成为语言研究的一个独立领域。但如果仔细梳理这个概念，会发现费尔克拉夫对其的应用其实存在概念理解上的武断和混淆。"互文性"是克里斯蒂娃对巴赫金对话理论的再诠释，但费尔克拉夫真正运用的却是巴赫金有关言语活动的观点。

巴赫金通过摧毁以往语言研究中沉默的听者角色，建立了以对话性为基础的"超语言学"理论。

当我们从上下文中抽出单个句子进行分析时，诉诸受话人的痕迹，预测中应答的影响痕迹，对此前他人表述的对话反响，言语主体的交替，遍布在标书内部的微弱痕迹等等，这些便会消失不见，因为所有这一切都是作为语言单位的句子所不可能具备的。[①]

秦海鹰认为，克里斯蒂娃的互文性理论尽管吸收了巴赫金对话理论的许多成分，甚至直接借用了巴赫金的主要术语，但这两种理论所关注的终极问题并不相同。[②] 克里斯蒂娃希望通过互文这一概念阻断和超越话语的交流功能，从而使话语成为生产性的文本，可以用来不断生产新的意义。巴赫金反对的是普通语言学研究对现实言语交际的脱离，他坚持在交流模式中认识一切语言活动。

费尔克拉夫引入"互文性"的意图与克里斯蒂娃是一致的。他希望通过这一概念揭示外部意识形态霸权在社会生活话语中所施加的影响，并以此作为重新进行意义生产的起点。但是，他的理论观点和研究对象却与巴赫金的超语言学理论更为一致。同巴赫金一样，费尔克拉夫是以实际生活中使用的话语（包括口语和书面语）作为研究对象，在话语实践与社会实践之间提倡一种辩证的视野。但他在克里斯蒂娃和巴赫金之间没有做出区分和论证，未能明确是以何种视角切入互文性分析的。

理论融合方面，费尔克拉夫的努力也存有可弥补空间。在《话语与社会变迁》中，他对自己的话语分析框架的定位是"使福柯的理论视野"在以文本为方向的话语分析中"发挥作用"。[③] 但朱振明通过原文本的仔细对比发现费尔克拉夫对福柯的话语理论存在不少误读，而误读的根源在于费尔克拉夫没有认识

---

① ［苏］巴赫金：《言语体裁问题》，晓河译，载《文本·对话与人文》，白春仁等编，石家庄：河北教育出版社，1998年，第162页。

② 秦海鹰：《人与文，话语与文本——克里斯特瓦互文性理论与巴赫金对话理论的联系与区别》，收录于申丹、秦海鹰主编，《欧美文学论丛（第三辑）：欧美文论研究》，北京：人民文学出版社，2003年，第12—20页。

③ ［英］诺曼·费尔克拉夫：《话语与社会变迁》，殷晓蓉译，北京：华夏出版社，2003年，第37页。

到福柯话语理论中话语和权力的不可分离。话语的建构性不是来自文本，而是需要在权力—知识关系的组合中去寻找。[①] 可惜朱振明没有进一步将费尔克拉夫的误读融入批评话语研究的发展背景中进行探讨并提出进一步修正的可能性路径。

通过《话语与社会变迁》案例，我们检视到跨语言、跨学科甚至跨文化译介工作的难度。困难来自多个方面。在最基本的概念层面，话语、话语分析以及意识形态等与批评话语分析紧密相关的重要术语，都产生于欧美学术语境，是以英语、法语等印欧语系为基础的。而这些概念需要融入和解释的是完全不同的社会文化语境，但汉语等汉藏语系中并没有对等的词汇。同时，由于能指和所指处于不断发展和变化之中，其可能导致的混淆和歧义，加之语言翻译和概念应用的难度使得批评话语分析虽然在国内有一定的讨论热度，却难以在传播实践中发挥具体影响。如国内传播学领域倾向于把批评话语分析作为方法使用，但大部分研究最后还是停留在采用费尔克拉夫的三向度框架构建分析，而较少辨析和应用具体的概念。

另外，在国内语言研究领域，有语言学者采用媒体文本作为研究对象进行权力和意识形态批评分析。这类研究通常会聚焦于具体文本的话语形式或结构以进行大量细节性的描述，但话语分析并不能直接还原为社会分析。并且，因为语言学者对于媒介话语实践领域相对陌生，研究往往会忽视和缺失对大众传播结构和制度的分析，以及它们与具体传播实践的相互影响关系。有学者曾就电视健康节目药品推广的话语策略进行分析，发现"这档电视节目的专家、主持人和旁白者通过使用与定义、益处、困难、数字等话题有关的惯用语句作为话语策略构建出减肥药的专家知识，而观众则是通过无效型惯用语句被动表达自己的减肥诉求"[②]。从该具体研究可看出，语言学者对于药品推广话语形式的分析可以帮助我们了解商业广告在语言层面的具体运作方式，但是研究者对于具体话语策略与大众媒体传播实践的互动关系，以及电视平台传播的合法性等问题缺乏进一步的讨论。而这恰恰属于话语分析在传播研究中可以发挥何种作

---

① 朱振明：《权力的消失：被扭曲的福柯——基于〈话语与社会变迁〉的分析》，《国际新闻界》，2020年第4期。

② 赵芃：《专家知识的话语构建及其合法化——一档电视节目中药品推广的话语策略分析》，《天津外国语大学学报》，2016年第6期。

用这一关键问题的探讨范围。

就本文关注的批评话语分析来说，虽然通常被视为话语研究的一个分支学派，但它与辛克莱的课堂话语分结构、施格罗夫的会话分析等以社会领域的语言运用分析为目标的学派在研究视角、范围和目标上其实有较大的差异。这一点在讨论传播学与批评话语分析的融合时需要加以考量。前文曾提到，不同学者构建的批评话语分析框架或路径存在很大差异，但大家总体上还是同意以下观点："对'话语'的完全的批评研究既要理论化也要描述文本生产的社会过程和结构，以及置身其中、作为社会历史主体的个人或群体，在与文本的互动中创造意义的结构和过程。"① 因而也都更为关注语言与权力、意识形态之间的关系。

所以说，批评话语分析与传播研究融合的可行性探讨，并不仅是术语概念和方法路径的应用问题，而是预设的理论解释框架如何重新构建以适配外部总体传播实践的问题。这就是国内很多传播研究仅把批评话语分析视为一种方法进行应用时往往会陷入先入为主的理论观点的"自证"循环的原因。譬如，通过对媒体文本的语言分析证实了分析对象存在某种程度的传播偏向，而这种偏向又加深了某种社会问题。站在传播学科的立场来看，如果这些结论并不需要通过话语分析去获得，那么我们引入、辨析以及使其与国内传播研究相融合的价值何在？最后，本文将针对这个问题开展进一步探讨，希望能就批评话语分析与国内传播研究的融合提出具有一定合理性和可行性的意见建议。

五、跨学科反思：批评话语分析与国内传播研究融合探析

现有批评话语分析与传播研究的交叉成果主要是话语研究者从自身学科出发对媒体话语进行分析和探讨，有关批评话语分析的理论辨析、应用探索等较少。尤其国内传播学领域跟批评话语分析相关的研究不仅数量少，一定程度上还存在概念误解等问题。

批评话语分析无论是作为学派还是方法论路径，是通过《作为话语的新闻》

---

① Ruth Wodak: "What CDA is about – a summary of its history, important concepts and its developments" in Ruth Wodak & Michael Meyer (ed): *Methods of Critical Discourse Analysis*, Sage Publications, 2002, p.3.

和《话语与社会变迁》这两本著作的中译本才为国内传播学界熟知，两本著作的出版也正好契合了当时跳脱出实证主义范式的需求，因而引发了一阵引介和应用的小高潮，由传播学者译介批评话语分析相关著作的做法也得以延续下来。

《作为话语的新闻》作者梵·迪克是任教于荷兰阿姆斯特丹大学的语言学者，早期主要从事话语语法研究。20世纪70年代末，他与美国心理学家金什（Walter Kintsch）合作将个体的话语认知模型发展为从社会层面理解意义构建的社会心理认知模型，并将其运用于话语分析。在《作为话语的新闻》中，他对新闻话语的微观结构和宏观结构（修辞和风格等）的分析是在"文本"和"实践"两个维度展开的，为新闻生产和社会制约（主要是指意识形态）之间的相互关系提供了新的理解视角。

费尔克拉夫差不多也是在同一时期开始关注大众传播现象，他曾以沃诺希诺夫（Volosinov）提出的语式、维界、风格特征、情境特征和布置等五个要素作为框架对英国报刊围绕同一事件的5篇新闻报道进行了话语再现分析，[①] 结果发现新闻媒体虽然推崇新闻语言客观公正再现外部世界的观点，但实际上通过语法和语义的技术性处理，可以神秘化"责任者"（principal）[②] 角色以隐藏自身的意识形态。随之在《话语与社会变迁》一书中，费尔克拉夫完整地发展出了三向度话语分析框架（three-dimension conception of discourse）。

之后，他在《媒体话语》（*Media Discourse*）中将《话语与社会变迁》的三向度分析框架应用于大众传播媒介各种不同类型的文本，并提出批评话语分析对理解大众媒体接合（articulation）公共话语和私人领域方面的资源上有独到的价值。总的来说，以上两本专著可看作批评话语研究者尝试扩展其应用领域的成果，但需要注意的是，费尔克拉夫的尝试与此后传播研究者对该方法的应用是全然不同的两件事情。前者是根据对象变换调整现有框架或路径，后者则是理论解释框架和分析路径能否跟传播研究适配的问题。著作中译本的问世提升

---

① Fairclough: *Critical Discourse Analysis*：*the critical study of language*, Addison Wesley, 1995, p.55.

② 责任者（Principal）这个概念来自美国社会学家戈夫曼分析日常会话时提出的参与框架（participation framework）。它是从参与者角度提出在会话中可以识别出的四种可能角色：发生者（animator）、作者（author）、责任者（principal）和对象（figure）。戈夫曼认为，会话参与者会自觉或不自觉地赋予自己某种话语地位并承担相应角色，从而形成一种参与框架。

了国内传播学界对批评话语分析的关注度，不仅有辨析和引申特定概念或分析框架的期刊论文出来，也有将其作为分析路径应用于媒体文本的相关成果。

除了梵·迪克和费尔克拉夫这两位在中国具有较高知名度的学者外，英国兰卡斯特大学的露西·沃达克（Ruth Wodak）、伦敦大学的刚瑟·克里斯（Gunther Kress）、新西兰大学的艾伦·贝尔（Allan Bell）和悉尼大学的范·勒文（Theo van Leeuwen）等批评话语研究社群的早期参与者也都对媒体话语研究有所涉猎。相关的专著还有贝尔的《新闻媒体语言研究》（*The Language of News Media*）和范·勒文与英国卡迪夫大学媒体与传播学教授马钦（David Machin）合著的《全球媒体话语：批评路径的介绍》（*Global Media Discourse: A Critical Introduction*）。

此外，由艾伦·贝尔和彼得·加纳特（Peter Garrett）合作编著的《媒介话语的进路》（*Approaches to Media Discourse*）也是批评话语分析应用于媒介研究上的重要的著作之一。该论文集出版于1998年，是参与英国卡迪夫大学1995年圆桌会议的学者所提交的论文合集，收录了不同学者采用自己的分析路径对媒体文本进行案例分析的多项研究成果。有论者认为："这部著作很清楚地说明批判论述分析作为一种研究途径，其最可以施展的研究对象就是媒体文本。"① 这其中需要引起我们注意的是，这些批评话语研究者构建的分析路径是颇为多样化的。尽管他们大都主张研究旨在对特定的意识形态和权力进行批判/批评，但其概念理解的差异最终导向了不同的具体分析路径。可以看出，欧陆的批评话语研究学者对以媒体文本为对象的研究其实有着预先的理论立场和分析目标假设，甚至是明确的政治立场。正如沃达克所说，"批评"应被理解为对数据保持距离，主张将数据嵌入社会情境中进行分析，采取明确的政治立场，且研究者要保持自我反思。②

可见批评话语研究对于传播实践的关注其实是第二位的，传播话语实践及其与社会整体实践之间的相互关系也并非研究者的重点。他们主要关注的是包

---

① 倪炎元：《论述研究与传播议题分析》，台北：五南出版社，2018年，第213页。"批判论述分析"是台湾学界的习惯性译法，在大陆主要有"批判话语分析"或"批评话语分析"两种译法。

② Ruth Wodak: "What CDA is about – a summary of its history, important concepts and its developments" in Ruth Wodak & Michael Meyer (ed): *Methods of Critical Discourse Analysis*, Sage Publications, 2002, p.9.

括"种族歧视""性别歧视""社会不平等"在内的特定议题是否以及怎样在话语实践中表现出来，于是作为传播话语实践的媒体文本就成为重要甚至是主要的分析对象，目的则是论证或者说明研究者对于特定议题的"观点"。譬如沃达克在其 2009 年出版的《行动中的政治话语：一如既往的政治》(*The discourse of politics in action: politics as usual*) 里面，以欧盟议会议员的工作作为聚焦点，通过对议员日常工作的观察访谈，对再现议员工作的媒体文本（包括虚构性文本）做话语分析，还比较了同一议题不同类型文本的话语表达，以此来探究当公众对"日常政治"的幕后现实缺乏了解时，媒体再现意味着什么。以此为鉴我们也可以理解为何批评话语分析在国内引入已近 30 年，但在主流传播研究中的应用并不普遍，而且存在理论框架和分析路径的"误用"现象。

批评话语分析的影响力来自其价值立场。我们知道，批评话语分析是后马克思主义等欧洲社会批评理论在语言学领域的影响的结果。话语分析和批评语言学也都是不同学派的语言学者尝试通过不同的语言（话语）分析探究语言活动与外部权力和意识形态之间关系。"他们对模态和言语活动的分析唤起人们注意语言并不独立于权力关系这个事实。"① 但很多语言学者的话语分析止步于对语言运用进行详尽而琐碎的形式分析，未能对语言活动中意义的可能性或创造性构建提出解释，实际上是把具有社会理论影响的话语分析限制在了语言学的学科范围内。批评话语研究则认为需要将文本分析置于外部语境中进行深度解释，"解释就是要建构一种意义，以展现话语所指称的这个维度，即详细列出它的多重所指物纠结在一起究竟是如何服务于维持统治关系。把话语与它所为之服务的统治关系重新关联起来：这就是解释的任务"②。这也是批评话语分析能够超越话语分析和批评语言学等同脉学科分支而在全球范围内具有更广泛影响力和更高接受程度的主要原因。

从现有的研究成果来看，批评话语研究主要是把媒体文本视为一种"再现"。不可否认，媒介话语并非其关注重点，与其理论立场相关的特定议题才是。媒介文本只是与议题相关的诸多话语类型中的一种，对它的分析是为了"说明"

---

① ［英］汤普森：《意识形态理论研究》，郭世平等译，北京：社会科学文献出版社，2013 年，第 137 页。

② ［英］汤普森：《意识形态理论研究》，郭世平等译，北京：社会科学文献出版社，2013 年，第 155 页。

或"解释"被关注议题在不同类型话语实践中的表达，通过分析这些表达以对特定话语与社会实践关系进行创造性解释。这也是为何对媒介文本的批评话语分析结果，事实上难以形成对现有传播实践的深度解释力或引导性结论的原因。

因此，当传播研究者选用批评话语分析作为分析传播议题的方法时会发现，很多分析概念难以在具体研究中得到运用。譬如，费尔克拉夫在三向度话语分析框架中纳入了功能语言学、语用学的概念，还从语言哲学、文学理论等其他学科借用了一些概念，这些概念在语言学科内部尚存在争议，它们的内涵外延仍需要厘清，其应用研究还处于发展状态，没有经过专业语言训练的研究者事实上无法把握分析单位的选取和分析的演进方式。因此，即使是批评话语研究者以媒介话语为对象进行了很多的示例分析，但鉴于传播研究与批评话语研究在很多概念的意涵和操作上并没有共同的意义空间，这些示例对在传播研究中模仿批评话语分析路径或理论框架的参考价值就较为有限。

也就是说，在传播领域引入批评话语分析的关键不是分析方法能否满足研究需求，而是语言学脉络下的话语分析方法怎样应用到探究传播话语实践与社会实践之关系的研究中。这意味着要站在传播学科视角上去考量问题。

如何看待语言和语境的相互关系是社会语言学研究的主要议题。在语言使用的过程中究竟考虑哪些语境因素的影响，不同的学派都提出了不同的构型，并且对于语境是外在的还是建构的，学界还存在争议。话语分析和批评话语分析实际上都是语言学中关于语言语境问题构型的新的研究成果。在此，先对话语分析和批评话语分析主要处理的语言语境问题做一点必要的介绍。

"语境"这个概念最早是由波兰籍英国人类学家马林诺夫斯基提出的。他在 1923 年和 1935 年先后提出了情景语境（Context of Situation）和文化语境（Context of Culture）的概念。情景语境是马林诺夫斯基在思考原始语言的意义理解时的发现。当时他对澳大利亚和巴布亚新几内亚的土著居民进行田野调查，在观察土著居民生活时发现语言的"原始用法是作为协调人类活动的一种联系，作为人类行为的一部分。它是行动方式，不是思考工具"①。他因而主张要在情景语境中理解原始语言的意义，"语言在本质上源自一个民族的文化、部落生活

①　[英]马林诺夫斯基：《原始语言中的意义问题》，赵肖为、黄涛译，《温州大学学报》（社会科学版），2013 年第 2 期。

和习俗的现实，只有坚持不懈地以对话的更广阔语境为参照才能理解之"①。

可见当时马林诺夫斯基是把"语言作为一种行为方式"视作原始语言独有的特征。但10多年后，他试图纠正这一观点，提出"意义是特定文化创造或体认的语词对人的身心并通过身心对周围现实环境产生的那种作用"②，这是所有语言的特征，并非仅限于原始语言。他进而明确提出了"文化语境"的概念。

> 我也多次提到文化现实语境（context of cultural reality）。该词意指跟语词相关的物质设备、活动、兴趣、道德或美学价值等。……在对技术术语的定义中，我不仅表明各个术语是如何归类成组的，不仅把语言记录和真实活动的陈述结合起来以赋予语词以肉体和生命，而且在每一类语言材料的分类中，让每一个语词、每一个句子乃至文本都置于恰当的文化语境（context of culture）之中。③

彭利元曾梳理了马林诺夫斯基从早期二元论语境到后期的三元论的发展历程，认为"文化语境"概念的提出是马林诺夫斯基文化差异和对比意识不断增强的结果，因为"基于情景语境得到的推论需要采取一种文化比较或跨文化的视角，放到文化语境中来检验，才可能更加科学可靠"④。相对于情景语境，马林诺夫斯基提出的文化语境概念含义比较模糊，后来的学者在关注这一概念时也出现了不同的理解方式。

英国语言学者弗斯（J.R. Firth）继续发展了马林诺夫斯基"情景语境"的概念，搁置了"文化语境的"概念。他提出，应该从语篇总体范畴的角度把"情景语境"理解为对环境的抽象反映。"弗斯提出了一些概括性的类目来描写情景语境：参与者（他们的地位和角色），场景的相关特征，语言和非语言行

---

① [英]马林诺夫斯基：《原始语言中的意义问题》，赵肖为、黄涛译，《温州大学学报》（社会科学版），2013年第2期。

② 转引自彭利元：《走出扶手椅，迈向田野——马林诺夫斯基语境论发展评析》，《外语与外语教学》，2008年第9期。

③ 转引自彭利元：《走出扶手椅，迈向田野——马林诺夫斯基语境论发展评析》，《外语与外语教学》，2008年第9期。

④ 转引自彭利元：《走出扶手椅，迈向田野——马林诺夫斯基语境论发展评析》，《外语与外语教学》，2008年第9期。

为，以及有效的结果。"①

弗斯的学生，英国系统功能语言学学者韩礼德认为马林诺夫斯基的语境思想为语言和社会人的研究提供了一个重要的出发点。韩礼德进而把语言看作一种行为潜势，是社会性个体所拥有的开放性的行为选择："文化语境是这些选择项的整个集合所处的环境，而情景语境则是从这些选择项中做出具体选择时的环境"②。也就是说，韩礼德把马林诺夫斯基的情景语境和文化语境视为语言的社会语境的不同层次的抽象，前者是后者的具体化，后者规定或限制了前者的实现方式和空间。

问题是，韩礼德有关语言和语境之间关系的构型偏重的是社会情境对语言使用的影响，而对言语活动与社会语境间的动态关系的解释力有限。以电视节目生产为例，不同的生产主体是在大致相似的社会情境中按照一定节目类型成规进行各自的生产，它们都面临相似的经济、社会环境，同样是流水线特征的内容作业和需要应对定期播出的生产压力。但每隔一段时间，总会有一档或几档节目通过某些改变和创新取得收视上的成功，获得业界、学界认可。这些新兴的节目通过改变现有惯例和常规，或直接或间接地对外部语境产生一定影响。而这类话语实践与社会语境之间的相互影响关系在韩礼德的语境理论中却难以得到揭示。

我们知道，批评话语研究发展的主要阵地是英国，其分析路径深受韩礼德的系统功能语言学的影响，采用的都是三元论的语言语境架构。但由于研究者所关注议题和理论观点的差异，具体构架包括切入视角也就有差异。

费尔克拉夫的三向度话语分析框架最关键的特征是主张从辩证视角看待话语和语境之间的相互影响关系，即话语的生产、分配和消费会受到话语秩序的决定性影响，但话语反过来也对个体身份、社会关系以及知识和信仰体系等有建构作用。因此，他没有采用韩礼德的"语场"（Field）、"语旨"（Tenor）和"语式"（Mode）三要素情景语境构型，而是从巴赫金、福柯、韩礼德、莱文森（Stephen C Levinson）、阿尔都塞、葛兰西等人那里借用了来自文学批评、知识考古学、系统功能语言学、语用学等不同学科背景的概念用于话语实践层面的

---

① ［英］韩礼德：《语言与社会》，苗兴伟等译，北京：北京大学出版社，2015年，第188页。
② ［英］韩礼德：《语言与社会》，苗兴伟等译，北京：北京大学出版社，2015年，第42页。

分析，致力于通过文本层面和话语实践层面的概念分析揭示语篇是以何种态度（无意识合作或有意识反抗等）和方式在一定社会情境中进行自身的意义生产，并将其作为继续或重新生产意义的起点。这是一种带有浓重政治经济学特征的"三元论"语境建构。

梵·迪克的批评话语分析框架则是从社会认知心理学的角度进行三元语境架构的。社会认知在他的框架中占据了极为重要的位置，它"不仅是群体成员或文化体成员共享的关于社会事务的认知表征，还有在完成各种社会任务时，如解释、推论、分类、比较和评价甚至像存储和提取之类的更基本的过程，有效使用此类表征的策略"①。社会认知既是参与者从社会情境的相关知识中构建出来的，又通过社会表征以及表达策略直接影响话语意义的生产与理解。因此，梵·迪克的研究注重的是对于话语生产和理解过程中参与者使用的认知模型组合的分析和拆解，而这些认知模型的编组形成了特定的论述，从而指向对特定的意识形态进行批评。

可以看到，尽管费尔克拉夫与梵·迪克的语言语境构型都采取了辩证视角，但他们对于话语、话语主体和意识形态等概念的理解存在差异，因而在情景语境层面的构型上有较大分歧。费尔卡拉夫采用的"施为用意""语篇连贯"和"互文性"分析概念致力于把文本生产主体、生产和分配环境以及文本的直接指涉等囊括进来，以建构文本分析的情景语境。梵·迪克则是把参与者或者说"话语主体"置于情景语境构建的核心位置，主体的意识形态偏见通过主体的社会认知和表征使用来影响话语的生产和理解。因此，他的分析框架所构建的情景语境主要表现为参与主体及其主题和命题选择行为。这也导致他的分析虽可发现日常话语中的意识形态偏见，却无法解释主体的意识形态偏见来自何处。②

从费尔克拉夫和梵·迪克的语言语境构型可看出，研究者对于话语主体、话语等关键概念以及话语与社会之间关系的理解是影响构型的主要因素。因此，批评话语分析对传播研究的价值并不是简单的框架"移用"，实际上还需要界定批评话语研究得以存在并发展的"前理解"都包含了哪些内容，这些内容与传

① ［荷］范·戴克：《精英话语与种族歧视》，齐月娜、陈强译，北京：中国人民大学出版社，2011年，第32页。

② 李敬：《传播学领域的话语研究——批判性话语分析的内在分野》，《国际新闻界》，2014年第7期。

播研究关注的议题、国内的社会文化语境是否以及存在什么样的矛盾和冲突。或者说，批评话语研究真正值得关注的并非其工具性的应用价值，而是不同研究者在话语与语境关系构型上所做出的努力，尽管这些努力又隐藏着各自不同的问题。梵·迪克的理论架构存在的问题已经提过，费尔克拉夫的框架则对来自不同学科社群的理论概念结合缺少系统而有力的论证，其分析路径和批评目标之间的适配度难以有效评估，也妨碍了其框架的应用和发展。

因此，批评话语研究实际上可视为语言学科探讨语言与社会关系的高级发展阶段。研究者们分析框架的构建主要受到西方批评社会理论的影响。这些框架在不同的话语类型领域的应用实际会受到框架的"前理解"的约束。由于是建立在不同理论观点和概念理解的基础之上，不同学者的分析路径或框架构建之间也存有很大差异。当国内传播研究者们试图跨越文化语境、学科领域来运用批评话语分析时，必须先审视其解释框架的适用范围，是否适配于自己所研究的问题和目标。台湾传播学者倪炎元对第一代批评话语研究代表学者的理论渊源、分析路径等做了颇为详细的梳理，可以作为国内传播研究者的有益参考。

除了作为一种分析特定议题的研究方法外，本文认为，批评话语研究更为重要的价值在于它所带来的理论启示。当今社会，大众传播及其媒介逻辑不仅对外部世界施加着复杂的影响，其自身随着外部社会的变迁、网络技术发展等，也在不断发生结构性的调整。新媒体效应，使得文本生产的主导权开始从传统媒体转移到各类互联网平台。以往大众传播活动中扮演信息的消极接收者角色的阅听众，依靠网络和新媒体等得以大规模参与到传播过程中来。他们不仅可以以媒体为中介参与传播，也可以通过自身的话语行为直接就外部社会实践进行反馈或施加影响。这种角色和话语行为的复杂化导致新媒体时代媒介话语的情景语境发生了重构。

以往的媒体话语研究重在理解和评价大众传媒产品的生产、消费和效果影响，新媒体和社交媒体状况下，媒体及其产品的生产、分配和消费方式发生了很大变化，媒介话语实践与外部社会实践的相互影响关系需要新的阐释新的理解，以形成更有说服力的理论框架。此为批评话语研究可以给予传播研究的重要理论启示之一。

批评话语研究对媒体话语的关注实质上仍是一种对"再现"的关注。但与批判传播研究一样，批评话语研究同样拒绝大众传媒是对现实的真实客观反映这一传统认识论观点。媒体话语的客观性被消解后，媒体的再现成了研究者论证和说明意识形态运作的对象领域。而各种分析路径存在较大差异的原因在于它们对语言语境构型所包含的分析维度不同。不同研究者解释维度的架构其实受到了法国结构主义、后马克思主义和解构主义等多种哲学、社会学思潮的影响。

美国学者凯瑞（James Carey）曾言："在传播学的所有领域和次领域，大众媒介对纯理论表述（theoretical formulation）的抵制是最激烈的——事实上，甚至对系统性的讨论也同样抵触。当概念和方法运用于人际传播时，情形还不至于让人难堪，但当运用于大众媒介时，则非常糟糕，甚至有点蠢。"[①] 造成上述状况的原因在于传播本身就是一种实践行动，处于动态发展之中，它与社会实践之间并非是一对一的映射关系，并不存在一种普遍理论能够指引大众传媒领域的具体实践。

研究视角和问题的不同，会导向不同的理论架构。正如批评话语研究者是从权力不平等或意识形态领导权（霸权）的视角出发，构建具体的分析路径或框架，而大众媒体以及新媒体的社会影响力使得媒体文本成为批评话语研究可以施展身手的领域，现有的研究成果已经表明批评话语分析完全可以应用投射于媒介文本。但关键是，这些研究主要是语言学者从语言与社会关系的视角切入的，其落点在于通过媒体再现的语言分析来揭示和批评种族主义、精英歧视等特定意识形态的运作机制。

国内的相关研究成果，同样也是关注某些特定议题的媒体再现及其变化与意识形态"领导权"之间的关系。譬如，何威和曹书乐通过对《人民日报》从1981到2017年有关游戏报道的历时性话语分析来讨论新闻报道文本与社会文化实践的互动。研究发现"《人民日报》游戏报道话语变迁背后折射了数字游戏在中国的社会认知乃至意识形态转向；而这一转向的每一时刻，又无不浸润在媒体话语实践的影响之中。"[②] 只是，该研究缺少了对"社会主义核心价值观""中

---

① ［美］詹姆斯·W.凯瑞：《作为文化的传播》，丁未译，北京：华夏出版社，2005年，第49页。

② 何威、曹书乐：《从"电子海洛因"到"中国创造"，〈人民日报〉游戏报道（1981—2017）的话语变迁》，《国际新闻界》，2018年第5期。

国文化走出去"和"讲好中国故事"等主流叙事如何进入游戏报道话语，以及新闻文本又是因何及如何处理这些叙事话语等问题的深入分析和探讨。也即，此类研究普遍缺乏传播研究的主体视角和关切重点。因此，对传播研究来说，批评话语分析的引入和应用迫切需要与本领域的关注议题和重点进行联结，以探讨引入外域其他学科新发展的真正价值和困难所在。

就国内传播研究而言，关注批评话语分析的原因有很多，主要动因恐怕是实证主义的传播研究路径并不能独立有效地解释现实的传播实践。外部社会对媒介功能的期待与具体传播效果之间的断裂，使得传播研究必须发展新的理论框架和方法以提升对传播实践的解释和指引效力。从我们对批评话语分析的梳理可知道，它在全球学术界的流行与它在语言分析之上嫁接了批评社会理论并尝试通过自身研究影响社会实践有密切关系。因此，批评话语分析是把语言使用置于社会行为和社会结构中进行理解的，但最终也正是这个特征限制了它在国内传播研究中的应用和发展。对于批评话语研究来说，它所建构的解释框架是植根于西方的政经社会文化环境的，是社会理论与社会实践相互作用的产物。与此相对，社会学定量研究中常见的方法移用并不适用于此种情况。

概言之，批评话语分析在国内媒体话语研究中的"移用"，面临的最大困境是语境，语境难题不仅反映在分析路径的推进，也反映在话语实践本身的意义构建。这实际上需要对不同分析维度，尤其是社会实践维度的解释框架构建有更为深入的辨析和讨论。因此，真正的挑战或许在于如何借鉴批评话语分析的发展思路构建起对于当代媒介实践有深度解释效力的理论框架和分析路径。

六、结语：西方理论和方法引入的多重排异反应

至此，本文对批评话语分析在国内传播学领域的引入情形和应用情况进行了梳理和探析，试图回答为何中国传播研究在努力吸收其理论和方法为己所用时却出现后续发展乏力、研究难以深化等问题，也就批评话语分析在本学科的未来运用提出了一些建议。当然，具体的探讨和分析，一定程度上也揭示了在传播研究中引入外域理论和分析路径这一举动本身的复杂性，以及忽视原生理论背景、化约式的"移用"会造成的问题、困境，换言之，会产生多种排异反应。

　　在国内学科领域中引入新的理论或方法，首先需要厘清它在原学科脉络中的发生动因和演变过程。批评话语分析之所以在国内传播学界会遇"冷"，是因为其本身即是跨学科融合的产物，是国外语言学者融合具体语言分析和欧洲社会批评理论观点的尝试。所以它并不是纯粹的方法，而是带有特定理论解释框架的方法。尤其在其发展过程中，参与的研究者不同，对分析概念的构建以及尝试嫁接的理论观点，也有差别，这就必然导致当它做跨学科应用时，相关分析概念容易脱离原有语境，进而发生意义偏差。造成研究者们也仅是将其视作权宜方法拿来使用。

　　其次，在特定研究领域的应用过程中，需要基于本学科视角和问题需求，通过研究经验和成果的累积，再对框架构建进行反馈和调适。在早期，很多传播研究者出于探寻新的研究方法的需要去了解并译介了一批国外的批评话语研究成果。目前，除了早期《作为话语的新闻》和《话语与社会变迁》这两本著作外，《话语研究：多学科导论》《媒介话语的进路》《精英话语与种族歧视》等著作也都是由传播学者译介到国内的。这至少展示了传播学界对于批评话语分析的需求和兴趣。批评话语分析作为发展于特定理论框架的分析方法固然有其犀利独特之处，但在具体应用时难免会存在如分析概念及其意涵难以迁移，解释框架不适配等等问题。

　　出现前一种情况主要是因为传播研究者对社会语言学发展脉络下的话语分析、批评语言学和批评话语分析等学派分支缺少足够的认知。现有的包括译介著作在内的研究成果，主要是语言学者跨学科以媒体文本作为研究对象所进行的分析。且不论批评话语分析框架自身的构建问题，其采用的语言分析概念和社会批评理论概念并不能跨越语境和学科直接拿来应用。它们既需要融入传播学科现有的理论和概念体系，甚至做一定的概念置换，还要能根据现实实践进行内涵或外延上的修正，而不能仅将批评话语分析作为文本处理方法引入。事实也是，针对批评话语进行理论梳理和概念辨析的成果不仅较少，也零散而不成系统。而分析概念的应用困境也直接导向了分析框架的误解和误用问题。前文围绕费尔克拉夫分析路径所做的拆解和分析，正是试图论证这部分工作所存在的困难。

　　后一种情况的出现，则是因为批评话语分析产生于英国和欧洲大陆的特定社会文化语境之中，其研究旨在进行意识形态和文化领导权（霸权）的批评。而在国内的传播学领域，意识形态研究与国外存有较大差别。有研究者对中国传媒意识形态研究现状进行分析后发现："国外现状研究中批判立场的比例达到71.4%，持中立及肯定立场的文献为28.6%；而国内现状研究中批判立场的比例仅占26.5%，而持中立和肯定立场的文献则占到73.5%。"① 研究者据此认为这是因为我国意识形态对内研究的批判力度较弱，现有社会媒介话语秩序对意识形态批判立场和批判力度的选择存在某种软性约束机制。由此可知，批评话语分析并不仅仅只是作为一种方法存在。

另外，前文的探讨已表明，批评话语分析与传播研究相融合的研究成果根据立场的差别，可分为批评话语研究领域内的媒体研究和媒体研究中的批评话语分析应用这两类。前者占据了已有成果的大部分比例，而后者作为方法进行应用时会面临上述各种问题。因此本文反复申明，拟于探讨批评话语分析与传播研究融合发展的可能性，需要关注或者说破解的，首先是理论观点在不同文化语境中的"融入"或者说"修正"问题。进而言之，需要把对具体话语实践的语言分析跟欧洲社会批评理论进行关联思考，以构建适合本土话语实践的理论解释框架；需要站在本学科立场上来审视和考量舶来学科的理论和方法。正如英国学者泰勒（Lisa Taylor）和威利斯（Andrew Willis）在对如何引导媒体机构和媒体受众进行研究时向读者的提示："他们在书中进行的文本、机构和受众的分类是一种建构，在具体研究中要从不同思想中汲取所需。"② 同样，运用批评话语分析，也须从不同理论思想中汲取观点或路径，为媒体话语研究准备好足够的资源，以期发展出适合当下传播实践的理论解释框架。

如果说，"语境"可以被定义为"各种生产的条件和解释的条件"③ 的话，那么本次研究的价值是提示我们，跨越社会文化语境引入特定理论或方法时，必须直面隐藏其后的深层"前见"。如果完全放弃批评话语研究所代表的理论立

---

① 刘彦：《中国学界大众传媒意识形态研究现状（2000—2015）》，《国际新闻界》，2016年第8期。

② ［英］泰勒、威利斯：《媒介研究：文本、机构和受众》，吴靖等译，北京：华夏出版社，2005年，第10页。

③ ［美］艾伦·卢克：《超越科学和意识形态批判——批判性话语分析的诸种发展》，吴冠军译，收录于《文化研究》（第5辑），桂林：广西师范大学出版社，2006年，第89页。

场，其语言分析就失却了价值支撑，跟话语结构研究或者功能语言学分析等没有本质差异。

　　最后，与其说当务之急是促进批评话语分析与中文传播研究的融合发展，莫如说传播学研究需要重新思考"话语转向"后社会语言学的新动向对于自身来说究竟意味着什么，从而借助其理论资源和方法思路，探索真正属于传播研究的"话语转向"之路。

表演与政治：西方政治传播与政治的媒介化

20世纪下半叶以来，"表演"一词逐渐成为人文社会科学研究的流行概念，社会学、人类学等相关领域的诸多学者转向"表演"的认识论或方法论，借以描绘、阐释生动的社会现实。如欧文·戈夫曼借用戏剧表演的角色、扮演、前台、后台等概念来分析日常生活中的人际互动行为，开创了社会学研究的"拟剧"传统与范式。《日常生活中的自我呈现》一书出版后，"生活如戏"思想得以广为传播，社会各领域广泛存在各式表演成为人们的普遍共识。此后，新功能主义社会学的代表人物杰弗里·查尔斯·亚历山大进一步发展了社会表演模型，以表演者、观众、符号生产等剧场表演维度对个体和集体的社会表演进行分析。其实，表演概念的丰富及其运用的拓展，是和社会生活中诸多实践所具有的公开展示特性密不可分的。正因为具有了一定的公开性、展示性，人类的许多行为才具有了表演性，才得以从表演的视角进行研究。就政治而言，其作为争取多数人合意的事业，必然涉及大量的公开性前台展示行为。表演不仅是认识政治实践的有效工具，甚至其本身就是政治沟通与表达的重要方式。有关古往今来政治实践与传播的认识也可以从表演视角加以重新审视。

一、表演理论的溯源和发展

"表演"的内涵丰富多样，它既可指狭义的艺术范畴中的扮演、表演或演奏，也可指广义的人们于日常生活中公开展示的行为或事件。英文中的"performance"一词除上述两层含义外，还指介于艺术与日常行为间的某些装腔作势、矫揉造作的行为，以及在哲学语言学中具有行为功能（以言行事）的言说。① 中西方有关表演理论的较为严肃的探讨是伴随着戏剧研究进行的。如西方艺术史上，对于"表演"的理解可追溯至亚里士多德有关悲剧的论述。亚里士多德认为悲剧是对一个严肃、完整、有一定长度的行动的模仿，其媒介是经过"装饰"的语言，模仿方式是借助人物的行动。② 这一有关悲剧的模仿说中已经蕴含表演之意。此后，不少西方哲学家、美学家、诗人及演员加入对表演理论的阐述中，拓展了西方表演理论的深度和广度。在中国，今天所谓"表演"之意可回溯到中国戏曲历史之中。王国维曾言："古之俳优，但以歌舞及戏谑为事。自汉以后，则间演故事；而合歌舞以演一事者，实始于北齐。……然后世戏剧之源，实自此始。"③ 从"歌舞"到"合歌舞以演一事"，中国戏剧表演的雏形开始出现，并在随后的发展中逐渐形成、演化。此后，随着京剧的发展，中国戏曲的文本意义有所消解，表演性更为凸显。相比熟悉的剧情，人们更加关注演员的表演及其韵味。其实，无论东西方，就表演艺术尤其是戏剧表演的内在规定性而言，演员、角色和观众是其不可或缺的基本要素，在此基础上生发的有关表演理论的探讨也进一步延展至剧本与表演、演员与角色、表演者与观众、表演的时空限制等诸多方面，与之相关的分析框架及理论成果对研究社会及文化现象亦具有重要的参考意义和价值。

20 世纪下半叶以来，"表演"逐渐成为社会学、人类学等社会科学和人文科学的关注对象。大量人类学、社会学、民俗学等相关领域的研究人员转向有关表演理论的阐释与拓展，以便深入多维地了解那些更加传统的主题，与之相应，一种更为宽泛的表演理论被广泛应用于仪式、语言中的互动结构以及民俗叙事中的表演结构等的研究中。④ 如社会 / 文化表演主要关注仪式、日常交流等社会现实活动。

（一）社会表演

在社会学领域，欧文·戈夫曼最早开创了应用戏剧表演模式分析日常生活的传统。在 1956 年出版的《日常生活中的自我呈现》一书里面，戈夫曼将戏剧

---

① 王杰文：《"表演"与"表演研究"的混杂谱系》，《世界民族》，2012 年第 4 期。
② ［古希腊］亚里士多德：《诗学》，陈中梅译，北京：商务印书馆，1996 年，第 63 页。
③ 王国维：《宋元戏曲史》，上海：上海人民出版社，2014 年，第 5 页。
④ Beeman W O: The anthropology of theater and spectacle, *Annual review of Anthropology*, 1993, 22(1).

及舞台表演的诸多概念与分析框架引申至对日常生活中人际互动与印象管理的分析。其中，戈夫曼大量借用了角色、扮演、观众、前台、后台、场景、剧班等戏剧研究词汇，把日常生活当作戏剧，认为社会个体是以戏剧性的方式与他人进行互动的，并在此互动中建构出个体的身份认同。其笔下的"表演"一词指的是个体在特定观察者面前于特定时间内所产生的、对观察者具有某种影响的全部活动。[①] 从这一思想出发，社会互动可以视为不同个体利用各类符号与工具进行角色扮演，并试图取得预期效果的表演行为。人人都在社会中扮演某种角色，并根据不同的情景转换自身角色，人际交往、社会互动实则就是个体或剧班进行角色扮演的过程。

不难看出，作为社会学家的戈夫曼对"表演"的理解是相当宽泛且普遍的，其有关人类日常互动行为的戏剧化分析框架可称之为一种"拟剧范式"。这一"戏剧论"或曰"拟剧论"实则是一种形象互动论，为我们理解个体之间乃至个体与社会之间是如何相互作用、相互联结，提供了新颖而独特的观察视角，对于分析今天的诸多社会实践仍具有广泛的适用性。

20 世纪末期以来，社会学领域的新功能主义代表人物杰弗里·查尔斯·亚历山大开始专注于社会表演，主张用更为多维的"表演"概念来观察社会行动和实践，并发展了系统宏观的社会表演模型，认为无论是个人的还是集体的社会表演都可以被系统地类推为剧场表演。[②] 在《社会表演理论：在仪式和策略之间建立文化语用学模型》一文中，他首先定义了社会表演的诸要素，包括作为背景表象和前景脚本的集体表象系统，行动者（表演者），观察者（观众）及舞台布景、社会权力等符号生产方法；接着论述了由上述各要素所构成的表演模型对古往今来文化和组织变迁的解释力度，并指出随着社会的分化及复杂化，各表演要素已从早期社会的融合状态趋向"分解"和"离散"，社会表演也逐渐由仪式化向"类仪式化"发展；最后，指明当今社会表演成功或失败的标准乃是表演各要素的再融合及其所创造的本真性，抑或说是表演达致心理认同和文化延伸的能力。可见，亚历山大的社会表演理论仍然是功能性的或文化实用主

---

① ［美］欧文·戈夫曼：《日常生活中的自我呈现》，黄爱华、冯钢译，杭州：浙江人民出版社，1989 年，第 22 页。

② ［美］杰弗里·查尔斯·亚历山大、侯园园：《社会表演理论：在仪式和策略之间建立文化语用学模型（上）》，《社会》，2015 年第 3 期。

义倾向的，注重表演在充满矛盾、冲突的复杂社会中所能发挥的融合效力。[①] 正如他本人所言："即使最民主、最个体化的社会也依赖于维持集体信念的表演能力。"[②]

如果说戈夫曼的"拟剧范式"为我们将社会生活中的日常行为当作表演进行分析提供了较为微观、细致的观察模式，对个体或群体的交往互动做了新的理解；那么亚历山大的社会表演模型则为我们搭建了更为宏观且结构化的分析框架，有助于从表演视角对政治、文化、社会等更加宏大的主题进行多元认识，同时也对表演在人类社会进程中的角色和作用等做了更深入的阐释。

（二）文化表演

与社会学相比，人类学中有关表演的讨论显然被限定在更加具体的范围内，主要集中在仪式、庆典、游戏等典型的文化现象上，最早可追溯到 20 世纪 30 年代格雷戈里·贝特森和玛格丽特·米德在巴厘岛进行的研究。他们用影像的方式记录了巴厘岛社会生活中的舞蹈、仪式和特殊的族群经验，将传统的表演理论运用到文化人类学的研究范畴之中。此后，贝特森有关新几内亚人仪式表演的分析也进一步为人类学的表演研究提供了一系列重要的认知工具，证明了受特定文化制约的认知结构，框定并指导了人类的行为。[③] 米尔顿·辛格在印度进行田野工作时发现当地社会生活中存在许多可分辨的且是反复出现的多种"观察单元"，包括游戏、演讲、祈祷、节日、庆典、仪式等文化现象。[④] 每一个事件都犹如一场公开的演出或戏剧，有演员、观众、规定的时间、地点及明确的活动程序。他将此类被框定、强调、公开的事件称之为"文化展演"。其中，交流的符码不仅包括语言，也包括歌曲、舞蹈、绘画、造型等非语言媒介，旁观者能够直接体验它们并由此实现对事物的观察和理解。正如鲍曼所言："印度朋友认为他们的文化就封装在这些分散的表演中，他们能够将其展示给参观者

① 周怡：《表演和符像——再读杰弗里·亚历山大的强文化范式》，《文化研究》，2015 年第 2 期。

② ［美］杰弗里·查尔斯·亚历山大、侯园园：《社会表演理论：在仪式和策略之间建立文化语用学模型（下）》，《社会》，2015 年第 4 期。

③ Beeman W O: The anthropology of theater and spectacle, *Annual review of Anthropology*, 1993, 22(1).

④ Singer M: *When a Great Tradition Modernizes*, New York: Praeger, 1972, p.71.

以及自身。"①辛格认为此类文化展演还能为理解社会变迁过程中的文化主题与价值提供新的认识。②可以说，辛格的相关研究是最早的有关文化表演的明确论述。

美国文化人类学家、解释人类学的倡导者克利福德·格尔茨更是将文化作为"被表演的文本"进行研究，主张用"深描"的方法迈向对文化的阐释与理解。他在一系列有关巴厘社会生活的研究中充分展现了表演与当地个体、政治、宗教等社会不同维度间的密切关系。如在文化表演研究的名篇《深层游戏：关于巴厘斗鸡的记述》一文中，格尔茨将斗鸡视为一种情感爆发、地位之争和对社会具有核心意义的哲理性戏剧的综合体。③他细致分析了斗鸡的三种属性——直接的戏剧形态、隐喻的内容以及它的社会场景，并指出作为一个形象、模型和隐喻，斗鸡是一种表达工具，即以羽毛、血、人群和金钱为媒介来展现社会的激情。④透过反复上演的斗鸡游戏，巴厘人形成和发现了其个体气质和社会特征，看到了自身主体性的一个维度。⑤简单来说，"斗鸡"其实是巴厘人自身的外在演绎，是巴厘人表演给自己观看的故事。此处，格尔茨强调的是表演为人们提供了更好地理解和观看他们自身的方式。其研究也生动说明，通过对具体表演文本的"深描"，不仅可以洞察社会诸多维度之间的关系，也能深入诠释文化的深层意义。

美国民俗学家、人类学家理查德·鲍曼区分了人类学与民俗学领域关于表演的两种重要观点和方法：一种是把表演看成一种特殊的、艺术的交流方式，另一种是把表演看成一种特殊的、显著的事件；对于前者而言，表演是交流展示的一种模式，表演者在表演中承担着向听众展示自身交流技巧的责任；后者则致力于"文化表演"的研究，将社会中特殊事件的上演视为社会最重要的象

---

① [美]理查德·鲍曼:《作为表演的口头艺术》，杨利慧、安德明译，桂林：广西师范大学出版社，2008年，第72页。

② 徐薇:《维克多·特纳与〈表演人类学〉》，《西北民族研究》，2009年第4期。

③ [美]克利福德·格尔茨:《文化的解释》，韩莉译，南京：译林出版社，2008年，第429页。

④ [美]克利福德·格尔茨:《文化的解释》，韩莉译，南京：译林出版社，2008年，第458页。

⑤ [美]克利福德·格尔茨:《文化的解释》，韩莉译，南京：译林出版社，2008年，第466—467页。

征和价值观的符号化、戏剧性的公开展演。① 鲍曼的研究主要是在实践作为交流方式的表演观，但他同时也指出，以上两种有关表演的观点和方法并不是截然分开的，作为交流方式的表演往往是更大的文化表演的一部分。鲍曼在其著作中将人类社会中的口头艺术表演也作为"文本"进行研究，指出每一个言语共同体都具有一套结构化的表演交流方式，并析出了用以标定表演交流手段的一般性目录，如特殊符码、比喻性语言、对表演的否认等。② 由此可见，表演本身就是人类开展传播交流活动的重要方式和手段，同时也是人类传播实践的重要组成部分。

此外，鲍曼也十分注重表演的自反性，指出表演不仅具有形式上的自反性，还具有社会及心理意义上的自反性。前者是指表演能引起个体对交流系统的形式特征（如身体动作、语言、音调等）的关注和自觉操控；后者是指在自我的建构过程中，表演是认识主我／客我及个体在扮演他者角色中反观自身的重要方式；甚至在更大范畴上，表演可被视为社会的"元文化"，借此文化可将自身客体化并受到详细审查。③

（三）人类表演学

理查·谢克纳充分吸收、融合了前人有关表演的观点，尤其是维克多·特纳有关社会戏剧和人类表演的论述，并将人类学等社会科学领域的表演研究与艺术范畴中的戏剧表演等融为一体，创立了人类表演学。他认为表演是一个包括了仪式、政治、经济、艺术、娱乐、人际互动等的"广谱"，人类的一切活动都可以被当作表演来研究；④ 并把人类表演学分为审美表演、社会表演、大众表演、仪式表演和游戏表演这五大互有重叠的门类，指出可以从存在、行动、展示行动、对展示行动的解释四大维度对表演进行考察；同时，还分析了表演发生的情境及其主要功能——表演常常发生在日常生活、艺术、体育、大众娱乐、工商业、世俗、宗教仪式、游戏等八个既有区别又互相交叉的情境之中，具有交

---

① ［美］理查德·鲍曼、杨利慧：《美国民俗学和人类学领域中的"表演"观》，《民族文学研究》，2005 年第 3 期。

② ［美］理查德·鲍曼：《作为表演的口头艺术》，杨利慧、安德明译，桂林：广西师范大学出版社，2008 年，第 17 页。

③ ［美］理查德·鲍曼：《作为表演的口头艺术》，杨利慧、安德明译，桂林：广西师范大学出版社，2008 年，第 72 页。

④ Schechner R: A new paradigm for theatre in the academy, *The Drama Review*, 1992, 36(4).

流、娱乐、美化、建立或改变身份、创造或维持社区、教育或劝说等七个相互重合的功能。[①] 不难看出，谢克纳有关表演的理论阐发确实较前述研究者更为丰富且包罗万象，但也存在过于泛化的危险，其思想体系中的表演更多是作为一种认识论，为我们贡献了一种认识世界的方法。正如他本人所言，这个世界很大程度上要从人们怎样表演这个角度来认识，人类表演学研究的是认识论的相对论。[②] 这一认识论取向的表演研究范式对于当代日益复杂的社会行为或艺术形式的研究大有助益。总的来说，理查·谢克纳将表演分为"是表演"和"作为表演"两大类。[③] 通常，人们习惯上将舞蹈、戏剧、电影等艺术行为视为表演，但在人类学、社会学等领域，游戏、仪式、政治，乃至日常交流等行为都可被"作为表演"来研究。

（四）表演性理论

1955 年，英国语言哲学家约翰·奥斯汀在哈佛大学做了一系列有关言语行为的讲座。此后，奥斯汀的学生们根据其讲座内容整理出版了《如何以言行事》（1962）一书，使"performative"一词渐为人知，并引发了不同领域学者的广泛争论和有关表演理论的创新。美国哲学家朱迪斯·巴特勒受奥斯汀言语行为理论的启发，认为表演是一种生成或产生其命名对象的话语行为。同时，她还借鉴了德里达的可重复、可引用概念，吸收了福柯的权力话语理论，将表演创造性地运用于性别研究之中，发展了表演性理论。巴特勒认为并不存在本体论意义上的性别，性别是经由反复重复、操练一套模式化的行为而形成的身份特征，她称之为性别表演。早在《表演性行为与性别建构》一文中，巴特勒就探讨了诸如特定姿态、动作等身体及话语行为的重复表演是如何建构了包括性别在内的个体身份认同的。[④] 在《性别麻烦》一书中，巴特勒继续强调，性别不是本质的、先在的、固有的，而是通过表演行为建构的。也即，并不是性别身份决定了性别话语和表达，而是性别行为的反复表演生产或生成了所谓的性别主

---

① ［美］理查·谢克纳著、孙惠柱主编：《人类表演学系列：谢克纳专辑》，北京：文化艺术出版社，2010 年，第 3、5、10 页。

② ［美］理查德·谢克纳、孙惠柱：《人类表演学的现状、历史与未来》，《戏剧艺术》，2005年第 5 期。

③ ［美］理查德·谢克纳、孙惠柱：《人类表演学的现状、历史与未来》，《戏剧艺术》，2005年第 5 期。

④ 何成洲：《巴特勒与表演性理论》，《外国文学评论》，2010 年第 3 期。

体或性别身份。① 在这个意义上，"表演性"正是奥斯汀所指的"构成现实的"和"自身存在的"，巴特勒和奥斯汀都把完成"表演性"行为理解为公开的仪式化演出。② 沿此思路，性别之外的民族、种族、阶级等身份也都是通过表演性行为建构的，政治也是一种表演性的政治。巴特勒在《激动的话语：表演性的政治》（*Excitable Speech: A Politics of the Performative*）一书中，将表演性引入政治批评中，对相关政治现象进行了生动的文化分析。

可见，无论是源自艺术范畴的戏剧表演还是人类学、社会学等社会科学领域的社会表演、文化表演，抑或是哲学视域中的表演性行为，从本质而言，它们都是人类所进行的有意或无意的公开的、展示性的行为，是人类社会得以建构和延续的重要基础。故而，上述学科领域的"表演"概念均可作为观察与阐释人类个体、社会及文化现象的重要认识论工具，能为我们揭示社会主体与社会文化的丰富细节和多维意义，对政治而言亦是如此。

二、政治的表演内涵与传播实践

从以上论述可知，政治作为人类社会中涉及大量公开的、仪式化行为的重要活动，完全可被视作社会表演、文化表演、人类表演等进行研究。而政治传播作为有关政治的传播活动，不仅包括口头、文字话语，也包括服饰、发型、标识设计等视觉传播形式。表演作为集言语、声乐、形体、动作等于一体的综合性活动，无疑是政治传播的重要方式。

（一）政治的表演内涵

其实，政治本身就内含表演之义。以政治学的核心范畴"state"（国家）为例，该词可追溯至拉丁文"status"，意为站立的姿态、阶等、地位、身份等。③ 此词源已经暗含了古代政治具有的展示层面和夸耀性质。克利福德·格尔茨指出，现代西方政治中的"state"一词，除了"等级""地位"之义外，还凝缩了另外两个词源释义：一是"威仪"（stateliness）——在壮美、炫示、尊严、仪

---

① [美]朱迪斯·巴特勒：《性别麻烦：女性主义与身份的颠覆》，宋素凤译，上海：三联书店，2009年，第34页。
② [德]艾利卡·费舍尔-李希特：《行为表演美学——关于演出的理论》，余匡复译，上海：华东师范大学出版社，2012年，第35—37页。
③ 易建平：《从词源角度看"文明"与"国家"》，《历史研究》，2010年第6期。

态等意义上意味着"盛典"；二是"经国"（statecraft）——在执政、政体、统治、支配等意义上意味着"治理"。①虽然，"治理"已成为现代政治的主导内涵，但我们不应由此而忽视政治实质的其他方面，诸如各类华丽壮观、公开展示的形象，盛典是造就王者风范、赋予执政者威仪、成就"国之伟大"的重要手段，是国家政治生活的重要内容。有如孟德斯鸠所言，国王们所显示出的华丽和光彩是其权力的组成部分。②抑或说，政治本身就暗含表演之义，表演是政治话语、政治行为实践的基本样态之一，亦是国家治理的基本方式之一。尤其是在古代政治中，一系列精心设计、反复上演的日常宫廷仪式及登基、加冕、祭祀等盛典或壮观场面，并非只是在表现、传达帝王意志或权力意识，而是演出本身就产生了权力，同时也制造并巩固了权力自身的合法性。通过表演，帝王或统治者的权力得以不断生产、确认，被统治者也在持续观看、听闻表演的过程中被教化为驯服的臣民。

在现代西式民主政治中，表演亦是争取选民支持、建构权力合法性的题中应有之义，这是由民主政治的公开、竞争特性决定的。民主被学者们视作达成政治决策而做出的一种制度安排，在此制度安排中个体通过竞争人民手中的选票获得做出决定的权力；民主的核心程序即是经由自由、开放、公平、诚实和定期的竞争性选举产生集体决策者或领袖。③这就决定了表演作为一种表达交流方式、形象塑造技巧及政治动员手段，必然为广大政治主体所用。不断进行的选举过程促使西式民主政治在走向市场化的同时也加剧了对表演的依赖。1976年，熊彼特提出"政治市场"概念，旨在以市场模式来模拟政治制度，以资本主义的生产者与消费者行为来解释民主政治的运作过程，认为"政治运作过程的性质"与"商业市场交换体系"并无二致④。简言之，民主体制就好比市场机制，职业化的政治家或政客是政策等政治商品的生产者、供应者，公众、选民则是此类政治商品的评判者、消费者，其最为重要的流通货币就是自己手中的

---

① ［美］克利福德·格尔茨：《尼加拉：19世纪巴厘剧场国家》，赵炳祥译，北京：商务印书馆，2018年，第109页。

② 转引自［英］彼得·伯克：《制造路易十四》，郝名玮译，北京：商务印书馆，2017年，第9页。

③ ［美］塞缪尔·P．亨廷顿：《第三波：20世纪后期的民主化浪潮》，欧阳景根译，北京：中国人民大学出版社，2013年，第3—4页。

④ 赵可金、孙鸿：《政治营销学导论》，上海：复旦大学出版社，2008年，第24页。

选票。通过定期的选举投票，社会大众得以持续更新、汰换政治市场中的人或政策等政治商品。只是，由于理性人假设在现实政治生活中往往难以实现，多数选民既缺乏进行理性抉择的政治信息或政治素养，也难以真正撇开个人情感倾向或价值立场而对政治舞台上的候选人做出真实客观的评判。故而，多数时候，选民是通过候选人的前台展示及媒体形象做出投票抉择。由此，如何通过大众传媒和公开展演推销自己，将自身打造成选民期望的形象，就成为候选人能否击败竞争对手的关键。一方面，开放的参选机会使得越来越多的社会主体得以加入选举，激化了政治市场的竞争，使得特定政治产品要想得到人们的认可和接受变得更为困难；另一方面，定期选举又为政治人物和政治商品制定了淘汰更新机制，赢得选民支持或选举胜利不再是一劳永逸的一次性事务，而是一个不间断的持续性过程。这就容易致使政治人物为了能在激烈的选举竞争中取胜，往往舍本逐末地将政治营销视为政治活动的关键和核心。如此一来，候选人为赢得更多选票，往往极尽表演才能，企图通过外在的包装、演技、口才等为选民打造出理想的政治家形象。与此相应的是西方政治生活中出现了越来越多高人气、明星式的候选人，越来越具鼓动性、对立性的宣传话语，越来越冲突化、戏剧化的肢体动作和对抗等。我们甚至可以说，西式民主选举在日益市场化、商业化的操作下已成为一场场嘉年华式的演出，各方力量在躁动与喧哗声中，将西方民主引向了表演政治或剧场政治的世界。

可见，表演既是政治的内在之义，同时也是政治的外显表征。就政治表述和传播而言，表演不仅是手段和方式，也是内容。相比于口语、文字、图画等单一传播形态，政治表演是集文字、形象、音乐等为一体的多媒体表现形式，能将抽象、复杂的政治观念和事实具象化、直观化、生动化，更易为大众理解和接受。

（二）早期的政治表演与传播

政治表演古已有之，各类仪式、象征等的上演是东西方历代王朝用以建构、展现自身神授权力与合法性，凝聚社会共识，维护和延续统治的重要政治传播活动。如在古代中国，"礼"是社会的核心，"礼"和"仪"几乎渗透至政治的方方面面，构成了封建王朝政治生活的重要内容。正如《左传》所云，"国之大事，在祀与戎"，此处的"祀"与"戎"均有仪式操演之义。有学者甚至指出，中国传统政治论述在很大程度上是仪式性的，更侧重于情感调动与控制的"表演"，而非逻辑严谨的"证成"。① 换言之，诸如特定仪式等的表演并不简单是政治的华丽装饰，而是具有服务国家治理的深层政治目的，是早期国家维持帝国统治的重要政治实践。这在西方政治史中表现得尤为明显。

早在古希腊的雅典社会，其民主政治就呈现出了一定的表演特质。如柏拉图在《法律篇》第三卷中就对雅典社会表演性的剧场文化所催生的"剧场政体"进行了批判。在柏拉图看来，剧场政体与雅典社会中的诗乐表演、比赛与评判等活动息息相关，随着雅典表演文化的蜕变，剧场开始变得混乱无序，观众和比赛评判也愈发吵闹喧哗，这些都直接影响了城邦的自由辩论、投票选举等民主生活样态，致使议会等民主形式在运作方式上与剧场趋同，民主也逐渐沦为群氓式的表演行为。② 戈尔德希尔也认为"表演"为探究古代雅典社会的民主生活提供了颇具启发性的分析框架。他在分析雅典民主制度对表演的严重依赖时指出，雅典的民主始终在炫耀其政治的场面，诸如公民大会、法庭等民主制下的机构都基于呈现一种可供观看、品评和愉悦的景观。③

此外，也有学者认为表演视角同样也适用于对国际体系和国际政治的研究。如在瑞典学者埃里克·林马尔看来，国际政治提供了一个类似戏剧的场景，抑或一个世界舞台，在这里，国家和各类演员们经常在全世界的注视下进行表演和互动。国际政治往往表现为一种极具诱惑力的表演而不是协商。林马尔从框架、脚本、实施三个层面分析了历史上国际体系的三个典型案例，即"无政府状态"的欧洲威斯特伐利亚体系，"等级制"的以中国为中心的国际体系及政治上无政府状态、社会交往上却强等级化的日本德川体系，指出以表演视角分析国际体系是如何被框定、脚本化和执行的，有助于洞察不同历史时期和不同地区间国际关系是如何被建构、理解的。④ 他还述及表演视角有助于我们以新的方式思考权力和情感在国际事务中的重要角色及国际舆论的形成过程等。

---

① 马敏：《政治象征》，北京：中央编译出版社，2012年，序言第17—18页。

② 王柯平：《试析"剧场政体"问题》，《外国文学评论》，2012年第2期。

③ [英]戈尔德希尔、奥斯本编：《表演文化与雅典民主政制》，李向利等译，北京：华夏出版社，2014年，第10—11页。

④ Ringmar E: Performing international systems: Two East-Asian alternatives to the Westphalian order, *International Organization*, 2012, 66(1).

就人类社会早期的政治表演与传播而言，大体可以分为以下几类：

1. 关于国家、王权的展演

格尔茨对19世纪巴厘社会的研究发现，壮景和庆典是巴厘政治的基本表述方式。诸如锉齿、火葬、庙祭、受戒等盛大的宫廷仪式，借由露天剧上演了巴厘政治思想的核心主题——"中心是典范的，地位是权力之根基，治国术乃是演剧术"①。无论是地方的小领主还是最高的君主都在不断地举行宏大的、场面化的仪式庆典，以建立自身层面上的典范中心，且越向顶层，相关的表演和戏剧就越华丽精美、越具有可观赏性。反复上演的典范戏剧确立了巴厘政治机体的权威模式，在此过程中，低层模仿高层，高层不断反模仿，"阶序"地位的斗争无处不在。格尔茨直言，巴厘是一个戏剧国家，其政治生活并不总是指向暴政或政府，而是指向场面、仪式及以公开的、戏剧性的形式表现对巴厘文化的普遍迷恋，统治其实就是表演。②这一"剧场国家"形态获得了巴厘人的普遍认可和支持，正是在一系列布景、道具、演员及其表演中，巴厘人得以反观自身对周遭世界的理解及所采取的行为方式，巴厘的国家、王权也得以产生和延续。可见，表演和戏剧并非巴厘政治的形式和表征，而是实质和目的，是统治和支配本身。格尔茨的这一研究可谓回归了早期"国家"内涵的丰富性，提醒我们场面、壮景及戏剧、表演在政治中的重要作用。

其实，在人类早期的政治生活中，此类有关国家、王权的展演普遍存在于东西方社会，只是程度有所不同。权力本身是无形的，必须借助特定的载体才能得以显现。正如有学者所言，"权力只存在于'舞台'之上"③。同理，国家也是不可见的，必须被人格化、象征化，借助想象才能被人们所接受和热爱。④表演作为一种涉及多元符号载体的表意实践，尤其易于为民众勾勒出有关国家一统及王权至上的直观形象。各类政治仪式的操演或曰有关政治的表演正是传播、

---

① [美]克利福德·格尔茨：《尼加拉：19世纪巴厘剧场国家》，赵炳祥译，北京：商务印书馆，2018年，第11页。

② [美]克利福德·格尔茨：《文化的解释》，韩莉译，南京：译林出版社，2008年，第345—346页。

③ [美]迈克尔·赫茨菲尔德：《人类学：文化和社会领域中的理论实践》，北京：华夏出版社，2013年，第143页。

④ 转引自郭于华主编：《仪式与社会变迁》，北京：社会科学文献出版社，2000年，第343页。

灌输特定政治理念与意识形态的主要方式。格尔茨笔下的巴厘社会不过是以表演术治国的典型和极端。诸如火葬等各类盛大的宫廷仪式由一连串极为注重细节和程序的表演单元所构成，极具形式主义特征，且被不厌其烦地反复上演，其背后所隐藏的正是巴厘国家和王权的基本价值，也反映了巴厘人对巴厘社会秩序的认识与再现。

2. 关于个体、领袖的表演

在有关国家、王权的展演之余，世界政治史上也不乏关于领袖、个体的表演。彼得·伯克借鉴了戈夫曼有关自我呈现及印象管理的思想，关注布景、道具及个体表演在形塑统治者形象方面的巨大作用，其著作《制造路易十四》可谓戏剧表演视角下"造神"的典型个案研究。这位被称为"太阳王"的君主在其统治期间有意识地扮演自身国王的角色，他不仅擅于利用假发、高跟鞋、权杖等道具及自身神情、肢体、动作以打造令人叹服的形象，也深谙如何通过精细的仪式和宏大的盛典征服群臣和平民。甚至其日常生活也呈现出高度表演化的特征，诸如清晨起床、每日弥撒、进餐、就寝，乃至狩猎等体育活动都在他本人的设计下形成了一系列特定的仪式，所有举止都经过预先筹划与设计，是为专门挑选的观众而上演的一出出微型剧。这些活动具有丰富的象征意义，且有规律地反复进行着，路易十四只要醒着就差不多都是在台上进行表演。[①] 此类表演好似路易十四本人编剧、主演的一幕幕政治戏剧，是路易十四对自身形象的包装与形塑，也是其对臣民进行统治权威灌输和民意操纵的重要实践。路易十四的表演结合绘画、雕像、文学、戏剧、宫廷仪式等特定媒介，生产了大量"美学产品"，并广泛传播至王朝的所辖之地及国外疆域。借此，路易十四得以不断生产、复制自身的伟大形象及权力，且不仅影响了当时的法国臣民和外国王室，也影响了后人对这位君主及其统治的认识。伯克的这一研究也揭示了政治与表演和媒介的关系，是探讨政治表演与政治传播的经典案例。

当然，在政治领域，有关个体或领袖的表演与国家和王权的展演是分不开的。尤其是在早期西方君主制国家，国王或君主本人就是国家的代表，是国家的最高权威，王权即是君主或国王统治国家的权力。故而，有关个体或领袖的

---

① ［英］彼得·伯克：《制造路易十四》，郝名玮译，北京：商务印书馆，2017年，第116—117页。

政治表演也常常是为加强国家统治和巩固王权服务的。

3. 关于惩罚的表演

除上述正向、积极的宣传灌输外，政治表演中也存在反向、消极的训示惩戒。大卫·科泽就曾言，各种各样的政治仪式，不仅用于称颂也用于教化，不仅用于创造团结也用于灌输恐怖。[①] 人类历史上曾长期存在各类有关酷刑的公开展演。如福柯曾在《规训与惩罚》的开篇回顾了 1757 年法国达米安案件的行刑过程。彼时达米安对法国国王的刺杀虽未导致严重的政治危机，但在当时绝对君主制的意识形态下，谋杀国王也就意味着谋杀国家，是对王权和现存统治秩序的严重反叛。于是，对罪犯进行公开的、残酷的行刑，就成为惩治罪行、宣扬王权、稳固统治的重要手段。为此，酷刑须由戏剧化、仪式化的表演进行完美呈现——牧师、犯人、刽子手是承担不同角色的演员，广场是舞台，铁钳、硫黄、马匹是道具，精心设计的行刑程序是演出的剧本，它们共同制作出足以令人生畏的惩罚图像。泛言之，公开的行刑不过是在制造旨在让广大臣民观看的惩罚类戏剧或公共景观，它比虚拟的戏剧表演更具真实性和在场性，更能达致惩戒、教化的目的。此类早期社会中广泛存在的公开刑罚，既是对罪行的隐喻，也是对王权和秩序的隐喻，是对正统权力和现存政治秩序的反向宣扬与强化，其实质仍旧是有关政治及权力的自我表演。

（三）现当代的政治表演与传播

如果说人类早期有限时空内的政治表演更多是给朝臣、上层贵族及部分民众看的，表演的频次较低，且参与演出及观看表演的人数也较为有限，传播范围较小；则随着西方民主制度、民选合法性的确立及大众传媒的发展和普及，政治表演开始更多地面向普通民众大量上演，并大力借助现代传媒手段进行。无论是政治个体还是组织或政党，乃至整个国家都愈加自觉且有意识地注重对表演的运用，越来越依赖于表演在形象塑造和政治动员中所发挥的重要作用。与此同时，政治表演的内容也发生了很大改变，早期的登基、加冕、祭祀等逐渐被演说、选举大会、就职仪式等替代，作为公共景观或公开戏剧的惩罚、酷刑也逐步消失。在此过程中，早期政治生活中的某些特定象征、礼制、仪式等

[①] ［美］大卫·科泽:《仪式、政治与权力》，王海洲译，南京：江苏人民出版社，2015 年，第 183 页。

得以保留并延续下来，仍是当今西方统治者们所使用的重要政治传播沟通方式和宣传动员手法。只是，随着时代的发展，政治表演所应用的技术及传播媒介不断革新。如 17 世纪的路易十四主要是依靠绘画、雕像、纪念章、印刷品等传播自身及其帝国的威仪，而如今的西方政客们却更多地依赖报纸、广播、电视、网络等媒介打造个人形象、传递政治观念。简言之，尽管表演的目的、对象、内容、方式因时因地而异，但政治表演作为政治话语及行为实践的本质并未发生根本性变革。

具体而言，现当代西方政治的表演主要是关于民主的表演。其中，民主选举已成为西式自由民主社会中最重要的政治仪式，在政治体系合法化及其存续方面发挥着至关重要的作用。① 各类政治选举活动连同选举产生的议会、国会等作为西方民主政治生活中能见度最高，也是最为重要的政治实践，既是观察西方民主政治最为直接的窗口，也是政治表演的"重灾区"。印度学者希林·M.拉伊就在长期专注于印度国会的研究中，发现了表演对于政治的重要性。她将那些寻求与观众交流有关国家机构、政策、话语的意义的表演定义为政治表演，并建构出一个政治表演的分析框架，透过表演构成及表演效果两条轴线阐释了政治和表演的共构关系。② 其中，表演者、表演空间、表演脚本和表演实施是构成政治表演的必要元素，真实性、合法性、有限性等则是评估表演效果的重要指标，与此同时表演者和观众之间的互动关系也是政治表演的重要分析对象。在完成理论建构后，希林通过印度国会的三个具体案例经验性地验证了政治表演分析框架的合理性，并指出该框架有助于揭示常被以往研究所忽视的政治的表演面向。

其实，西式民主政治的议会不仅可以用表演框架进行分析，其本身就充斥着形形色色的表演实践，是典型的政治表演场域。这是因为激烈的选举竞争促使西方政客在面临大范围选区及大量选民时，常将议会等议事机构作为个人展演的舞台或赢得媒体曝光的秀场，意图通过表演性、戏剧化的修辞技巧和话语策略吸引媒体及广大选民的注意，以争取更广泛的民意支持和更多选票。这就

① Lukes S: Political ritual and social integration, *Sociology*, 1975,9(2).

② Rai S M: Political performance: A framework for analysing democratic politics, *Political Studies*, 2015, 63(5).

导致西式议会日渐沦为政治的表演场而非严肃的议事场，议员们普遍倾向于表演式的监督问政风格，而非民众想象中的理性协商与辩论。我们时常可见西方政客在各类议事场合中斗口舌战或利用各式道具、激烈动作等制造戏剧性场面，犹如一系列"蒙太奇式"的剪接手法，在戏剧与现实世界中随意淡入淡出。可以说，当代西方政治话语已逐步形成了一套独特的修辞、表达策略，然而这套策略却并非旨在更好地促进理性沟通和对话，而是用以最大程度地吸引广大公众的表演式文字游戏。

在议会之外的场所，西式民主选举也日渐表演化。如在西方政治选举过程中时常可见大型且专业化的剧场式舞台布置与设计。这些舞台和戏剧等表演艺术的舞台相似，是由布景、灯光、音响、道具等所组成的多维创意空间，往往兼具声、光、色、形等多重因素，集视觉和听觉体验于一体。它们不仅为政治人物提供了表演的场地，同时还起着增强人物形象、渲染表演气氛、调节表演节奏等重要作用。在此类舞台上，政治家们充分发挥自身表演才能，上演各自的竞选大戏。里根、奥巴马等人就曾凭借个人出色的演出，成功当选美国总统。再如，特朗普的表演者天赋不仅令其将电视节目收视率转化成了实打实的选票，也促使其将电视真人秀节目的作风带进了美国白宫，使美国政府成了巨大的演播室。早在电视时代，特朗普就已经充分认识到大众媒介的巨大威力。他曾经常以某些小角色出现在美国电视情景喜剧或电影中，借此塑造自身成功的商人形象及显赫地位。《学徒》(The Apprentice) 真人秀节目更是将特朗普推销成了家喻户晓的电视明星，为其日后竞选总统打下了知名度。政客"明星化""偶像化"似乎已经成为西式民主的历史趋势。无论候选人的观念、立场、政见如何，想要赢得选举的最终胜利，必须让自己在媒体及大众的视野中成为最闪亮的"巨星"。他们或是邀请明星为自己站台、接受明星主持人的采访、与知名喜剧演员同台献艺等，抑或将自身打造为明星或流行文化符号，如在大众面前演奏乐器、跳现代舞、表演模仿秀、录制综艺节目、适时透露个人隐私等。政客们不仅深谙如何利用大众传媒塑像，也深谙娱乐大众、取悦大众的技巧。政客与明星之间的界线正渐趋模糊，政治事业也和演艺事业、娱乐事业日益纠缠。另外，国际外交政治中也普遍存在表演现象。如有日本学者将国际外交场域视为剧场，并借助戏剧框架对万隆会议进行了重新演绎，细致深入地描绘了万隆会议这一外交戏剧中的舞台、演员、观众及印尼为此会议所编排的剧本，重构了国际外交活动的某些经典案例。① 这一剧场外交的分析思路为探讨外交表演及其象征意义的生产提供了颇具启发价值的工具。另有学者在国际关系正常化的研究中引入表演分析视角，将国家关系正常化视为一国政府及其表演者于特定舞台上面向他国及其民众所开展的外交表演行为，并从象征性表演和实践性表演两个层面及舞台、观众和表演者三个维度对福特政府和卡特政府的对华外交表演做了典型案例分析。② 可以说，此类外交表演概念及其分析框架进一步丰富了我们对国际政治实践及对外传播的理解和认识。

现当代政治表演也广泛存在于各类抗争政治中。美国政治学家和社会学家查尔斯·蒂利长期进行抗争政治的相关研究，提出了著名的"抗争政治理论"。在其著作中，蒂利常借戏剧艺术中的表演、剧目等概念用以观察、思考、概括政治抗争行为的不同样态、风格或类型。在蒂利看来，当某一抗争表演取得成效时，它就成为未来抗争表演可资借鉴的范本，久而久之，一系列不同类型的成功表演就汇聚成了一套常用的抗争剧目——某一政治群体为了相同利益而向另一政治群体表达或提出共同诉求时所采取的较为一致且标准化的方式方法。③ 简单来说，抗争剧目实则就是一系列的抗争表演。刘涛将此类表演式抗争视为一种剧场政治，是一种通过制造某种戏剧性、消费性、参与性的表演行为来表达或传递表演者的抗争诉求的底层政治实践；它表面上呈现为一种表演性、视觉化的"图像事件"，实质是为了使观者依此戏剧化情景及认知框架进行信息加工和情感认知，以获取社会和舆论的关注，最终促成实际问题的解决。④ 此类抗争表演或抗争剧目并不是死板僵化、一成不变的，而是由当下的时间、空间、诉求者与诉求对象的组合形式所决定的。⑤ 如自 18 世纪 30 年代以来，非暴力

① Shimazu N: Diplomacy as theatre: staging the Bandung Conference of 1955, *Modern Asian Studies*, 2014, 48(1).
② 何伟：《外交表演与身份演化的动力：福特政府和卡特政府对华关系正常化比较研究》，北京：外交学院博士学位论文，2017 年。
③ [美]查尔斯·蒂利、西德尼·塔罗：《抗争政治》，李义中译，南京：译林出版社，2010 年，第 55—56 页。
④ 刘涛：《身体抗争：表演式抗争的剧场政治与身体叙事》，《现代传播》，2017 年第 1 期。
⑤ [美]查尔斯·蒂利：《政权与斗争剧目》，胡位钧译，上海：上海人民出版社，2012 年，第 41 页。

的抗争方式就已经取代了以往的暴力抗争，并出现了许多延续至今的抗争剧目，如特定形式的公开集会、示威活动、请愿游行、罢工运动、政治竞选等。上述有关表演式抗争的研究不仅丰富了我们对于西方民主政治的认识，也为我们分析具体、微观的政治行为及观察更为广泛且普遍的政治进程、社会运动等提供了有益参考。

三、从中介化到媒介化

传播的实现离不开介质的存在，传播是经由特定物质、技术等作为中介的过程。此处所说的中介更强调日益以媒介，尤其是大众媒介为中介手段进行的交往活动，突出了媒介在传播中的地位和作用。事实上，大众传媒自其诞生以来就开始介入政治和政治活动之中。作为一种工具、手段、渠道，媒体不仅为政治提供了活动空间和表演舞台，还承担了政治信息的传播者、解释者和中介者角色。不仅如此，作为独立的社会机构，大众传媒还是政治和权力的监督者、挑战者，在特定政治阶段或进程中发挥着关键作用，甚至改变了古往今来的政治形态。尤其是 20 世纪下半叶以来，媒体日益成为关键的"造王者"及合法性的赋予者或解除者，催生出巨大的"媒体权力"——一种"由制造或毁灭政治领袖，传播或压制信息和思想的能力而衍生的权力"[①]。与此同时，政治表演也从早期的质朴形态逐步走向美学化、艺术化。正如有学者所言，20 世纪 60 年代以来，日常生活中的许多事件或社会性表演，尤其是政治表演，越来越呈现出戏剧化、美学化、艺术化的特征。[②]而这一阶段恰巧也是电视等视觉化电子媒体勃兴和发展的主要时期，从中可洞察媒介对政治表演的影响及政治表演与传播的嬗变。

（一）政治表演与传播的中介化

各类媒介的发展大大变革了人类早期直接的、面对面的交往形态，打破了时空限制，拓展了人类传播交往的范围和能力。对此，麦克卢汉的"媒介是人的延伸"可谓一语中的。就政治而言，政治的运行离不开沟通与传播，缺乏既

---

① ［英］P. 埃瑞克·洛:《西方媒体如何影响政治》，陈晞、王振源译，北京：新华出版社，2013 年，第 26 页。

② ［德］艾利卡·费舍尔 - 李希特:《行为表演美学——关于演出的理论》，余匡复译，上海：华东师范大学出版社，2012 年，第 8 页。

定的政治传播沟通方式，任何大众社会的政治生活都将难以实现，对于民主社会而言尤其如此。也正是政治沟通和传播的需要为媒体介入政治提供了契机。传媒的发展及其在社会中的重要作用使得政治日益成为必须以媒介为介质进行的传播活动，诸如政治纲领、政策论述、竞选呼吁等，都须经由媒体的报道从而达致更广范围的受众。任何政治行动者意欲实现政治传播效果、制造同意，都须设法敲开媒体之门。报纸、广播、电视、网络等不仅被用于传递有关政治的信息，也被当作开展广告及公共关系活动的主要平台。几乎所有的公开政治活动都用上了各类媒介化的复制、再生产技术。与此同时，政治表演也开始畅行其道。这一趋势在电视的发展过程中得到第一次集中验证，其原因很大程度归结于电视自身的技术特性。一方面，动态的视觉图像使电视得以全方位呈现政治舞台上的各类活动，有利于政治表演的完整复刻与传播；另一方面，视觉特性也促使电视更热衷于聚焦政治舞台上鲜活的人和事，而非抽象的政治符号和概念。于是，在电视的大规模普及之下，为充分发挥电视的传播力、影响力，各类政治表演层出不穷，甚至出现许多专门为电视镜头所设计的政治表演活动，犹如丹尼尔·布尔斯廷所说的"伪事件""假事件"。此类政治表演大多是政客们有意投喂给媒体的利己内容，以俘获媒体所拥有的广大视听众，进而获取政治合法性。此外，各类政治事件也日渐朝媒介事件发展，诸如总统竞选等日益成为戴扬和卡茨所说的令世人屏息驻足的"电视仪式""节日电视"及"文化表演"①。借用德波的"景观社会"理论及凯尔纳的"媒体奇观"概念，电视等现代化电子媒介对政治的介入说得上制造了非凡的政治景观或媒体奇观，政治逐步去日常化，成为扩大化、戏剧化、盛典化的媒体文化现象，成为表演的"美学场"。

在媒介的中介之下，政治表演的表演者、观众及观、演二者间的关系等发生了深刻变化。早期政治表演是处于诸如广场等特定现实空间之中的，表演者和观众具有"身体共同在场"的时空同一性，观、演双方直接进行交流，观众及传播范围也是既定的。而媒介技术的发展，尤其是电视等具有强大直播能力的大众媒体的兴起，使传统的政治演出情况发生了很大改变。媒体及其各类具

---

① ［美］丹尼尔·戴扬、伊莱休·卡茨：《媒介事件：历史的现场直播》，麻争旗译，北京：北京广播学院出版社，2000年，第1页。

有记录、再现功能的技术手段开始大规模进入表演现场，使得政治表演在既是现场演出的同时也成为线上虚拟时空中的表演，改变了现场演出中的观演关系。对于政治行动者或表演者而言，电视等媒体的在场与介入使其意识到自身于媒体前的展演并非仅是面对现场有限的观众，而是同时面向媒体镜头背后更大范围内异质、复杂的受众，且此一行为和事件还面临媒体不确定的二次加工与阐释，由此加剧了政治行动者对自身前台行为的有意控制及对媒体需求的有意迎合。就观众而言，媒体的介入使其清楚地意识到自身不再是政治表演的隐蔽观者，而是媒体镜头下的"被看者"，是前台区域的被拍摄对象，从而促发了观众对自身观看行为的有意调整和控制。换句话说，媒体的在场使得政治的表演者和观众都意识到自己只是一个有待拍摄、传播的对象，为媒介公开化的政治增添了更具主体意识的表演性。

更为重要的或许还在于，媒体绝不仅仅是政治表演的简单记录者或被动观看者，而是主动的建构者。媒体不仅能通过选择、过滤、重组等一系列把关过程对现场表演进行重新言说与建构，攫取对政治表演的阐释权威地位；还能凭借强大的传播力，影响和塑造社会更大规模人群对表演的认知和理解。可见，在引入媒介参与政治实践的过程中，政治本身不可避免地为媒介所重塑。媒介从来就不只是中立的工具性角色或政治现实的被动旁观者，而是积极的介入者，具有能动性的改造力量，它不仅影响了政治表演的生产，决定了政治表演的阐释与传播，还构建了绝大多数普通观众对表演的理解和接受。大众所接收的政治信息及所体验的政治生活不外乎是一套经媒介中介后的、间接的媒体影像。简言之，大众传媒对政治的介入不仅深刻地改变了传统政治的运作模式，也改变了政治的外在表征及表演形式，为非表现性的日常政治事务增添了一层表演性。

（二）政治媒介化及政治表演性的强化

从以上分析不难看出，随着中介化的不断深入，政治的运行逻辑不可避免地与媒介的运作逻辑趋同，致使政治走向媒介化，同时也更具表演性。"媒介化"概念是在"中介化"基础上发展而来的。20世纪末期以来，媒介深度介入、参与社会各领域的运转，已不再是单纯的传播交往工具或渠道，而是影响、形塑社会形态的重要一极。正如索尼娅·利文斯通所言，透过中介作用，媒体攫取了相当大一部分原本隶属于政府、教会、学校、家庭等的权力或权威，成为社会最重要的故事讲述者。① 社会各领域的日常实践也日渐依据媒体的逻辑或运行规则来展开。也即，媒介化并不是指媒体影响社会或文化的所有过程，而是描述社会和文化总体发展中的一个特定历史阶段或情况——媒体成为独立自主的社会机构，且媒介逻辑对其他社会机构产生了特别突出和重要的影响，改变了其他社会实体的内部运作及其相互关系。② 抑或说，媒介化关切的是媒介因其巨大影响力而导致的与媒介有互动关系的其他社会机构或组织内部专业实践的种种质变；③ 是作为一种规则体系的媒介逻辑对其他领域的日益入侵，媒介逻辑补充、并在极端情况下取代了在其他领域定义适当行为的原有规则。④ 纵观当今西方社会，不难发现，媒介逻辑正日益侵入政治系统，不断影响、改变着政治体系的基本运作逻辑。

1. 政治逻辑

传播学者 Frank Esser 指出，政治逻辑包含政策导向的"生产方面"、权力导向的"自我展示方面"及政体导向的"制度方面"，是政策、政治和政体的三位一体——它们将政治逻辑与经济、社会、媒体等其他社会领域的基本逻辑区分开来，是政治学中区分"政治"与"非政治"的分析工具，同时也为人们全面、真实地了解政治现实的基本特征提供了指导。⑤ 政体也即政治体制，是一国或地区政权的组织、运作形式及治理形态，通常保持较为稳定的状态，较少因政治环境的短期变化而改变。同时，政体作为基本的制度性结构也为日常的政治进程框定了一系列的规则体系，它在日常政治的表面之下，但又直接影响

① Livingstone S: On the mediation of everything: ICA presidential address 2008, *Journal of communication*, 2009,59(1).

② Hjarvard S: The mediatization of society: A theory of the media as agents of social and cultural change, *Nordicom review*, 2008,29(2).

③ Schulz W: Reconstructing mediatization as an analytical concept, *European journal of communication*, 2004, 19(1).

④ Esser F & Jörg M: "Mediatization effects on political news, political actors, political decisions, and political audiences" in Hanspeter Kriesi, Sandra Lavenex, Frank Esser, Jörg Matthes, Marc Bühlmann and Daniel Bochsler: *Democracy in the Age of Globalization and Mediatization*, London: Palgrave Macmillan, 2013, p.160.

⑤ Esser F: "Mediatization as a challenge: Media logic versus political logic" in Hanspeter Kriesi, Sandra Lavenex, Frank Esser, Jörg Matthes, Marc Bühlmann and Daniel Bochsler: *Democracy in the Age of Globalization and Mediatization*, London: Palgrave Macmillan, 2013, p.164.

日常政治的运行，规范并限制了政治行动者的行动。政策作为政治逻辑中的生产层面，主要是指具体政策的制定和实施。政治的生产逻辑普遍存在于政治生活的各个阶段和机构中，其特征主要表现为不同利益间的谈判、协调、平衡，不同方案或政策的辩论、审议，集体决策的制定及共识的达成等。政治逻辑的第三个组成部分是以权力为导向的政治的"自我展示"层面。埃舍指出，"自我展示"政治在利益表达和偏好动员、问题定义、政策沟通和结果证明等阶段占主导地位，其主要目的是为己方的提议、政策等争取支持，实现这一目标的策略包括政治伪事件、形象投射和象征政治等；与政治的生产面相比，政治的"展示面"更关注个人而非集体，短期效果而非长期规划，前台而非后台，战略而非政策，优先考虑而非客观需要，获得支持而非平衡妥协。① 在民主体制下，政府的权力源自人民，亦须对人民负责。责任政治要求政府及政客公开展示自身对公众需求的回应，表现出责任感，这也为政治的自我展示或曰表演提供了民主正当性。当政治人物谋求胜选或连任时，政治的展示层面表现得尤为明显。当然，自我展示政治在非竞选时期也同样突出，因为定期的民主选举使得政治人物总是将目光投向下一场选举，促使其将实际的政治治理也当作一场选举角力。

一般而言，大多数政治活动或过程都涉及上述政治、政策、政体三个因素，只是侧重的面向有所不同。故而，在政治逻辑主导下的政治传播应当竭力对政治的这三个层面做出全面真实的反映，而这也是新闻媒体根据政治逻辑报道政治现实的基本尺度。新闻媒体只有客观、中立、全面地报道政治的完整面貌，才能助力公众获得有关政治的足够信息，形成对政治的充分认识和理解，才能有利于公民理性地形成自身的利益偏好并更好地评估和审议公共议题及决策者的表现，最终有助于代议制民主中责任政府和问责制的实现。然而，现实西方政治制度下的政治传播却并不总是以政治逻辑为主导，反而是在媒体逻辑的作用下逐渐偏离政治运行的基本轨道，日趋以媒体逻辑行事，造成政治传播的偏差。

---

① Esser F: "Mediatization as a challenge: Media logic versus political logic" in Hanspeter Kriesi, Sandra Lavenex, Frank Esser, Jörg Matthes, Marc Bühlmann and Daniel Bochsler: *Democracy in the Age of Globalization and Mediatization*, London: Palgrave Macmillan, 2013, p.165.

2. 媒介逻辑

20世纪70年代末期，Altheide & Snow提出"媒介逻辑"概念，用以考察传播媒介对社会的影响，并出版了同名书籍《Media Logic》。具体而言，媒介逻辑是特定媒体建构信息的假设和过程，包括一系列定义、选择、组织、建构、报道、呈现信息的语法、节奏、格式、规则等。[1] 这套关于媒介内容建构的逻辑不但主导了媒介的产制过程，也同样可以进入政治、文化、宗教等其他社会领域，并严重影响这些领域的行为实践方式。正如有学者所说，媒介逻辑实则是一种制度化的运作模式，它使非媒介的表征形式逐渐转向媒介表征，并促使非媒介的行动者依照媒介逻辑组织社会行动。[2]

同政治逻辑一样，媒介逻辑也是由多个要素构成的统一体，其最重要的组成部分是专业化（理念意义上的）和商业化，其次是技术变革。[3] 理念意义上的专业化，意味着新闻媒体从外部影响和外部控制（如政党、宗教等外部势力）中获得了自主权，实现了独立自治。同时，专业化也意味着一套独特的职业规范，如保护消息来源，分离新闻和广告业务，采用新鲜性、重要性、接近性、显著性、趣味性等标准判断新闻价值，坚持客观、中立、平衡等新闻报道的基本原则。正是专业化赋予了媒体某些民主职能或公共领域的角色功能——通过信息传播，尤其是那些未经政治力量审查的信息的传播，新闻媒体可以扩大公众的知情权，促使更为公开、透明、包容的公众意见的形成及更为多元、分化的议题的协商辩论，在监测环境的同时也促进公众与决策层之间的交流。

然而，媒介逻辑的另一重要组成部分——商业化却在限制、损害媒体专业化对政治乃至社会的积极作用。一般而言，传统新闻机构都会在新闻采编部门与广告、市场营销部门之间筑起一道防火墙，以对抗商业力量对媒体专业精神及自主内容的侵蚀。但媒体固有的逐利本质决定了，多数西方媒体日渐丧失了对抗商业力量的自主权。过度的商业追求导致媒体对公共领域和公共事务报道

---

① Altheide D L: Media logic and political communication, *Political Communication*, 2004, 21(3).

② 戴宇辰:《走向媒介中心的社会本体论?——对欧洲"媒介化学派"的一个批判性考察》,《新闻与传播研究》, 2016年第5期。

③ Esser F: "Mediatization as a challenge: Media logic versus political logic" in Hanspeter Kriesi, Sandra Lavenex, Frank Esser, Jörg Matthes, Marc Bühlmann and Daniel Bochsler: *Democracy in the Age of Globalization and Mediatization*, London: Palgrave Macmillan, 2013, p.167.

数量的减少及报道质量的下降，无法为公众就关键政策、议题等提供充分信息，不利于公众形成知情的意见。商业化逻辑长期作用于政治新闻报道也必然会损害公众有关政治的基本知识，阻碍公民的政治参与。对此，有学者列举了商业化对政治传播的可能影响的具体方面：一是，用引人注目的方式夸大政治事件耸人听闻的、不寻常的特点；二是，强调对抗性，关注政治中的冲突而非妥协，关注丑闻而非调查；三是，戏剧化政治新闻报道，如依靠情感化、形象化、视觉化、极端化、刻板印象等来讲述故事，采用"游戏模式"或"赛马框架"进行选举报道等；四是，信息娱乐化，通过"软新闻"角度和"情节框架"将政治新闻包装成吸引人的形式，弱化精英话语与政党代表，突出"普通公民"视角；五是，个人化，将政治活动归于个人而非政党或政治机构，围绕有独特相貌、特质、思想的个人建构政治新闻；六是，转变政治话语表达方式，倾向于用简短、朗朗上口的短语将政治话语分割成片段，或将政治处理为具有突出视觉效果的碎片化图像；七是，去政治化，追求收视率和利润，边缘化实质性问题，减少政策报道及国际报道等。[①] 兰斯·班尼特在其著作《新闻：政治的幻象》中就曾通过大量案例分析发现，当今时代西方民主社会中众多政治新闻报道都呈现出倾向性的通病，如以人物为中心，采用戏剧化表述，琐碎或与潜在政治问题、政治现实脱节，隐含信息带有很大的负面意义，对事物的正常秩序构成潜在威胁等，也即个人化、戏剧化、片断化、权威 - 无序模式的倾向性。[②] 他进一步指出，政治新闻报道的此类倾向将导致政治人物能否以及如何在新闻中出现不再主要取决于他们真正的政治才能或治理能力，而是更多地取决于他们作为戏剧演员的潜能。[③] 只有那些符合新闻个人化、戏剧化倾向，更擅于台前表演的政治主体和机构才能赢得媒体的青睐。

---

① Esser F: "Mediatization as a challenge: Media logic versus political logic" in Hanspeter Kriesi, Sandra Lavenex, Frank Esser, Jörg Matthes, Marc Bühlmann and Daniel Bochsler: *Democracy in the Age of Globalization and Mediatization*, London: Palgrave Macmillan, 2013, p.171;

Mazzoleni G, Schulz W: Mediatization of politics: A challenge for democracy? *Political communication*, 1999, 16(3).

② [美]W.兰斯·班尼特：《新闻：政治的幻象》，杨晓红、王家全译，北京：当代中国出版社，2005 年，第 49—53 页。

③ [美]W.兰斯·班尼特：《新闻：政治的幻象》，杨晓红、王家全译，北京：当代中国出版社，2005 年，第 56—57 页。

不难看出，在商业竞争的刺激之下，媒体对政治世界的反映日渐脱离媒介专业化及政治逻辑的主导，渐趋呈现为商业化、市场化信息产品的特性。商业化使得媒体为了吸引更广大的观众而更加偏爱那些充满冲突性、戏剧性的场面或视觉题材，也更加青睐能以戏剧化方式进行描写或刻画的事件。政治行动者为能赢得媒体曝光于是也倾向于以此为准则，以上镜的形象、流行的辞令、戏剧化的动作等有销路的信息喂养媒体，无形中强化了政治的表演性。也正因如此，在一些西方学者看来，西方社会中的大众媒体及其政治传播，才未能长期有效地促进"民主事业"。

媒介逻辑的第三个组成要素是技术，主要指不同媒介的技术特性对媒体内容的规制作用。媒介的技术特性迫使新闻从业者依据特定格式呈现外部世界，如报纸长于文字书写，广播利于声音讲述，电视精于画面呈现，而当今基于互联网技术的各类新兴媒体则以其开放性、互动性等特征，为更广泛的自我呈现、意见表达、社会互动、决策参与等创造了新平台、新途径。其中，电视的技术特性及其在过去几十年中于社会信息系统中所处的核心位置，使其对整体传媒生态及政治传播产生了显著影响。电视媒介的视觉影像本质，使得其呈现活生生的个体，要比呈现抽象的实体或概念容易得多，也生动得多，这就决定了电视更倾向于将自身镜头对准那些在政治舞台上活动的、富有鲜明特征的人物，而不是那些复杂枯燥的机构、政党或政治事务。政治个体尤其是那些富有魅力的政治领袖遂成为电视捕捉和吸引观众注意力的捷径。电视的这一技术特性，促使政客们更加注重自身在公开场合及媒体前的展演，并改变了选民评价政治人物的方式。如有研究报告指出，美国选民对于出现在电视上的候选人，通常是以表现能力——在电视上说话的动作如何，政治角色——与人争辩和答辩的技巧，个人印象——电视给人的印象（如能说会道、英俊潇洒等）三种标准进行判断，选民往往是把选票投给了擅于表演而非真正具有突出政治才能的人。[①]

从 20 世纪 60 年代开始，电视就被广泛运用于选举等政治活动之中，如肯尼迪、里根、克林顿等都十分善于利用电视进行总统竞选。电视采访、电视辩论、电视广告、电视节目等，无不成为政客们进行自我展演、与选民沟通的重要舞台。对此，西奥多·怀特曾说："电视是政治进程，是政治的比赛场地；行

---

① 郑贞铭：《美国大众传播》，台北：台湾商务印书馆，2014 年，第 164 页。

动已不在密室里，而是在演播室里。"①与此同时，电视有限的荧幕空间和播放时间使其在物理属性上与镜框式戏剧舞台相似，导致电视镜头总是力图对准那些最富张力的戏剧性、表演性事件，而较为忽略那些静态、枯燥的对象。皮埃尔·布迪厄在其《关于电视》一书中就提出，有限的时间长度与画面空间迫使电视总是在不断地进行选择与建构，选择的正是那些惊奇的、耸人听闻的、轰动的事件，且刻意夸大事件的重要性、严重性及戏剧性、悲剧性等特征。②而对广大观众来说，电视的视觉图像特性不仅降低了对观众认知能力的要求，也有助于观众与电视上的"活"的政治人物产生情感共鸣，从而接受政治人物的观点甚至是政治本身。这都导致电视媒介时代，政治人物或机构为迎合媒体的需求和口味，更加注重政治前台的展演，加剧政治的表演性特质，同时也加剧上述的媒介商业逻辑对政治传播的负面影响。当下，各类新兴媒体技术的出现及媒介的融合发展，进一步强化了信息的视觉化、图像化、直观化、动态化表达，同时也极大增强了传播的及时性和互动性，为政治行为主体提供了更为广阔和自主的展演舞台和传播沟通渠道，政治表演有愈发蓬勃之势。

3. 政治媒介化

瑞典学者肯特·阿斯普最早论及政治的媒介化现象。他指的是这样一个过程，即政治系统在很大程度上受到大众媒体政治报道的影响，且常根据媒体报道的需求进行自我调整，如政客们在公开声明中使用个性化、极化的言辞，以使信息更有机会获得媒体的报道。③简单来说，政治的媒介化即是指政治体系改变了自身原有决策标准及行动准则（政治逻辑），越来越多地接受或依赖媒介逻辑进行运作。当然，政治的媒介化并不是一蹴而就的，而是长时间内媒介逻辑对政治体系内部逻辑侵蚀、渗透的结果。有学者将媒介对政治的介入和入侵过程分为四个阶段：第一阶段为中介化阶段，指的是媒介成为公众与政治机构或政治行动者之间最重要的信息来源和沟通渠道；第二阶段，媒介日渐独立于政治机构，开始按照自身媒介逻辑处理政治新闻；第三阶段，媒体的独立性和

---

① [美]戴维·皮茨：《从炉边谈话到荧屏表演》，《参考消息》，2000年7月28日。

② [法]皮埃尔·布尔迪厄：《关于电视》，许钧译，沈阳：辽宁教育出版社，2000年，第17页。

③ Hjarvard S: The mediatization of society: A theory of the media as agents of social and cultural change, *Nordicom review*, 2008,29(2).

重要性进一步加强，基本上任何需要与公众互动或对舆论施加影响的社会行动者都不能不适应媒介运作逻辑；第四阶段，政治行动者已经完全内化了媒体的注意力规则、选择标准和生产流程，并试图利用这些规则来实现政治目标，媒介逻辑已成为政治治理过程的内置部分，抑或说媒介逻辑已经重塑了民主代议制的内在运作逻辑。[①] 难怪乎有学者将媒介化的政治描述为"失去了自主性的政治，其核心功能依赖于大众媒体，并不断受到与大众媒体互动的影响"[②]。

可见，媒体的介入并不必然导致政治的媒介化。确切地说，在一个特定的社会中，其政治是否媒介化及媒介化的程度取决于政治实践与传播在多大程度上受政治逻辑还是媒介逻辑的支配。当政治传播主要受政治逻辑支配时，政治系统、政治机构、政党等占据了中心位置，形塑了政治沟通的展开、传播和理解方式，媒介仅被视为辅助政治或民主运行的机构之一；而当政治传播主要受媒介逻辑支配时，媒体及其需求占据了核心位置，并塑造了政治行为者开展政治传播、媒体进行政治报道及公众理解政治信息的方式方法。[③] 政治和媒体本应是社会运行中两个相对独立的场域，但当今西方社会政治和媒体的日益共生却将大众媒体与政党和政府机构等串联了起来，导致政治和媒体二者间截然不同的专业意识或运作逻辑在此过程中发生改变或偏离。媒体的商业化及其对政治系统所生产信息的依赖，侵蚀了媒体的专业性和公信力，消解了媒体监督、批评政治体系的意愿和能力（这里不否认有的时候，媒介逻辑也可以激发起媒体的监督意愿）。同时，媒介对政治的深度影响及政治的自我媒介化，也会削弱政治的专业性，使政治逐渐成为一门"舞台管理"或"形象包装"的技术。显然，在当代西方选举民主的政治环境下，多数政党、政客为赢得媒体及其背后广大民众的支持，普遍已学会适应、运用媒介逻辑，更甚者是以媒介逻辑作为认知世界及采取行动的方针指南。如政治机构中"媒体关系""媒体管理"等相关部门的设置，目的就在于随时掌握媒体动向，并根据媒介逻辑调整政治内容的输

① Strömbäck J: Four phases of mediatization: An analysis of the mediatization of politics, *The international journal of press/politics*, 2008, 13(3).

② Mazzoleni G, Schulz W: Mediatization of politics: A challenge for democracy? *Political communication*, 1999, 16(3).

③ Strömbäck J: Four phases of mediatization: An analysis of the mediatization of politics, *The international journal of press/politics*, 2008, 13(3).

出。政治行动者们也逐渐将自我表现技能专业化、职业化，政客已然成为政治舞台上的"演员"，政治也日益发展为一项特殊的"演艺事业"。

四、从政治表演到表演政治

随着西方政治与媒体的日益共生，政治在走向媒介化的同时，其表演性也随之不断强化。英国学者埃瑞克·洛在《媒体如何影响政治》一书中认为，自大众传播时代以来，形象塑造、大肆炒作、媒体表演已经成为西方国家民主政治的核心特征，如相比下议院的工作，英国的政客们更热衷于议会厅外的演播室工作，并为此投入了大量精力，政治辩论的焦点也随之从议会转移到了电视摄影棚，媒体表演"取代"了政治。① 英国学者布赖恩·麦克奈尔也指出，20世纪后半叶以来，大众传媒已深入到政治进程的各个领域，政治过程各阶段逐渐形成"表演政治"的现象，诸如公共领域中各类议题的争辩、协商，甚至加以解决，都是在这种表演政治的脉络下进行的。② 如西方政党大会正逐渐偏离过去协商、解决问题与形成政策的角色，变成了利于媒体报道的、精心设计和安排的场面和公开展演。而商业竞争又使得媒体为了吸引更广大的受众而更加偏爱那些充满冲突性、戏剧性的场面或视觉题材，或是能以戏剧化方式进行描写或刻画的事件，如此更进一步加剧了政治的表演化、戏剧化倾向。麦克奈尔有言："当政治人物与媒体彼此越来越密不可分时，政治已经不只是劝服的技术，更是表演的技术，政治风格、表达方式及行销等的重要性，实不下于内容与实质。"③

德国不少学者也注意到了政治的表演化、戏剧化现象。托马斯·梅耶在《传媒殖民政治》一书中分析了市场机制下大众传媒的运作方式及其对现代政治的巨大影响，并略显极端地指出在传媒时代，传媒已对政治进行了全面"入侵"和"殖民"。梅耶认为，在媒体逻辑的影响下，正是表演——而非其他——建构

① ［英］P. 埃瑞克·洛：《西方媒体如何影响政治》，陈晞、王振源译，北京：新华出版社，2013年，第1、35页。
② ［英］Brian McNair：《政治传播学》，林文益译，台北：风云论坛出版社，2001年，第199页。
③ ［英］Brian McNair：《政治传播学》，林文益译，台北：风云论坛出版社，2001年，第200页。

了日常政治，传媒是导致表演性政治的重要推手。[①] 他写道，不同媒体虽然形态各异，但它们却普遍遵循一定的表现规则，而这种表现规则实质上又与戏剧所遵守的规则是一致的，如报纸或电视等大众媒体时常将报道对象和内容加工处理成一出精彩的戏剧、一则悲怆的英雄故事或一个有趣的小品等，只是相比于戏剧表演，大众媒体的表演通常难以被普通观众识别。[②] 当媒体参与政治信息传播或其他政治过程之时，这一媒体运作的基本规则便于无形中影响、加剧了大众民主政治的表演性倾向，也导致政治"假事件"或虚假政治、象征政治等现象日趋严重。尤其是在当今视觉化、图像化时代，不仅大众传媒的视觉化表演更为兴盛，政治也渐趋走向富于图像的表象政治。时至今日，政治领域更是充塞着各种新型的表演形式，政治的表演化、戏剧化日渐加深。西方社会中随处可见无实际意义或无真正政治维度的表演性政治行为和事件。在梅耶看来，此类政治的自我表演绝非简单的非政治化或去政治化行为，而是旨在获取或维持合法权利的战略性行为，是真正的政治。[③]

或许人们会质疑，上述发现主要是在传统大众媒体情境下产生的，随着各类新兴媒体的普及与"万物皆媒"时代的来临，传统媒体的权威性、重要性大大下降，媒介的中介作用大幅消解，从而政治等社会子系统无须再迎合媒体的表现需求，政治的媒介化及由此引发的政治表演性的加剧问题也随之不复存在。然而，事实可能并非如此。以当下盛行的各类网络新媒体为例，其开放、共享的内在属性决定了此类媒体具有与生俱来的永久可见性，加之此类媒体的视听融合等技术特性，可能引发更具表演性的媒体使用行为。对此，有学者曾用米歇尔·福柯的"全景敞视主义"概念来分析社交媒体的运行机制及其对人的影响，认为社交媒体中也存在着类似环形监狱内的不对称的全景监视，正是这种全景监控促发了社交媒体用户的自我调节，使其有意识地精心操控自身的媒体

---

① [德]托马斯·梅耶:《传媒殖民政治》，刘宁译，北京：中国传媒大学出版社，2009年，第6页。

② [德]托马斯·梅耶:《传媒殖民政治》，刘宁译，北京：中国传媒大学出版社，2009年，第22页。

③ [德]托马斯·梅耶:《传媒殖民政治》，刘宁译，北京：中国传媒大学出版社，2009年，第115—116页。

使用行为，以获得正面强化，避免负面强化。[①] 具体而言，处于网络世界中的个体既无法看到网络本身对个人行为的监视，也无法看到政府或特定组织、机构利用网络对个体行为的监视，同时人们也无法获知有多少潜在的其他用户可以查看自身发布的内容或信息。从这个意义上来说，每个网络新媒体的使用者无疑都是环形监狱中的囚徒，他们永远处于可见的状态，但却无法对等地看见所有正在观看他的"他者"。或许人们会认为网络新媒体的用户也是环形监狱中高塔里的监视者，因为他或她也可以在任何给定的时间监视任何可访问的页面。然而，对特定个体而言，这种监视他者的权力显然是微不足道的。因为任何个体在任何给定时间只能查看单一界面，而他自身的信息却是对所有用户都是潜在（如果不是实际上的）可见的。换言之，网络世界中的可见性对具体个体而言是非对称的，网络新媒体用户的监视者地位，远不及其被看的囚徒性质。如果说，在福柯的"全景敞视主义"中，个体的永久可见状态并不是自愿选择的，全景敞视建筑的主要作用就在于"在被囚禁者身上造成一种有意识的和持续的可见状态，从而确保权力自动地发挥作用"[②]，则当代网络世界中的可见状态却是可选的。当个体心甘情愿地进入网络世界时，也意味着他主动接受、认可、强化了网络世界中的可见性。受这种可见性及不断被观看的心理预设的影响，个体于新媒体上开展的行为往往是一种有意识的表演，如同演员在舞台上的表演一样，对于公众人物或渴望博取公众关注的个体而言尤其如此。网络"红人"的兴起正是这一现象的典型表现。

更进一步而言，相较于传统大众媒体，各类网络新媒体可谓为人们提供了全天候、可自主支配的表演舞台，不仅大大摆脱了以往源自传统媒体的审查、干预，也实现了表演者与观众的实时交流、互动，有助于强化表演的情感认同效果。只是，各类新兴媒体在丰富当今社会信息总量的同时，也使得注意力成为更加重要的稀缺战略资源。政客们若想在信息繁杂且碎片化的网络世界中迅速捕获大量观众，就必须不断追逐网络上的热门话题，弱化自身的严肃性、政

① Stein M: Michel Foucault: Panopticism, and Social Media, New York State Political Science Association annual conference, https://www.researchgate.net/publication/328887158_Michel_Foucault_Panopticism_and_Social_Media, 2016.

② [法] 米歇尔·福柯：《规训与惩罚：监狱的诞生》，刘北成、杨远婴译，北京：生活·读书·新知三联书店，1999 年，第 226 页。

治性，强化自身的娱乐性、可观赏性。也即，为争夺注意力，同时也为契合新媒体时代碎片化、个性化等信息消费需求，政治主体将更倾向于以个人化、情感化、表演化、戏剧化的方式进行政治表述与传播，弱化政治的理性、严肃性，强化政治的可看性，最终于无形中加剧政治的表演性、感官性、娱乐性偏向。

当下，西方政治人物于虚拟世界中的表演正逐步常态化，"政治网红"现象延烧不止。不少政治"素人"凭借成功的网络运作晋升为政治"红人"，转而登上权力高位，美国前总统特朗普就是其中的典型。传统精英型政治人物也开始学习网络展演技巧，频频以网红化的语言、风格拍摄影片、视频或进行直播，如拜登也曾于竞选期间与社交媒体"网红"合作，借此争取网络曝光和选民支持。可见，纵使媒介生态发生变化，政治表演也不会消失，甚至可能更显强盛。

五、作为权力艺术的表演政治

自古以来，民主政治的支持者就将民主视为一种理性的实践，认为选民能够充分运用各种知识评估现实问题、了解事实真相、权衡自身利益，最终做出理性决策。然而，"理性"在人类的政治行为中并不总是存在。卡普兰在《理性选民的神话》一书中就用大量篇幅论述了选民的非理性，认为选民的状况比无知更糟糕，这也为民主失灵的原因提供了一个新的解释。[①] 亚历山大也指出，现实政治根本不是依理性原则运作的，选民不是计算机器，而是具有情感的、道德的人，他们是通过政治候选人所扮演的角色和开展的表演对其进行评价和体认的——拥护那些对生活充满肯定和希望的角色，反对那些看起来邪恶和危险的角色。[②] 事实上，近几十年来西方民主政治生活也正日渐偏离传统的理性协商式民主，表演作为一种政治沟通表达方式不仅是政客们争取选票、争夺权力的策略性行为，也发展为西式民主社会中制度化政治实践的重要构成内容，传统的政治治理也逐步异化为表演性的权力艺术。

---

① [美]卡普兰:《理性选民的神话：为何民主制度选择不良政策》，刘艳红译，上海：上海人民出版社，2010年，第2页。

② Alexander J C: Performance and politics: President Obama's dramatic reelection in 2012, *TDR/The Drama Review*, 2016, 60(4).

（一）表演政治的关键技艺

1. 修辞技巧

政治传播学家达恩·尼莫（Dan D. Nimmo）曾说："政治就是谈论"，我们从谈论中认识政治及政治人物、团体或政党等。[①] 换言之，政治不仅以政府、政党、选举等方式存在，语言也是政治和权力意志的栖居之所。[②] 新制度主义学派也将政治视为语言等一系列符号，强调符号绝非政治的外在装饰，而是理解现实政治的钥匙。[③] 虽然，有关语言的研究不处于政治学科研究的核心地带，但语言无疑在古往今来的人类政治生活中发挥了重要作用，具有重大意义。早在古希腊时期的雅典城邦中，其政治活动就是以公民在公共场所的竞说（如法庭上的论辩、广场中的演说等）为主要方式进行的，"说"（"以言"，而非"以力"）成为城邦公民进行政治斗争，获取及行使政治权力的根本手段。[④] 就日常政治生活而言，政治语言体现在政治实践的方方面面，如议会现场的陈述、论辩，行政治理中的宣导、训诫，竞选活动中的口号、演说等等与政治相关的言说。某些政治活动与其说是一种行为实践，不如说是一种言说活动，这在当今西方主流民主制的国会或议会中表现得尤为明显。国会或议会作为西式民主政治运作的重要场所，其主要功能就是"以言行事"，政治言说是其最为基本的行为表征。

除语言所承载的内容、意义外，政治语言的修辞技巧、言说方式或外在形式也尤为重要，会对表达内容及其效果产生重要影响，甚至重塑内容的意义，是达成政治言说目的的重要一环。运用修辞的能力亦是政治人物的重要能力之一，是其获取正当性和合法性的重要优势资源。早在古希腊城邦和罗马帝国，修辞术就在训练演说者中发挥了重要作用，正是这些训练有素的演说者履行了重要的公共、政治职能。[⑤] 纵观古今中外成功的政治家或统治者，不难发现他们

---

① 祝基滢：《政治传播学》，台北：三民书局，1983 年，第 9—10 页。

② 国晓光、弓联兵：《中国政治语言中的数字修辞——一种政治传播学的分析》，《江苏行政学院学报》，2019 年第 4 期。

③ 俞可平：《政治与政治学》，北京：社会科学文献出版社，2005 年，第 154 页。

④ 浦兴祖、洪涛主编：《西方政治学说史》，上海：复旦大学出版社，1999 年，第 55 页。

⑤ Chilton P, Schäffner C: Discourse and Politics in van Dijk T A. (Ed.). *Discourse as social interaction: Discourse studies: A multidisciplinary introduction*, Vol. 2. London: Sage Publications Ltd, 1997, p.206.

中的许多人往往也都具备精湛高超的言说技艺。在亚里士多德看来，修辞就是在任意问题上都能发现或找出可行的说服手段或方式的能力，[①] 其经典著作《修辞学》不仅充分阐明了修辞的定义、分类、功用，说服的手段方式，论证的方法等，还对字词、句子种类、辞格运用、文体风格及演说者品质、性格等诸多影响语言表达和说服效果的因素进行了讨论。早期政治家或哲学家也曾将修辞学这一口头说服的艺术视为一种"政治科学"。

近年来，西方政治话语已逐步形成了一套独特的表演化、戏剧化的修辞、表达策略，如大量使用短词、短句、口语化表达，采用视觉化、形象化的比喻、修辞技巧，采取对立冲突、情绪极化的言说方式等。显然，这套策略并非旨在更好地促进理性沟通和对话，而只是为了最大程度地俘获广大公众。不少政治话语和政治论述已逐渐脱离对具体事实或问题的客观描述与说明，脱离有关政策、决议等的理性论辩和阐释，而是渐趋沦为情绪化的激情表演。政客们时常极尽言语之能事，并辅之以激烈动作等肢体语言制造冲突性或戏剧性场面，以最大限度地吸引媒体和公众的注意力。此类表演性政治话语极易激起观众或听众的感官感受，甚至于感官刺激压倒了政治言语的内在意义。正如某些学者所言，当代表演性政治里的语言，乃是修辞的进一步异化，它根本地颠覆了语言的原始性质，并企图以语言的单向灌输性取代语言的沟通性以及沟通性所隐含的对话关系；而缺乏了沟通和对话，就不可能使理性在公共领域里处于它应有的优势地位。[②] 当今西方民主社会公共空间和公共话语的极化、民粹化，与此类表演性政治话语是分不开的。

不可否认，表演化、戏剧化的修辞技巧如运用得当，无疑有助于将诸多复杂、抽象的政治及意识形态问题通俗化、直观化，增强政治语言的吸引力、感染力和说服力。然而，当"形式"大于"内容"，当"怎么说"比"说什么"更为重要，甚至前者取代后者之时，政治的表象及其本质也将发生改变。换言之，相比于政治话语所表达的具体观点、思想、内容而言，特定言语风格或表达方式所造成的印象或效果本身也正成为一种新的政治现实。表演性的政治话语形式本身就能创造意义，甚至能够改变、遮蔽、取代原有政治内容的意义。

---

① [古希腊] 亚里士多德：《修辞学》，罗念生译，上海：三联书店，1996 年，第 24 页。
② 许国贤：《民主的政治成本》，《人文及社会科学集刊》，2005 年第 17 卷第 2 期。

2. 戏剧技巧

长期以来，戏剧化的比喻或隐喻都是政治分析人士用以描绘、诠释诸如选举等政治活动的有力工具。反之，选举等政治过程也常借鉴和使用戏剧技巧，与戏剧有着诸多相似之处，如角色的设定、舞台的布置、情节的设计等。越来越多的政党组织和职业政治家已经认识到，如果他们想要在竞选活动中有令人信服的表现，那么借鉴和使用来自艺术或娱乐界的戏剧技巧是至关重要的。[①] 可以说，在当今时代，戏剧技巧的运用已是政治实践中不容忽视的重要现象。国外一些学者也认为，戏剧表演及美学视角能带领我们详细深入地探讨政治究竟是如何通过特定的姿态、叙述、动作等来传达其丰富意涵的，而不仅是借用戏剧的语言来描绘选举中的壮观场面或其他戏剧化事件。[②] 我们甚至可以说，西方选举式民主政治本身就是一种特殊的社会戏剧。尤其是在西方民主政治向表演性政治迈进的过程中，戏剧技巧与修辞术一样，已成为政治行为主体的关键技艺。

一是角色扮演。在社会学看来，每个人都在日常生活中充当或扮演着某类特定角色，角色扮演是个体与社会互动的重要实践。在西式民主政治中，角色扮演不仅具有社会学中个体互动的意义，同时也更具戏剧等艺术范畴中的表演内涵，是政治人物通过一系列类舞台化的表演行为塑造特定人物形象的过程。诸如总统竞选等政治选举活动，无疑是政治人物进行角色扮演的激情时刻。不少候选人凭借准确的角色定位及出色的扮演活动，成功将自身塑造为选民期待的政治形象，最终赢得选举胜利。此类表演固然受制于诸多外部因素的影响，但演员自身的表演才能，如先天的形体及声音条件，后天养成的风度、气质、个人的文化修养、思想水平、专业技能，以及演员表演的创造性（如懂得利用各种有利条件创造戏剧情节，营造情感氛围等），才是决定表演优劣的更为关键的内因。通过精彩的表演，一个浪荡政客也能给人"浪子回头金不换"的正面形象；而糟糕的表演则可能完全打破出色政治人物在选民心中的美好形象。如2008年美国总统大选期间，奥巴马就成功扮演了变革型领导者的角色，使广大

---

① Davies P J: The drama of the campaign: theatre, production and style in American elections, *Parliamentary Affairs*, 1986, 39(1).

② Chou M, Bleiker R, Premaratna N: Elections as theater, *PS: Political Science & Politics*, 2016, 49(1).

美国民众将其视为英雄式人物，相信他身上具有一种完美无瑕的品质，为其赢得了选举胜利。

二是形体动作。除语言符号外，各类视觉、听觉等非语言符号也是人类开展传播活动的重要工具。各类肢体语言、动作等相较于文字或口头语言更具有艺术的直观性，能将那些隐匿的、不可见的思想或事物转化为显明的、直观的外部表征。同时，和静态的形象相比，动作又更为活泼生动、富于变化，也更能耸动视听。如美国前总统特朗普常在说话时使用几类特定手势，搭配其使用的美国语气，形成标志性的个人风格，帮助其赢得了众多支持者。西式民主政治中，时常可见各式戏剧性表演动作，这些动作与日常生活中漫不经心的一般行为不同，是政治人物为达成特定目的而精心设计，甚至是有意夸张放大的。此外，一系列动作持续发展，往往又能组成一个完整的情节或故事，具有持续的表现力、吸引力。此类表演已逐渐发展为一套特定的选举剧目，是候选人争取选票的有效途径。

三是物质化造型手段。除语言、表情和动作之外，各类物质化造型手段也是表演政治的重要组成部分。如舞台空间、布景、灯光、音响、道具、服饰等有形的物质材料具有一定的表意性与说明性，不仅能辅助说明、阐释主题，深化思想，也有助于突出人物形象、性格以及营造、烘托场景氛围等，是西式民主政治传播实践的重要手段和工具。如有学者指出，对于较为抽象且距离人们感性经验较为遥远的政治理念或意识形态而言，叙事艺术在政治传播实践中往往力不从心——"过高的政治要求注定了宣传文艺不善于（也不精心于）讲一个有说服力且打动受众的故事。于是从造型形象中直接见出主题，便成为自然而然的创作方法。"[①]此类直观可视的物质或造型形象在特定情境中甚至比语言文字更能实现传播与说服的目的，也更有助于刺激观者的感官、吸引媒体的注意。

除以上所述外，西式民主在面临激烈市场竞争的情况下为取悦媒体和民众，也大量借鉴了许多其他戏剧技巧。只是，当此类表演技艺在政治实践中过于泛滥时，政治也就走向浅层化、感官化、表演化之路。

---

① 阎立峰：《造型美与行动真——理解中国当代文艺的一种思路》，《文艺理论研究》，2008年第2期。

（二）表演政治的典型特征

1. "说服"重于"说理"

民主政治离不开说服，政策的提出与协商、立法的论辩与制定、选举的动员与支持等都需要通过说服来获得特定人群的接受或认可，都存在一些人对另外一些人的说服。英国政治学者肯尼斯·米诺格曾说，政治是一种说服活动，政治的本质就是说服，从选民没有理性的行为中我们无法确切地了解他们将会怎样思考、怎样行动。[①] 在民主选举制度下，政治的"说服"特质表现得更为突出。为争取最大数量的选民，政客们往往并不意在阐述有关政治及社会的真理，让选民通过理性获取政治的真知——毕竟选民们的受教育程度及知识水平存在差异且大多数人都对政治漠不关心——而是意在对选民进行有利自身的说服。也即，这种说服常常是服务于特定个人、组织或政党的，且常常是片面的、带有情感偏向的。西方民主政治生活中盛行的各式表演可谓典型的情感化的政治说服方式，其大多并不旨在就有利于公共利益的政策、政见等进行阐述、说明和群众动员，而是为了通过情绪化的煽动说服民众支持、认可特定政治个体或政党，抑或说是服务于特定政治个体或群体的一己之私。这些表演在形式上或喜或悲，其内涵却时常模糊不清，诸如有关"民主""自由""公平""正义"等的说辞和演绎，很大程度上不过是政治人物的空泛承诺或精致伪装，并不具有真正的政治价值。

简言之，各类政治表演不过是政治人物为在短时间内大范围操纵民意而采取的经济高效的动员、说服手段。而社会大众在欣赏这些表演时又极易受情绪的感染和煽动，从而跌入政治表演者所设置的"圈套"中，心甘情愿地被劝服，反而忘记应以理性或公共利益原则对其加以仔细甄别和评判。在表演政治的一片浮光掠影之中，人们自以为获得了某种政治知识，理解和加深了某种政治价值，实则不过是满足了自身情感宣泄或认同的需求，无助于真正的政治参与或政治治理。

2. "情绪"超越"理性"

情绪化既是表演性政治的伴生现象——因为表演总是指向观者情感上的共

---

① ［英］肯尼思·米诺格：《政治的历史与边界》，龚人译，南京：译林出版社，2013年，第70、78页。

鸣或体认，同时又加剧了政治的表演倾向——因为只有在表达沟通中加以夸张、放大、渲染，才能更好地激起人们的情绪。在一些学者看来，表演政治涉及符号表达的工具操作，它通过伪装为政策偏好的戏剧化、夸张化的恐惧和偏见来吸引选民，提供了引诱或诱捕公众的机会，同时也鼓励人们偏好激情而非理性。[①] 近年来，不少西方民主社会正逐步丧失应有的基本冷静、理性和务实，而滑向政治交流的情绪化深渊，其政治言说与行为实践中掺杂了大量且偏激的情感因素，可谓多激情表演，而少实质论述；多情绪煽动，而少理性沟通。

此处我们无意将情绪、情感与理智、理性相对立，事实上，情感与理性也无法截然分开（休谟不就认为，理性是且应当是情感的奴隶）。过去几十年有关政治心理学等方面的研究也已经批评了情绪和理性之间的对立，甚至有学者认为情感和理性、智慧是分不开的，并提出了一套"情感智力"理论——一种关于情绪和理性如何相互作用，从而产生有思想、有礼貌的公民的理论。[②] 这一理论认为，我们中的大多数人都不是政策专家、政治活动家或职业政客，大多数时候我们也并不考虑周遭的政治世界或我们的政治选择，只有当我们的情绪被调动、激发后，我们才考虑政治。[③] 在现实政治生活中，情绪或情感亦是保证政治顺利运行的重要因素，尤其是在激励、动员、规劝等政治活动中，情感因素表现得尤为明显且极为重要。历史经验也告诉我们，成功的政治家或领袖总是有意激发人们的情绪，以让广大人民认可、支持他们的提议，并为之奋斗；而庞大复杂、异质多样的公众似乎也更易受到情绪的煽动或感染，他们往往有意或无意地忽视以理性原则来对待政治事务。由此可见，问题或许不在于政客们是否应该诉诸情感，而在于何时何地以何种程度诉诸哪一种情感，以及这一情感与哪些价值、观点或事实（譬如长远的还是短期的、利群的或是利己的等等）相关。

只是，当情绪超越理性、压制理性时，政治话语对公众而言与其说是一种

---

① Apter D E: "Politics as theatre: an alternative view of the rationalities of power" in Alexander J C, Giesen B, Jason L M: *Social Performance: Symbolic Action, Cultural Pragmatics, and Ritual.* New York: Cambridge University Press, 2006, p.251.

② Marcus G E, Neuman W R, Michael M: *Affective intelligence and political judgment*, Chicago: University of Chicago Press, 2000, p.1.

③ Marcus G E, Neuman W R, Michael M: *Affective intelligence and political judgment*, Chicago: University of Chicago Press, 2000, p.1.

政治传播或沟通，不如说是一种政治操纵。这种情绪操纵，并不旨在传播有关政治世界的真实、完整信息，促成有关公共事务或政治决策的理性抉择；反而常常蓄意歪曲、隐瞒甚至篡改信息，误导公众做出符合操纵主体主观意图和利益的行为。如果说，政治语言对各类修辞手法的使用是化难为易、化繁为简的政治话语的大众化；那么，利用情绪煽动或操纵公众，可谓政治话语的民粹化。前者是为让更多人能够听懂政治语言，加强或深化公众对政治的理解，以辅助公众做出理性的判断；后者则只是为了迎合大众的喜好或是有意催化公众的非理性情绪，而不是告知公众他们应该知道的事实。近年来，诸如民族主义等情绪化浪潮正以意想不到的方式重塑英美等西方国家的政治生态。在情绪的左右下，政治生活中的和平与理性正日益丧失，而对对手的诽谤与恶意攻击却显著增多。情绪化的操纵话语正日渐成为西方政治生活中的主流话语，并带来公共领域乃至整体社会的情绪化。我们甚至可以说，在今天的西方社会，情绪化不仅是促使选民参与政治或投票的重要原因，甚至也是搅动地区乃至全球政治局势的主要动力。

3. "技艺"大过"才能"

社会成员的差异性和多样性，决定了政治这一涉及最大多数人的事务不可能以简单的公式进行运算，而是必须以沟通、妥协、承诺、拉拢、认同，甚至是诱惑、打击、强迫、屈服、斗争等方式进行。这就决定了政治不只是单一的专业范畴，而是一个综合性领域，需要政治行动者具备多重技能。其中，高超的表演技艺无疑有助于动员、激励等政治目标的达成，是增强和巩固权力的重要手段。不难发现，历史上杰出的政治家或著名的独裁者同时也多是出色的表演者。而在当今传媒时代下的西式民主社会，表演更是成了政治人物的"必需品"。政治人物成功的关键似乎取决于其能否熟练运用表演技艺，而非其所具备的实际领导才能，如1960年美国总统大选期间成熟政客尼克松和政治新秀肯尼迪之间的较量就是为此做出的最早注解。早在电视辩论前，尼克松就凭借自身丰富的政治经验和出色的辩才成功占据上风。甚至在无线电台的辩论交锋中，尼克松亦占据主导优势。可当出现在电视聚光灯下时，年轻英俊、朝气蓬勃的肯尼迪，一举完胜了老气横秋、神情疲惫的竞争对手，最终成功当选。因而说，在电视等电子媒体的介入下，诸如辩论等政治活动正从辩论的内容转移至辩论者和辩论形式上，从"说什么"转向了"谁在说"和"怎么说"。这也导致了政治辩论朝表演化发展，表演技艺的发挥状况，成为能否成功打动、说服受众的重要观察指标。而电视等电子媒体对政治的影响绝不仅仅止于政治辩论，而是扩散、渗透至政治生活的方方面面，极大地促进了形象政治和表演政治的发展。

由于政治人物的权力基础直接来源于选票，故而在激烈的竞争下，表演逐渐发展为西方政客们争夺媒体及选民注意力的关键技艺。每一次选举在很大程度上都是一场戏剧表演，而选举后的民主议事以及辩论、协商等同样如此，即使是最严肃的主张也缺乏合理的内容。① 只是，当"表演"成为政治人物的必备技能，成为选民接受和认可政治人物的重要依据，则在"劣币驱逐良币"的机制作用之下，真正的政治决策、政治治理才能将被无视或抛弃。当今西式民主社会中"政治素人"的崛起或"素人政治"的兴起或许就是对此的最好证明。2019 年，毫无政治经验的弗拉基米尔·泽连斯基当选乌克兰总统，在此之前他只是一位演员，曾在政治讽刺喜剧《人民公仆》中扮演一位因批评时政走红而被选为总统的历史教师，其顺利当选算是创造了从"演总统"到"当总统"的当代政治世界奇观。此外，诸如唐纳德·特朗普等人也曾是缺乏从政经历及基本政治管理经验、从未在政府机构中担任重要官职的"素人"，但他们却都成功赢得选举，走上了政治的核心舞台。这固然和全球政治文化的变迁及特定国家、地区的社会、政治环境等密切相关，但此类个体出色的"前台表演"技艺亦是其取得成功的必不可少的要素。他们利用各种公共价值或与"人民"相关的概念包装自己，设计出与建制派政治人物截然不同的角色形象，并以此为面具在公共舞台上进行表演，在迎合人民喜好及需求的同时达成了自身的政治目标。

4."展演"甚于"治理"

一般来说，民主体制不仅应响应公民参与政治的基本诉求，同时也须回应公民对于有效治理的合理期待。换言之，运行良好的民主体制不但能保障公民的自由、人权及政治参与权利，也能保证政府职能的运作能在最大程度上满足绝大多数民众的需求或期待，最大限度地增进公共利益。也即，民主体制既要

___

① Apter D E: "Politics as theatre: an alternative view of the rationalities of power" in Alexander J C, Giesen B, Jason L M: *Social Performance: Symbolic Action, Cultural Pragmatics, and Ritual*, New York: Cambridge University Press, 2006, p.251.

满足"民治"的程序要求，也要实现"民享"的实质成效，如此才能建立民主体制长期的、牢固的正当性。故而，民主质量或民主治理品质的好坏绝不仅仅取决于定期选举、多党竞争等程序性的制度设计或安排，而是涉及治理能力与治理结果等多方面因素。

西方民主制度的确立，理论上，算是建立了保障公民自由发声、自由参与政治及监督政府的有效机制。但多数国家却并未实现长期稳定的高质量民主治理，离"良治""善治"差距甚远。无限延伸的选举竞争思维和行为模式使得日常政治治理也被视为选举角力的另一战场，促使政治行动者将各类政治事务都处理为一场关于个人或特定政党的展演。此种展演更多是为个人知名度、媒体形象及民意支持等服务的，而非切实导向公共政策或公共利益等治理内容。随着表演之风的不断延烧，表演似乎已不再是单纯的民主政治的手段或工具，而是逐渐演化成为民主政治的部分内容和实质。近年来，西方不少国家、地区朝野对峙激烈，政局动荡不安；立法与决策品质迅速滑落，各项政策摇摆不定且常随政党轮替而大删大改；政治领导亦出现空洞化、表层化现象，多空泛承诺、口号呼吁而少实质举措与相应落实；政府统筹能力也大幅下降，公共建设等延宕滞后；民众普遍对民主运作感到失望，社会弥漫信任危机。西式民主在很大程度上都是有关民主的展演，而非真正指向有效的民主治理。

六、结语

表演内在于政治权力的夸耀、炫示层面，同时也是重要的政治表达、沟通、劝服实践。人类历史上，有关政治的表演一直存在。尤其是西式民主制度的确立，强化了政治的公开性、透明性，也加剧了政治的展示特质及商品属性，表演遂成为吸引、动员多数民众的主要方式。如果说早期的政治表演是现场的、面对面的、观众直接参与式的——政治家凭借自身高超的演说或表演技艺向在场民众展示自我及其政见，而公众也像评论家、鉴赏家一样聆听、判别政治家的演讲或行为；那么广播、电视等电子媒体和新兴网络媒体的兴起及其商业化、大众化发展，不仅将政治表演中介化了，扩大了政治表演的传播范围，也改写了早期政治表演的基本形态，一定程度上破坏了早期的政治表演文化。媒介对社会各领域的深度介入，在改变社会交往方式的同时也部分重塑了政治的运行逻辑，使政治媒介化成为当今社会的普遍共识。正如某些学者所言："传媒在特定的社会与政治脉络下，不仅是公众重要的信息来源，它更进一步驱使社会或政治机构配合媒介实践，甚至使这些机构有意或无意地将媒介逻辑内化，造成政治与媒介实践的界线模糊。"①尤其是媒介逻辑中的商业主义在驱使政治新闻报道及其他相关政治类节目日益个人化、戏剧化、冲突化的同时，也将此类倾向输入到了政治领域，促使政治人物采取更加个性化、表演化、对抗性的方式开展日常政治实践以契合媒体需求。虽然，西方民主政治的内在要求决定了政治必须进行公开展示，这也意味着政治前台具有一定的表演性。然而，媒介逻辑对政治的渗透和影响无疑强化，甚至极端化了这种表演性，甚至导致西式民主政治朝"表演性政治"迈进，造成整体政治生态的巨大改变。对于很多人而言，正是媒体在政治过程中的不断中心化败坏了它的声誉，损害了其民主特性，并把它演变为一出空洞而全无意义的铺张演出。②于是在媒介商业化及技术变革的助推下，在媒体利益与政治主体权力追求的合谋下，西方政治从以往间或为之的政治表演，走向表演性政治，传统的政治治理也逐步异化为表演性的权力艺术。凯尔纳曾言："媒体把政治简约为形象、展览和故事，运用各种娱乐形式——尤其是通俗剧来展现给广大观众。"③有学者也言，当代政治被以媒体形式呈现时，媒体的特殊文法也就将政治整个转化成了"表演艺术"，政治已经变形为一种形象，一种商品，一种表演。④一场场缺乏实质内容、为演而演的滑稽戏、闹剧或看似悲剧的滥情演出，不过是各类政客攫取政治利益的一次又一次表演实践。

布莱恩·麦克奈尔曾论及有关表演政治的两种典型观点：悲观者认为，表演政治充满不合理性且缺乏实质，政治领域中大量劝服技术的涌入，将破坏民主，导致政治的娱乐化、庸俗化及选民对政治的疏离感与空洞的民粹主义；而

---

① 唐士哲：《从政治化媒介到媒介化政治：电视政论节目作为制度化的政治实践》，《中华传播学刊》，2014年第25期。

② [英]布赖恩·麦克奈尔：《政治传播学引论》，殷祺译，北京：新华出版社，2005年，序言第4页。

③ [美]凯尔纳（Kellner D.）：《媒体奇观：当代美国社会文化透视》，史安斌译，北京：清华大学出版社，2003年，第185页。

④ 倪炎元：《公关政治学：当代媒体与政治操作的理论、实践与批判》，台北：商周出版社，2009年，第414—416页。

乐观派则认为选民往往是从政治人物或多或少是自然的演出（而非从他的理性论述）中获得有关政治的知识及对政治的理解，且在电子时代、互动时代，大众传播的广泛存在让政治过程变得更加开放，善用媒体的选民对宣传、洗脑等笨拙的劝服手法亦具有足够的免疫力，故而政治在走向表演化的同时，其民主功能并未因此衰弱，反而是得到了强化。[①] 只是，大众传播资源对所有政治参与者而言并非是平均分配的，这就导致并不存在一个对所有参与者都绝对公平的竞争环境。另外，受教育水平、经济实力等因素的制约，公众对媒体的近用权也不是遍存的，社会大众的媒介素养亦是参差不齐的，凡此种种不利因素都易导致乐观派的预期难以实现。

适度的表演固然有助于沟通政府与民意，但政治并不等同于演戏或作秀。当政治生活中的表演被滥用、反复操演时，表演本身无疑会大大超越、遮蔽政治的原有内容与实质，使表演的对象沦为表演的"配角"或"道具"。借用巴特勒的表演性理论，日常实践中不断重复的政治表演行为将建构现实政治的基本样态，使其呈现出表演性特质。此类表演行为的长期操演还将被转换为社会集体记忆，刻录并埋藏在政治生活的表层纹理和深层结构之中，最终改变政治的整体面貌。

首先，政治的表演化将引发政治职业及政治治理的异化。西式民主制度的确立在开放政治市场的同时，也加剧了选举竞争。政治人物为了在激烈的竞争环境中脱颖而出，转而更为注重政治前台的形象塑造和个体展演。在政治行销、形象包装等被极度强调的背景下，职业从政者的演员角色将大大凌驾于其公共议题的讨论者、决策者身份。无论是在正式的政治场合，还是在非正式的公共场所，抑或在各类媒体面前，政治人物都力求实现完美的演出，诸如说话声调、面部表情、手势动作等诸多细节都会被仔细考量。只是，当政治人物将大量时间、精力都用于塑造个人形象和前台展演时，政治人物难免忽视长期、重大的公共事务或治理问题，进而逐步沦为以政治角色和政治表演为业的政客。政治也将不再是韦伯所谓的"严肃志业"，而是一类"演艺事业"。政治职业的异化也必然引发政治治理的异化。所谓民主政治能否发挥治理效能，关键在于由民

---

① ［英］Brian McNair：《政治传播学》，林文益译，台北：风云论坛出版社，2001 年，第200-202 页。

主机制遴选产生的政治精英是否优秀，能否发挥卓越的领导力，能否积极回应、满足民众对政府治理的期待。当民选政治人物只在乎能否胜选，只在乎为选举而增进自身形象包装技能和表演技艺，而不注重实际政务能力的培养与锻炼时，人民无法期待此类政客在走上政治舞台后能切实带领政府与公众通过理性协商与合作走向良治或善治，实现公共利益的最大化。

其次，政治的表演化也于无形中加剧了西方民主社会的民粹主义倾向。当政治人物习惯以令人眼花缭乱的表演来取悦民众，而非以务实理性的沟通对话促进民众对政治的认知和理解时，政治的平民化、民粹化倾向也将被强化。长期以来，有关民粹的概念、内涵一直模糊，民粹主义既被视为一种政治思潮，也被视为一种社会运动，还被当成一种操纵民意的政治策略或手段。如民粹主义社会思潮主要是指一种极端平民化的思想倾向，强调平民群众的价值和理想，把平民化和大众化作为所有政治运动和政治制度合法性的最终来源，且常伴随着对精英及既有建制的反对，认为普通群众才是政治改革、社会改革的决定性力量。此处所谓的表演政治可能加剧政治的民粹主义倾向，主要是针对作为政治策略或手段的民粹主义而言的。有学者认为，要想了解民粹主义何以能够在激烈的政治竞争中超越左右而赢得民众支持，就必须回归到西方民主的具体运作过程中将其视为一种包括政治话语、政治动员方式等在内的、用以大规模动员群众以获取和维持权力的政治策略来进行考察。① 换言之，民粹实则也是一种宣传、组织、动员大众的方式，是政治人物用于制造、操纵民意的重要政治策略。具体来说，民粹主义政治话语或动员方式的基本逻辑是利用一系列二元对立的价值、概念在政治分歧、社会分歧的基础上建构起诸如"人民"与"精英"、"我们"与"他们"等的"敌我"阵营划分，通过对内激进同化，对外批判攻击，达致对内的集体身份认同及对外的排斥、打击。此类政治话语往往缺乏丰富深厚的理性内涵，在表达呈现上简单直接且富于强烈的情感色彩，既容易被普通民众理解接受，也易激起他们"同仇敌忾"的意识。对于社会中缺乏足够政治知识和经验，且易受情绪影响的多数民众而言，此类民粹主义政治话语或政治动员显然更具煽动性和迷惑性。也正是民粹主义政治话语及动员方式的此类特性使其天然就与政治表演相近，而多数煽情、耸动或流于表面的政治

---

① 杨春林：《超越左右之维：作为政治策略的民粹主义》，《国外理论动态》，2020 年第 1 期。

表演作为组织、动员群众的政治策略，其本身也是民粹政治运动的重要组成部分。甚至可以说，越来越多的于日常政治生活中进行无休止表演的政治群体正演变成一种新型的民粹。同时，这种新型的民粹也在将传统的民粹政治行动变成政治前台的表演。由此，表演政治和民粹主义将更为紧密地缠绕在一起。当民粹与表演混合且极化之时，社会将只剩"民粹"和表演，而无"民意"与政治，极易导致无政府主义或极端民族主义等，最终危害整个政治、经济、社会的发展。

最后，人类正处于一个社交媒体和图像视频大行其道的时代，同时也是一个到处弥漫着表层的、消费化的、娱乐化的表演文化的时代。表演政治的兴盛，既符合这一时代背景，也加深了这一时代背景，西方民主政治的危机与转机，皆在其中。

附录一：再现与反再现：爱德华·萨义德媒介批评思想研究

一、研究缘起

爱德华·萨义德的研究在人文社科领域具有重要影响，其专著、论文、随笔、访谈中包含大量对美国媒体文化的批评，尤其是《报道伊斯兰》一书，通过分析西方媒体对石油危机、伊朗革命等事件的报道，对媒介产品制作的动机、过程及效果展开反思与批判，提出了报道即遮蔽等观点，具有一定的启示性。

已有的关于萨义德的研究主要集中在后殖民主义理论研究、文化批评研究等领域，对其媒介思想的研究较少，仅有几篇只是针对萨义德媒介思想的直接评述。朱刚《萨伊德》一书中，阐释了萨义德《报道伊斯兰》一书的传播思想，认为萨义德以"传媒是再现的重要部分"作为切入点，揭示了美国媒体报道中存在着大量意识形态的误解。[1] 单德兴认为在萨义德的影响下，美国传媒对"以巴冲突"的报道较以往更加平衡。[2] 姜飞则认为萨义德的后殖民主义理论为传播学尤其是跨文化传播带来了新的语境。[3] 另外还有以萨义德的媒介批评以及萨义德的政治思想为题的博硕士论文。

鉴于国内目前尚缺乏对萨义德的媒介批评思想的系统研究，本文试图借助人文主义的诠释研究范式，以文本细读法，梳理萨义德作品中有关新闻、媒介等方面的论述，分析其文本内涵，勾画萨义德的媒介批评思想，并从新闻传播

---

① 朱刚：《萨伊德》，台北：台湾生智文化事业有限公司，1999 年，第 203 页。
② 单德兴：《萨义德在台湾》，《华文文学》，2011 年第 5 期。
③ 单德兴：《萨义德在台湾》，《华文文学》，2011 年第 5 期。

学视角，探讨其启示性和局限性。

二、再现与新闻

萨义德认为"我们生活在一个再现的世界"[①]，他感兴趣的是"为了宰制的帝国文化所产生的再现"[②]。萨义德在此视角下探讨再现、新闻与权力的议题。

（一）新闻是再现的形式

萨义德认为，再现是一种神话，再现与权力息息相关。他引用了米尔斯关于"人生活在二手世界"的观点否定了"绝对真实"（absolute truth）[③]。他认为，"真实"是某个人基于某种特定的目的、动机在特定的环境下创造出来的[④]，依赖人为诠释，同样，再现也不是对于外在世界的镜子式的被动反映，而是操控文化符码建构事物意义的过程，隐含着表现者对表现物的征服、宰制，表现者可以通过一种化约式的、去脉络化的、缩小的再现方式肆意地隐藏、遮蔽、歪曲表现物，将其变成非存在物（nonentity）。再现是"情境的"（situational）——"首先镶嵌在语言之中，然后镶嵌在再现人的文化、制度、政治氛围中"[⑤]。再现带有现世性（worldliness），与权力、地位、利益等密切相关，"在牵连到权力、地位和利益的时候，不管它是不是它们的牺牲品，它早已不可避免地受到了沾染"[⑥]。在萨义德看来，再现不仅仅是简单的修辞行为，更是一种意义生产的过程，是一种隐含着权力关系的政治性活动。[⑦]这一观点贯穿于萨义德对美国媒介文化的批评。

---

① [美]爱德华·萨义德：《文化与帝国主义》，李琨译，北京：生活·读书·新知三联书店，2003年，第75页。

② [美]薇思瓦纳珊编：《权力、政治与文化——萨义德访谈录》，单德兴译，北京：生活·读书·新知三联书店，2006年，第56页。

③ [美]爱德华·萨义德：《报道伊斯兰——媒体与专家如何决定我们观看世界其他地方的方式》，阎纪宇译，上海：上海译文出版社，2009年，第60—61页。

④ [美]爱德华·萨义德：《报道伊斯兰——媒体与专家如何决定我们观看世界其他地方的方式》，阎纪宇译，上海：上海译文出版社，2009年，第60页。

⑤ [美]爱德华·萨义德：《报道伊斯兰——媒体与专家如何决定我们观看世界其他地方的方式》，阎纪宇译，上海：上海译文出版社，2009年，第209页。

⑥ [美]爱德华·萨义德：《人文主义与民主批评》，朱生坚译，北京：新星出版社，2006年，第57页。

⑦ [美]爱德华·萨义德：《报道伊斯兰——媒体与专家如何决定我们观看世界其他地方的方式》，阎纪宇译，上海：上海译文出版社，2009年，第201页。

萨义德提出，中东问题乃至东方问题都是再现的问题，《东方学》揭露了东方被歪曲、丑化，呈现出虚假的图景。《报道伊斯兰》指出西方媒体塑造了一个扁平的、单一化的、妖魔化的伊斯兰，"这绝非伊斯兰教的本来面目"①。这种媒介再现加剧了西方新闻阅听者对于伊斯兰的"敌意"和刻板印象。②

萨义德将新闻报道视为一种重要的再现手段，"整个巨大的大众传播媒体无处不在"，传媒凭借强大的集中力形成了诠释的共同核心（communal core of interpretations）③，成为社会政治、经济、文化中不可分割的一部分。新闻宣传的再现就是社会的再现④，是意识形态的一部分，新闻再现是由有特定的意识形态的再现者在特定的社会、政治、经济、文化、体制下操控的再现。⑤

萨义德对于再现与传媒报道的思考展现了反本质主义的色彩，他切断了新闻报道和客观事实之间反映与被反映的关系，着重强调了新闻报道的建构功能，在他看来，报道（covering）是一种遮蔽和掩盖（covering）。⑥ 再现者再现了被再现者，但其再现的内容与方式，却揭露了再现者。沿用这一分析思路，重点不在于媒体报道了什么，而在于遗漏了、掩盖了什么，以及意图为何？萨义德通过这种思路解构权力的运作。

（二）媒体是权力的合谋者

在再现是特定意识形态作用的思路下，传播者在再现中所扮演的不是他们自我标榜的"专业主义者"，而是"思想的管理者"，其作用在于维护统治，产生共识，抹杀异见。

萨义德指出，美国是一个多元文化共存的移民国家，存在着一种制度化的意识形态修辞（institutionalized ideological rhetoric)，美国社会需要这种标准化

---

① ［美］爱德华·萨义德:《报道伊斯兰——媒体与专家如何决定我们观看世界其他地方的方式》，阎纪宇译，上海：上海译文出版社，2009 年，第 91 页。

② ［美］爱德华·萨义德:《报道伊斯兰——媒体与专家如何决定我们观看世界其他地方的方式》，阎纪宇译，上海：上海译文出版社，2009 年，第 42 页。

③ ［美］爱德华·萨义德:《报道伊斯兰——媒体与专家如何决定我们观看世界其他地方的方式》，阎纪宇译，上海：上海译文出版社，2009 年，第 64 页。

④ ［美］爱德华·萨义德:《文化与帝国主义》，李琨译，北京：生活·读书·新知三联书店，2003 年，第 441 页。

⑤ ［美］爱德华·萨义德:《报道伊斯兰——媒体与专家如何决定我们观看世界其他地方的方式》，阎纪宇译，上海：上海译文出版社，2009 年，第 64 页。

⑥ ［美］爱德华·萨义德:《报道伊斯兰——媒体与专家如何决定我们观看世界其他地方的方式》，阎纪宇译，上海：上海译文出版社，2009 年，第 3 页。

的共同文化（standardized common culture），来表达共同的命运、角色和价值认同等。而传媒具有强大的社会影响力，这使得媒体几乎不可避免地会被纳进权力体系之中①，成为这种社会意识形态的传布者。对此，萨义德引用了《制造共识：大众传媒的政治经济学》一书的观点，即在资本主义民主社会里，统治者、商业集团等权力代表通过一套符合自身利益的对外宣传体制达到制造共识（manufacturing consent）的目的。这种共识的运作并非强制性的规范，更像是一条无形的界限（invisible line)，让人无法逾越也不会主动去逾越，在无形中影响着媒体决定什么是新闻，如何塑造新闻。

　　萨义德以贴标签与把关的策略进一步阐述了共识的运作。首先，媒体制造了"伊斯兰"这一标签，把多元的伊斯兰世界化约为"野蛮落后的世界"，与之对应的是以美国为代表的西方"文明世界"，通过这种方式将西方和伊斯兰简化为"我们对抗他们"的二元对立关系，达到操纵、制约的效果。其次，萨义德间接探讨了关于"把关"的媒介生产过程，他认为，新闻的形成大体上都是依据规则、局限于框架、运用传统做法，整个过程具有非常明确的整体特质，是深思熟虑后的选择。②媒体在挑选新闻素材时，通过"把关"筛选出适合报道的选题，偏重于凸显某些内容，例如突出伊斯兰世界里的战乱和恐怖袭击等。萨义德通过列举美国媒体对伊斯兰的报道，提出：美国主流媒体对于伊斯兰的报道并非真正意义上的诠释，而是一种权力主张（an assertion of power)，从而论证了媒体是资本主义权力宰制的重要一环。

　　为何自诩社会公器的新闻媒体会沦为资本主义意识形态宰制的工具？萨义德提出了以下几点思考：首先，美国主流媒体对非西方世界的认知依赖于政府和专家的二手资料，他们深受东西方二元对立的思想的影响，预设的心态加上语言能力的不足、背景知识的欠缺、实地考察的缺乏，导致他们只能复制既有的成见，在此基础上构建资讯框架。其次，新闻产品无法摆脱市场逻辑的制约，为了追求盈利，新闻媒体会倾向于报道某一类新闻以迎合受众的口味，为了减少新闻生产成本，媒体依赖于政府所提供的素材，会主动寻求与政府的友好关

---

① [美]爱德华·萨义德：《文化与帝国主义》，李琨译，北京：生活·读书·新知三联书店，2003年，第409页。

② [美]爱德华·萨义德：《报道伊斯兰——媒体与专家如何决定我们观看世界其他地方的方式》，阎纪宇译，上海：上海译文出版社，2009年，第64页。

系，权力集团也能够据此加强对媒体机构的掌控。[①] 在萨义德看来，在"权力 -
知识"架构的作用下，不需要严格的报刊审查制度和强制性手段，美国媒体驯
服地跟随着美国政府的政策框架，服务于美国的对外宰制。[②]

媒体是权力宰制的工具，这一视角基于后殖民主义文化背景，即殖民者不
是以军事、政治进行直接控制，而是以文化渗透的方式影响原殖民地，媒体是
后殖民主义时期帝国文化殖民与文化霸权的重要工具。萨义德指出，长期以来，
美国的国际传播带有深厚的殖民和种族主义色彩，存在的误解和偏见不胜枚举。
传统的 19 世纪帝国主义文化中存在着大量矮化殖民地的用词，例如将非基督教
称作"粗鲁的异教徒"，给殖民地人民贴上"劣等""臣民""臣属种族"等标
签，这种"话语"的运用建立并强化了"某些领土和人民要求和需要被统治"
这一殖民主义意识形态。这些标签不仅影响美国人民的看法，同时也影响殖民
地人民的自我身份认知，是一种全面的思想的控制和"教化"。[③] 到了后殖民主
义时期，西方媒介在再现其他民族和国家中延续了帝国时代的殖民主义话语策
略，他们将穆斯林再现为负面形象。[④] 把非西方的、非白人的、非犹太基督教
的统治归入"次等""边缘""恐怖主义"等标签之下，制造了一个"低劣的第
三世界"。[⑤] 这种媒介再现将复杂的真实化约为"我们"对抗"他们"的二元对
立[⑥]，加大了成见，坐实了冲突观，强化了东西二元对立的政治情势。萨义德通
过殖民主义时期和后殖民主义时期两个阶段的对比，揭示了内嵌着种族中心主
义和优越论的二元对立的逻辑并没有因为全球化而自动消弭。相反，传播媒介
的跨国化强化了偏见和对立，只不过由于表达的策略性和微妙性，大众对于媒

---

① [美]爱德华·萨义德：《报道伊斯兰——媒体与专家如何决定我们观看世界其他地方的方
式》，阎纪宇译，上海：上海译文出版社，2009 年，第 63 页。
② [美]爱德华·萨义德：《文化与帝国主义》，李琨译，北京：生活·读书·新知三联书店，
2003 年，第 422 页。
③ [美]爱德华·萨义德：《文化与帝国主义》，李琨译，北京：生活·读书·新知三联书店，
2003 年，第 10 页。
④ [美]爱德华·萨义德：《报道伊斯兰——媒体与专家如何决定我们观看世界其他地方的方
式》，阎纪宇译，上海：上海译文出版社，2009 年，第 9 页。
⑤ [美]爱德华·萨义德：《文化与帝国主义》，李琨译，北京：生活·读书·新知三联书店，
2003 年，第 10 页。
⑥ [美]爱德华·萨义德：《报道伊斯兰——媒体与专家如何决定我们观看世界其他地方的方
式》，阎纪宇译，上海：上海译文出版社，2009 年，第 11 页。

体中所呈现的种族歧视和偏见往往浑然不知。萨义德警示，传播与控制信息的工具空前发展使得美国文化扩张范围突飞猛进，这种文化控制不仅可以用来臣服与胁迫美国自己的人民，而且还可以征服和控制较弱较小的文化。[①] 从这个角度说，再现是意识形态渗透和宰制的主要手段，媒体是当代国际意识形态斗争最主要的场域之一。

（三）新闻专业主义的解构

客观真实性、独立性与专业性是西方新闻专业主义的核心要义，萨义德从再现与权力的视角批判美国媒体文化，揭示出媒体的"合谋"角色，间接动摇了西方新闻界标榜的"客观""独立""公正"。

1. 客观性的颠覆

客观性是西方新闻学的重要概念之一，是西方新闻媒介组织职业化的标志。萨义德认为客观性根源于西方自由主义政治体制，客观性的背后隐含着"各式各样的政治、机构、文化的利益"[②]。萨义德提出：新闻是被制造的，是一套经过深思熟虑的选择与表达，是人类意志、历史、社会情况、结构的结果，新闻客观性只是一种意愿、一种道德理想。新闻再现是"情境的"（situational）[③]，即新闻媒体机构和新闻从业者无法从社会制度、政治、经济、文化等"情境"中独立出来，因此也无法客观地反映外在的世界。按照这一观点，新闻的客观性也并非超历史、超越国家利益和意识形态的。相反，在国家利益这个大框架下，新闻报道充斥着防御性偏见，这种偏见在跨文化报道中尤为明显。美国媒体在报道其他国家的时候自觉地为美国利益服务，不惜误解、丑化、抹杀其他国家和种族的形象，例如：粉饰美国的反伊斯兰活动，将土著描绘成为天生堕怠、放纵、低下，因此需要一个文明的主人来管理；这些形象的塑造不符合真实，而是通过这种扭曲的形象的塑造，遵循、服务于美国的对外政策。[④]

---

① ［美］爱德华·萨义德：《文化与帝国主义》，李琨译，北京：生活·读书·新知三联书店，2003年，第417页。

② ［美］薇思瓦纳珊编：《权力、政治文化——萨义德访谈录》，单德兴译，北京：三联书店，2006年，第425页。

③ ［美］爱德华·萨义德：《报道伊斯兰——媒体与专家如何决定我们观看世界其他地方的方式》，阎纪宇译，上海：上海译文出版社，2009年，第209页。

④ ［美］爱德华·萨义德：《报道伊斯兰——媒体与专家如何决定我们观看世界其他地方的方式》，阎纪宇译，上海：上海译文出版社，2009年，第141页。

萨义德认为西方主流媒体自我标榜客观是在掩盖意识形态本质，他批评所谓东方主义专家和美国主流媒体深受意识形态的沾染，但是他们通过强调自己的专业身份、客观性和科学公平性来建立自己的威信，由此堂而皇之地代表公众。① 诉诸客观是掩盖意识形态本质和政治图谋的一种手段。比如，每当东西方发生对立冲突的时候，西方总是摆出一种貌似冷静的、超然的态度，做出科学性而且看似客观的再现，"美化了真实的历史"且"抽离、隐藏和删除了真正的权力"②。

2. 独立性的解构

独立性是西方新闻业所倡导的重要理念。普利策在《邮讯报》上曾阐释过他对独立性的理解："不为党派服务，而为人民服务；不是共和党的喉舌，而是真理的喉舌；不追随任何主张，只遵循自己的结论……不提倡偏见和党派性"。③ 对于西方主流媒体所宣扬的独立性，萨义德评价：媒体独立固然是仰之弥高的目标（an admirable thing），但是"每一个美国记者在报道世界时都怀着一种崇高的意识，认为他或她的公司是美国强权的参与者；这股强权受到外国威胁时，会要求媒体放弃其独立性，而屈服于经常以暗示表达的忠诚、爱国以及单纯的国家认同"④。这种认同并非出于严格的法律，也不是独裁的压迫，而是一种文化的潜移默化和价值观的内化，是一种"意识形态的发动"⑤。这种认知会让他们在报道时有意识地决定自己要报道什么、如何报道以及不报道什么，社会上大多数新闻和意见的形成都经过了这样一个"深思熟虑的选择与表达"的过程。⑥ 人们通常认为独立媒体不会涉入政治，但事实上他们不仅仅会参与，甚至还在

① ［美］爱德华·萨义德：《报道伊斯兰——媒体与专家如何决定我们观看世界其他地方的方式》，阎纪宇译，上海：上海译文出版社，2009 年，第 33 页。

② ［美］爱德华·萨义德：《文化与帝国主义》，李琨译，北京：生活·读书·新知三联书店，2003 年，第 238 页。

③ ［美］迈克尔·埃默里等：《美国新闻史：大众传播媒介解释史》，展江译，北京：中国人民大学出版社，2004 年，第 219 页。

④ ［美］爱德华·萨义德：《报道伊斯兰——媒体与专家如何决定我们观看世界其他地方的方式》，阎纪宇译，上海：上海译文出版社，2009 年，第 66 页。

⑤ ［美］爱德华·萨义德：《报道伊斯兰——媒体与专家如何决定我们观看世界其他地方的方式》，阎纪宇译，上海：上海译文出版社，2009 年，第 63 页。

⑥ ［美］爱德华·萨义德：《报道伊斯兰——媒体与专家如何决定我们观看世界其他地方的方式》，阎纪宇译，上海：上海译文出版社，2009 年，第 64—65 页。

其中扮演着重要的角色。①

3. 专业性的批判

伴随着独立报业的确立，采集新闻成为西方社会中普遍认同的一种职业，此后，新闻业朝着组织化和团体的方向发展，逐渐成为具有影响力的独立力量，参与推动着社会的变革。在西方新闻界，一个得到广泛认同的观点是：要捍卫新闻自由和新闻独立，新闻媒体必须成为一个专业化的组织。萨义德则"反专业化""反职业化"，按照他的观点，"对于职业行为准则以及行事风格的自觉"②，会影响一个人说的话、如何说，以及为谁而说。

萨义德指出专业化的流弊：首先，专业化掩盖了再现和被再现的权力宰制，所谓的专业化人士用客观、独立、真实等一套辞藻推销自己，他们"贩卖"自己的专业水平，制造出一种虚幻的权威，他们为自己赢得了代表大众的权力，但是正如史碧娃克（G. Spivak）所言"代表他人说话最具有霸权的危险"③；其次，专业化窄化了公共空间，让诠释和再现的权力貌似天然地应当由一小部分人所掌握，一些攸关大众的公共事务被号称专家的一群人所把控、垄断，实际上是对真正的民主和公众权益的扼杀④；再次，萨义德认为专业化将会使个人的研究兴趣和关怀越来越窄，他们往往为了维护利益而墨守成规、唯唯诺诺，他批评美国主流媒体虽然呈现出各种各样的观点，但是他们的关注领域仅仅停留在浅层的社会生活表象上，那些服侍权势并从中获得奖赏的人没有办法拥有批判精神和真正的独立性的。⑤

三、反再现与抵抗

萨义德以再现的视角分析新闻媒体，揭露媒体与权力合谋的现象后，也表

---

① ［美］爱德华·萨义德：《报道伊斯兰——媒体与专家如何决定我们观看世界其他地方的方式》，阎纪宇译，上海：上海译文出版社，2009 年，第 69 页。

② ［美］爱德华·萨义德：《报道伊斯兰——媒体与专家如何决定我们观看世界其他地方的方式》，阎纪宇译，上海：上海译文出版社，2009 年，第 66 页。

③ 朱刚：《萨伊德》，台湾：台湾生智文化事业有限公司，1999 年，第 95 页。

④ ［美］爱德华·萨义德：《知识分子论》，单德兴译，北京：生活·读书·新知三联书店，2002 年，第 82—121 页。

⑤ ［美］爱德华·萨义德：《知识分子论》，单德兴译，北京：生活·读书·新知三联书店，2002 年，第 76—82 页。

达了其抵抗的态度与实践。

（一）以介入进行抵抗

权力与再现勾连，共同编制了意识形态宰制之网，那么，是否可能摆脱以及如何摆脱权力与再现之网？萨义德给出的回答是：抵抗（resistance）。萨义德认为福柯揭示了权力存在，但却对此持以默认的态度，而他的态度则倾向于弗朗兹·法农，即相信"被压迫的阶级能使自己摆脱压迫者"[①]。

具体如何抵抗？萨义德认为，首先需要意识到诠释和宰制的存在，"媒体的伊斯兰教、西方学者的伊斯兰教、西方记者的伊斯兰教以及穆斯林的伊斯兰教，全都是意志与诠释的行动，发生在历史之中，而且只能够被当作意志与诠释的行动，放在历史中处理"[②]。他鼓励人们以一种历史的、文化的方式去诊断压迫的本质，去思考意义是如何被建构的，通过这一过程，把握再现和权力的勾连。萨义德认为，最直接的抵抗方式就是介入到再现活动中，揭穿传统东方研究的自以为是、夜郎自大，揭露西方媒体与政府的共谋关系，向西方展示东方的正常形象，如在《报道伊斯兰》一书中，他提出穆斯林应当介入再现，重塑自我形象——"必须强调以生活实践新形态历史的目标，并以目的性与紧迫感的严肃性来探索马绍尔·霍吉森所说的'伊斯兰世界'及其中许多不同的社会，并将结果传递至伊斯兰世界之外"[③]。如何介入再现，重构再现系统？他提出"驶入的航行"（voyage in）[④]作为策略，正如他本人的实践一样——进入到西方话语内部，理解西方话语的运作，并顺着话语编制的路线解构话语。萨义德践行着这种抵抗的策略，他十分擅长利用媒体的力量，通过媒体发表了大量政治性言论，在严厉地抨击了新老帝国主义霸权的同时，利用一切场合表达自己的政治立场，将巴勒斯坦人民的愿望昭示给国际社会。

既然介入再现是抵抗的有效方式，那么由谁来介入就取决于谁有能力操纵

---

① ［美］薇思瓦纳珊编：《权力、政治与文化——萨义德访谈录》，单德兴译，北京：三联书店，2006年，第115页。

② ［美］爱德华·萨义德：《报道伊斯兰——媒体与专家如何决定我们观看世界其他地方的方式》，阎纪宇译，上海：上海译文出版社，2009年，第59页。

③ ［美］爱德华·萨义德：《报道伊斯兰——媒体与专家如何决定我们观看世界其他地方的方式》，阎纪宇译，上海：上海译文出版社，2009年，第86页。

④ ［美］爱德华·萨义德：《文化与帝国主义》，李琨译，北京：生活·读书·新知三联书店，2003年，第348页。

话语。萨义德认为，公众对于媒体的运作影响有限。[①]他将抵抗的希望寄托于一部分人——他们拥有发出某种信息、观点、态度的天赋，他们拥有提出令"当权者"难堪的问题和对抗正统和教条的能力，他们不属于任何的地域、流派、政治团体，他们积极入世，愿意为社会上的被再现者，包括穷人、被剥夺了权利的人、无人理会的人、得不到再现的人发声，这类人就是萨义德理想中的"知识分子"。萨义德认为，知识分子有能力摧毁既有的成见。[②]按照萨义德的知识分子观，只有一小批不为世俗物质所诱，不畏霸权所压，积极入世的精英才是抵抗的主体。一方面，他要求知识分子不被权势所迫，不为利益所诱惑，为民请命；另一方面，他也承认，这样的知识分子太少了，"许多知识分子完全屈从于这些诱惑，在某种程度上我们所有人都如此。没人任何人可以完全依赖自己，即使最伟大的思想家也不行"[③]。从这一点上看，萨义德所言的"抵抗"带有精英主义和理想化的色彩。

（二）以批评作为武器

在《文化与帝国主义》一书中，萨义德提醒人们不能将资本主义文化在全球的传播理解为简单的"全球化"现象，与直接诉诸武力不同，后殖民语境下的跨文化传播充斥着新自由主义意识形态霸权，霸权是一套意识形态的文化的压迫、遏制系统。[④]萨义德注意到了在媒介全球化背景下不平等的信息流问题，以美国为代表的发达国家在国际传播秩序中占主导地位，一小部分美国跨国传播公司控制、影响着世界上多数国家的新闻制作和传播，这种媒介霸权与市场自由化等其他文化控制形式合并成为一种新的宰制机制，这种机制不仅可以在美国国内制造强大的稳固的共识，同时也深刻地影响了国际传播格局。[⑤]

对此，萨义德认为必须警惕资本主义意识形态的侵蚀，并进行正当有效的

[①] [美]爱德华·萨义德：《文化与帝国主义》，李琨译，北京：生活·读书·新知三联书店，2003年，第459页。

[②] [美]爱德华·萨义德：《知识分子论》，单德兴译，北京：生活·读书·新知三联书店，2002年，第113-152页。

[③] [美]爱德华·萨义德：《知识分子论》，单德兴译，北京：生活·读书·新知三联书店，2002年，第75页。

[④] [美]爱德华·萨义德：《文化与帝国主义》，李琨译，北京：生活·读书·新知三联书店，2003年，第460页。

[⑤] [美]爱德华·萨义德：《文化与帝国主义》，李琨译，北京：生活·读书·新知三联书店，2003年，第417页。

对抗。批评是抵抗文化霸权的重要武器，萨义德所说的"批评"就是坚持一种批判精神，时刻警惕落入意识形态陷阱，对东方主义、帝国主义、文化霸权保持警觉。[①] 萨义德认为："当人们勇敢地分析这股敌意的来由以及那些激发敌意的'西方'层面，就等于向改变现况跨出了重要的一步。"[②] 他鼓励第三世界国家的人们积极介入再现，争取国际传播话语权，因为再现对于帝国主义殖民者来说是实行文化霸权的手段，对于殖民地主体来说，也能够成为抵抗、回击文化霸权的有力武器。

此外，萨义德提出一种现象——在抵抗帝国文化的时候，本土主义往往被当成庇护所。[③] 对民族主义、本土主义，萨义德是保持警惕的。他反对打破西方中心后再造一个东方中心的做法，提醒人们不要陷入二元对立的冲突对抗之中。[④] 他提倡在文化交流中应当保护自己的民族身份，批判文化霸权主义的同时，也批判地自省自身的文化行为，在他看来，"真正的民族主义反帝运动永远具备自我批评精神"[⑤]。萨义德始终强调自己的目的不止于批判西方强势文化的霸权，他最终是希望打破不同文化之间的藩篱，促进不同文化之间展开平等公允的对话。按照他的原话："无论如何，本土主义并非唯一的选择。可能有一个更宽容、更多元的世界前景。"[⑥]

萨义德为跨文化传播描绘了一种光明的前景——去边缘化、去中心化、不存在任何特权。从当今世界政治发展来看，萨义德所构想的跨文化传播场域似乎有些过于乐观了。对此，易丹在《超越"殖民文学"文化困境的再思考》中表达了他的态度："文化的隔膜并不因为我们有了宽广的胸襟就自行消失……要

---

① ［美］爱德华·萨义德：《文化与帝国主义》，李琨译，北京：生活·读书·新知三联书店，2003年，第72页。

② ［美］爱德华·萨义德：《报道伊斯兰——媒体与专家如何决定我们观看世界其他地方的方式》，阎纪宇译，上海：上海译文出版社，2009年，第86页。

③ ［美］爱德华·萨义德：《文化与帝国主义》，李琨译，北京：生活·读书·新知三联书店，2003年，第392页。

④ ［美］爱德华·萨义德：《文化与帝国主义》，李琨译，北京：生活·读书·新知三联书店，2003年，第392页。

⑤ ［美］爱德华·萨义德：《文化与帝国主义》，李琨译，北京：生活·读书·新知三联书店，2003年，第312页。

⑥ ［美］爱德华·萨义德：《文化与帝国主义》，李琨译，北京：生活·读书·新知三联书店，2003年，第328页。

消除'东方主义'或'西方主义'的偏见，要客观或有效地解读对方，就意味着要真正地完全地'溶入'东方或西方。这显然是不可能的……我们需要清除的，正是一种关于文化大同或者文学大同的幻想。"① 但总体而言，萨义德所提倡的保持自身文化的独特性，正确地看待本民族的文化，公允地看待其他民族的文化，加强交流和对话的观点，在当前的跨文化交流中仍然具有启示意义。

四、"介入"论：萨义德的媒介批评方法

在《开端：意图与方法》一书中，萨义德论述了自己的研究方法："首先析离出一个问题，……然后设法选出与它尤其相关的论题、例子和论据，在切合它的话语性、概念性语言中爬梳，将问题设定在一个尽可能宽泛而又与现代相关的框架内，最后深入地研究它，对其做进一步调整和修正。"② 可知，萨义德采取的是一种"问题化"的研究方法，将目光投向社会，发现社会政治生活中存在的问题，透过对问题的分析揭示问题的存在，并积极介入实际政治和具体的社会问题。由此可以总结萨义德的"介入"论媒介研究视角如下。

以"话语分析"介入"再现过程"。萨义德关注语言及其背后的行为后果。他认为语言不仅是透明的介质，也暗含使用者的思维结构和意识形态。他着重分析语言的差异性如何产生再现扭曲，洞察再现中的权力运作。③ 依此研究思路，萨义德通过对西方主流媒体的伊斯兰报道进行文本分析，阐述了媒体如何利用语言误解伊斯兰的过程，揭示了新闻报道的主观性和人为性，揭开西方主流媒体所自诩的客观性、科学性的报道背后所掩盖的权力关系，进而得出结论：新闻是一种意识形态工具，替一部分人压迫、束缚、宰制另一部分人。同时，萨义德引入福柯的知识考古学和权力理论、葛兰西的文化霸权、乔姆斯基的制造共识等，结合他的后殖民主义理念和批评性话语分析方法，重新检视西方新闻传播的理论与实践，提醒人们注意新闻实践领域的意识形态霸权。但萨义德

---

① 易丹：《超越"殖民文学"文化困境的再思考》，《中外文化与文论》，成都：四川大学出版社，1996年，第224—225页。
② ［美］爱德华·萨义德：《开端：意图与方法》，章乐天译，北京：生活·读书·新知三联书店，2014年，第20页。
③ ［美］薇思瓦纳珊编：《权力、政治与文化——萨义德访谈录》，单德兴译，北京：生活·读书·新知三联书店，2006年，第397页。

的研究方法语言学色彩较浓，未形成完整的理论模式，对于一般研究者的适用性较差。因此，他的这种研究方法在一度崇尚科学实证主义的新闻传播研究领域，较难受到重视。

以"批评"介入"真理"。萨义德将一切学术行为和知识都视作思想史的一部分，人文学科的真理是具有历史性和时间性的东西。知识在经过主观阐释、结构化、系统化、成型化之后，被冠以科学的名义，成为意识形态宰制的工具。[①] 他将这一思想引入到理论与知识的跨文化传播中，提醒人们警惕学术研究中的意识形态问题和理论旅行中的学术霸权。对于理论，萨义德是怀有戒心的，因此他将自己的思想称作"批评"（criticism）。其主张，一种理论在新的社会环境中，可能被弱化、降格，也可以被赋予新的解释而重获活力，关键是要具备批评意识，不要僵滞固化地全盘照搬，而要回归到理论产生的语境中去理解理论的内涵，并结合理论落脚点的实际，批判性地改造、吸收。[②] 也就是说，理论仅仅是一种策略性的方法，比理论更重要的是思考的方式。

五、结语

在理论思想方面，对再现及再现所关涉的权力问题的分析与批判是萨义德媒介批评思想的主线，他揭露了再现与权力的共谋，批判了握有霸权的现代资本主义"再现体系"，对西方自由主义新闻体系提出了质疑和挑战。从研究方法看，萨义德没有采用实证主义的研究范式，而是将后殖民主义理论引入新闻批评和跨文化传播研究中，将理论与实际政治关怀相结合，糅合了符号学、语言学、哲学、文化研究的方法，从文本分析角度入手，对媒介与权力关系问题开展批判性审视，建立了一套自成体系的批判性的思辨方法，用实际行动践行着反西方中心的理念。

但其媒介批评也有一定的局限性。首先，西方媒体常受到政治权力与资本两种强势力量的挤压，萨义德将政府力量和市场力量概而论为"权力"，缺少更深入的区分与辨析。其次，萨义德过度强调媒介强大的建构能力，似乎一切都

① ［美］爱德华·萨义德：《报道伊斯兰——媒体与专家如何决定我们观看世界其他地方的方式》，阎纪宇译，上海：上海译文出版社，2009 年，第 209—220 页。

② ［美］爱德华·萨义德：《世界·文本·批评家》，李自修译，北京：生活·读书·新知三联书店，2009 年，第 401 页。

在大众媒体的掌控之中，忽视了传受双方相互解码及影响的过程。再次，对于贯穿其媒介批评的"再现"思想，仅讨论了不同文化之间的再现问题，却未将同样隐匿着权力宰制的阶级再现、性别再现、美国社会内部的种族再现等议题纳入讨论，忽视了西方世界内部强势文化对弱势文化的宰制。此外，萨义德将抵抗的权力"赋予"了享有再现权的人、能够操控话语的人、能够"驶入"西方话语内部的人，具有明显的精英主义色彩。萨义德的思想中存在着解构性的悖论，既然再现必然必须以历史化、脉络化的方式来进行，那么再现不论是之于强势者还是弱势者，都会存在扭曲和偏颇，无论"麦克风"掌握在谁的手中，再现的扭曲及其背后的权力宰制始终存在。

当然，萨义德一定程度上也忽视了西方思想界和传媒领域的自我纠正能力。他对"客观性""专业性"和"独立性"的解构，其实也是以 20 世纪西方历史学、哲学、社会学等领域的总体反思为背景的，其思想成果的深度，也没有超出上述学科。

萨义德的媒介批评是针对西方尤其美国对于伊斯兰世界的误解这一具体问题而产生的反思与批评，他没有明确论及过"中国学""中国主义"的问题，但其关于再现的批判，仍然有助于我们思索与警惕在当前的国际传播格局中，是否正在上演着类似的权力、知识与媒体的共谋。

附录二：论电子游戏中的性别与叙事

21世纪以来，游戏产业搭乘互联网普及的快车，实现了高速发展。据荷兰市场研究机构Newzoo发布的《2018全球游戏市场报告》显示，2018年全球游戏市场规模高达1379亿美元，游戏玩家总数已超23亿，其中移动游戏玩家规模达到22亿，约占世界总人口的三分之一；在细分市场排行中，中国市场以379亿美元收入、6.195亿玩家人数位列榜首，94%的中国玩家为游戏消费，68%的中国玩家观看游戏视频内容。[①]

如今，电子游戏作为一种娱乐化的商业产品，正在改变大众生活，重塑人们的娱乐和消费习惯。其产业发展情势，从"电竞亚运会"到飞速崛起的游戏直播，从"泛娱乐"传播到游戏社交，电子游戏正全面渗透公众线上及线下的多重场景，成为人们娱乐休闲、社会交往和信息传播的重要平台。可见，在大众娱乐产品的属性之外，电子游戏还有另一重身份——具有广泛传播力的大众传播媒介，其所呈现、传播的性别形象与观念，正潜移默化地影响着玩家的价值判断与行为方式，尤其是观念尚未成型的青少年一代。故而，对电子游戏中性别及其叙事的分析，既有必要，也有价值。

一、研究综述

电子游戏是指依托电子设备运行的游戏，广义上包含了在电视、电脑、游戏主机和移动设备等平台进行的各类游戏娱乐活动，指称对象可以囊括视频游戏（Video Games）、计算机游戏（Computer Games）等类别。20世纪70年代，

---

① Newzoo：《2018全球游戏市场报告》，https://www.gamersky.com/news/201806/1063034.shtml, 2018-06-20.

伴随计算机技术与游戏制作水平的发展，电子游戏产业借势兴起，以商业娱乐媒体的形式渗透大众的日常生活，并成为日本、美国和欧洲娱乐工业的重要基础。快速发展的电子游戏也吸引了学术界的关注，多个学科为此展开研究，领域涉及叙事学、传播学、符号学、经济学、社会学、教育学等等。

纵观学界有关"电子游戏"与"女性"这两个主题的交叉研究成果，可发现学者的关注点主要集中于"女性呈现"与"女性玩家"之上。

（一）电子游戏与女性

1. 电子游戏中的女性呈现

1996 年，游戏《古墓丽影》（*Tomb Raider*）中的女性英雄角色劳拉·克劳馥（Lara Croft）走进公众视野，随后学界围绕"电子游戏中的女性角色"这一主题进行了较为深入的探讨。学者普遍认为，电子游戏自其诞生起便带有明显的性别色彩。一方面，尽管女性玩家的数量在不断增长，但电子游戏仍被视为传统意义上的男性空间，是男性创造和从事的活动。[1] 另一方面，众多女性角色被设计为消极的角色模式，在游戏中处于次要地位，其出现在电子游戏中，通常会被公开地"性化"，穿着暴露并从事具有诱惑力的行为。[2] 如有研究对 33个流行电子游戏的内容分析发现，女性形象在电子游戏中不仅未能得到充分代表，且在描绘中常被过度"性化"——有 41% 的游戏里没有女性角色，28% 的游戏中女性被描绘为性爱对象，更有 21% 的游戏设计了对女性的暴力行为。[3] 另有研究发现，在成人类电子游戏和青少年类电子游戏中，有 70% 和 46% 的女性角色被设计成拥有丰满乳沟的形象，86% 的女性角色穿着低领口或露出领口的衣服，48% 的女性角色穿着没有袖子的衣服，而男性角色如此着装的比例仅为 14% 和 22%。[4] 另有学者指出，与其他媒体不同，电子游戏中的女性角色带

① Kafai Y.B., Heeter C, Denner J, Sun J (eds.): *Beyond Barbie and Mortal Kombat: new perspectives on gender and gaming*, Cambridge, MA: MIT Press, 2006, pp.35-40.

② Miller, M. K., Summers, A: Gender differences in video game characters' roles, appearances, and attire as portrayed in video game magazines, *Sex Roles*, 2007, p.57.

③ Dietz. T.L: An Examination of Violence and Gender Role Portrayals in Video Games: Implications for Gender Socialization and Aggressive Behavior, *Sex Roles*, 1998, p.38.

④ Beasley, B., Collins Standley, T.: Shirts vs. skins: Clothing as an indicator of gender role stereotyping in video games, *Mass Communication & Society*, 2002, 5(3).

有明显的局限性，她们通常扮演受害者甚至"奖品"的角色。①

不可否认，也有部分游戏设计者为少数女性角色赋予了常见于男性英雄身上的特点，如强大的力量、速度和智力等。②但性别特征导致女性角色在游戏中往往被降级为被注视的客体，是为满足男性幻想的存在。③国内有学者也注意到，网络游戏中的女性人物多处于从属地位，折射出女性被当作消费对象的事实，反映了当代社会的某种文化取向。④

为此，一些研究与探讨开始关注该现象可能产生的后果尤其是对年轻人的"不良影响"。Dietz 提出电子游戏刻画了绝对传统和负面的女性形象，会对年轻人的性别认同和角色期望产生影响，如女孩可能会期望她们成为受害者或有需要的人，她们的责任是保持美丽和性吸引力；而男孩则会认为他们的角色是保护女性，但在某些情况下也可以通过使用暴力来占有她们。⑤Monica K. Miller 等人则从媒介影响的视角出发，认为电子游戏基于高度的交互性，较其他媒介更具影响力，如游戏《侠盗猎车手》（Grand Theft Auto）中设计了可伤害女性角色的行为选择，当玩家在成年期面临相似决策情境时，他们有可能会回想并模仿这种游戏体验。⑥Elizabeth Behm-Morawitz 进行的实验研究甚至发现，电子游戏中"性化"的女性角色会对人们如何看待现实中的女性产生负面影响，扮演此类角色会降低女性玩家在现实世界中取得成功的信心，对女性的自我效能产生负面作用。⑦

---

① Provenzo, E. F.: *Video kids: Making sense of Nintendo*, Cambridge: Harvard University Press, 1991, pp.84-87.

② Richard, B., Zaremba, J.: "Gaming with girls: Looking for sheroes in computer games" in Raessens, J., & Goldstein, J. (eds.): *Handbook for computer game studies*, Cambridge, MA: MIT Press, 2005, pp.283-300.

③ Mikula, M.: Gender and videogames: The political valency of Lara Croft, *Continuum: Journal of Media & Cultural Studies*, 2003, p.17.

④ 吴素萍：《网络游戏中女性意识缺失的反思》，《浙江社会科学》，2008 年第 4 期。

⑤ Dietz, T.L.: An Examination of Violence and Gender Role Portrayals in Video Games: Implications for Gender Socialization and Aggressive Behavior, *Sex Roles*, 1998, 38(5).

⑥ Miller, M. K., & Summers, A.: Gender differences in video game characters' roles, appearances, and attire as portrayed in video game magazines, *Sex roles*, 2007, 57(9).

⑦ Behm-Morawitz, E., Mastro, D.: The Effects of the Sexualization of Female Video Game Characters on Gender Stereotyping and Female Self-Concept, *Sex Roles*, 2009, 61(11-12).

2. 作为游戏玩家的女性

女性玩家作为游戏生态的重要组成部分，也受到了学界的关注。有研究发现，电子游戏对于女性玩家来说是一个充满"敌意"的环境。如有学者在实验研究中用预先录制的男性或女性声音与游戏玩家互动，发现女性声音收到的负面评论数是男性声音的三倍。[①] 另有研究指出，游戏常被视为一种属于男性的活动，女性的存在是对男性领域的侵犯，不少游戏存在性别歧视，如传统的身份歧视或赤裸裸的性骚扰。[②] 还有学者认为，网络游戏社区虽提供了公开交流的平台，但却未能建构真正平等的话语空间，游戏社区中男性主导的话语权威对抗甚至攻击着外来群体，尤其是女性群体。[③] 可见，在电子游戏环境中，女性玩家更容易因性别特征被边缘化，遭遇排斥甚至骚扰，缺乏男性玩家拥有的游戏归属感。

不仅如此，女性玩家还被视作主流玩家之外的尴尬存在，被困于性别刻板印象之中。如有研究者发现，虽然有很多女性会玩游戏，但她们并不被视为真正的游戏玩家，常被置于在游戏领域表现出较少的奉献精神、较低的专注度和较差的游戏技巧这一刻板印象之下。[④] 相反，男性玩家在游戏领域则拥有更高的认可度。他们通常被认为是更"硬核"的游戏玩家，喜欢在专用游戏机上进行复杂且具有对抗性的游戏，对于电子竞技的参与度和热情度也更高，更能在国际性比赛中取得优异成绩。[⑤]

当然，关于女性玩家的刻板印象也并非全然负面。曹书乐与董鼎通过焦点小组访谈发现，以大学生为代表的年轻玩家群体，对竞技类游戏女玩家的刻板印象，既包括了"游戏水平低""竞争心弱""对他人依赖性强""注重外在美观

---

① Kuznekoff, J. H., Rose, L. M.: Communication in multiplayer gaming: Examining player responses to gender cues, *New Media & Society*, 2013,15(4).

② Fox, J., Tang, W. Y.: Harassment in online video games and predictors of video game sexism, Paper presented at the 99th Annual Conference of the National Communication Association, Washington, D.C., 2013.

③ Salter, A., Blodgett, B.: Hypermasculinity and dickwolves: The contentious role of women in the new gaming public, *Journal of Broadcasting & Electronic Media*,2012, 56(3).

④ Juul, J.: *A casual revolution: Reinventing video games and their players,* Cambridge, MA: MIT Press, 2009, pp.117-144.

⑤ Taylor, T. L: *Raising the Stakes: E-sports and the professionalization of computer gaming,* Boston, MA: MIT Press, 2012, pp.118-120.

而不重实际"等负面评价，也关注到她们"注重团队协作""乐于承担辅助角色""性格好"等正面品质 ①。

综上所述，国外对于电子游戏的女性主义批判已呈一定规模，围绕"女性角色的性化呈现""电子游戏中的刻板印象""女性玩家的边缘化"等问题，以及它们可能产生的不良社会影响展开了诸多讨论。而国内对该领域的关注度较低，仅有寥寥几篇期刊文献和硕士论文与之相关，且在研究广度和深度上略显不足，较少触及社会学与性别文化研究层面的思考。总体来看，女性玩家常被视为传统男性空间的闯入者，在游戏中处于边缘化位置，不仅难以得到主流玩家的认可，更背负着性别成见的枷锁。然而，针对女性玩家的传统刻板印象也在发生变革，电子游戏对女性的积极态度正在明朗化。

（二）电子游戏的叙事性

在电子游戏诞生之初，游戏制作者更关注游戏的玩法设计，而非叙事情节的铺设。因此，早期的电子游戏内容多以休闲互动为主，虽然有部分作品设定了简单的人物性格与故事走向，但大多并不具备完整的世界观与叙事脉络。随着电脑技术的发展，越来越多的游戏制作者看到了游戏的艺术可能，将故事情节融入玩法的设计之中，增加了游戏的多变性与复杂性，提高了玩家的卷入度与沉浸体验。

这一变化也引起了学界的关注，出现了许多有关电子游戏叙事性的讨论。有学者认为部分电子游戏虽拥有叙事的特点，但并不等同于游戏就是叙事。电脑游戏虽然含有叙事的元素，但二者的关系是独立甚至相悖的，电子游戏无法承载完整的叙事体系，更不能如电影、小说等传统叙事媒介那般，实现相互的转化与还原。② 更有甚者认为游戏是一种模拟（Simulation）而非叙事，虽然有一些游戏可以产生叙事序列，但并不以叙事为目的，电子游戏的目标性是凌驾于故事性之上的，不能为了叙事而损伤原有的目的。③

---

① 曹书乐、董鼎：《傲慢与偏见——对女性玩家性别刻板印象的研究》，《艺术研究》，2018年第 11 期。

② Juul, J.: Games Telling Stories: A Brief Note on Game and Narratives, Game studies, 2001, 1(1), http://www.gamestudies.org/0101/Juul-Gts/.

③ Frasca, G.: Sim sin city: some thoughts about grand theft auto 3, *Game Studies*, 2003, 3(2), http://www.gamestudies.org/0302/frasca/.

　　然而，更多学者则是肯定了电子游戏的叙事性。他们认为，部分电子游戏基于叙事进行设计，已经超越了单纯的游戏范畴，应被看作传统叙事文学与游戏的结合；[①] 电子游戏同新闻、电影等媒介一样，具有一定的叙事结构；[②] 只是，与传统媒介的线性叙事模式不同，基于网络空间的电子游戏叙事是一种新的叙事形式，具有交互式的叙事特点。[③]

　　总体来看，学界多认可电子游戏具备叙事性，并将电子游戏视为一种交互式叙事媒介，对其叙事模式展开了相关讨论。不过，目前鲜有学者从叙事学角度出发，审视游戏与性别研究这一交叉领域。

二、叙事"故事"与女性刻板印象

　　"刻板印象"（Stereotype）一词原为印刷术语，由沃尔特·李普曼（Walter Lippman）于 1922 年引入社会科学领域，一般用来说明人们头脑中形成的对特定事物的固定化或简单化观念，也可称之为成见，是人们观察和理解世界的重要参考或框架。当公众关于某一类人或事物的成见系统被固定下来时，他们的"注意力就会受到支持这一系统的事实的吸引，对于和它相抵触的事实则会视而不见"[④]。此后，刻板印象这一概念被广泛应用于新闻传播研究之中。

　　20 世纪 90 年代以来，传播学界围绕媒介中的女性刻板印象展开了充分讨论。有学者指出，电视、广告、电影等媒体对女性的呈现多表现为四种类型：一是将女性的价值禁锢于容貌、年龄和体形的范畴；二是将女性的生存空间限制在家庭之内，似乎她们生来便是为了扮演妻子和母亲的角色；三是将两性关系设定为女性依从、顺服男性，以获得男性的呵护、爱慕、供养、资助或指导；四是将女性及其智力局限在时尚、爱情和享乐等事物上，在事业、技术研究等

　　① Kücklich, J.: Perspectives of computer game philology. *Game Studies*, 2003, 3(1), http://www.gamestudies.org/0301/kucklich/.

　　② Lindley, C. A.: *Narrative, Game Play, and Alternative Time Structures for Virtual Environments*, *Lectures Notes in Computer Science book series (LNCS, volume 3105)*, 2004, pp.183-194.

　　③ Murray, J. H.: *Hamlet on the Holodeck: The Future of Narrative in Cyberspace*, New York: Free Press, 1997, pp.58-134.

　　④ [美] 沃尔特·李普曼：《公众舆论》，阎克文、江红译，上海：上海人民出版社，2002 年，第 96 页。

方面少有所追求。① 电子游戏作为新兴的大众传播工具，其中是否也存在类似的女性刻板印象？以下将聚焦于电子游戏叙事的"故事"层面，通过叙事分析就此问题展开讨论。

（一）作为"他者"的女性

作为二十世纪中后期计算技术发展的产物，早期的电子游戏尚未表现出明显的性别之分。随着科技的进步，电子游戏中的角色由一个个单调的色块逐渐进化为身形可辨的游戏人物，性别的差异也在游戏叙事中逐渐清晰起来。

20世纪80年代，电子游戏中的第一代（初代）女性角色开始活跃于屏幕之上。只是，此类角色大多是以依附于男权的身份出现。她们多是柔弱、等待被拯救的无助少女，是从属于男性的"他者"，是被粗暴安插在游戏中的叙事要素，是实现男性英雄主义幻想的产物。波伏娃曾言：

> 定义和区分女人的参照物是男人，而定义和区分男人的参照物却不是女人。她是附属的人，是同主要者（the essential）相对立的次要者（the inessential）。他是主体（the Subject），是绝对（the Absolute），而她则是他者（the Other）。②

电子游戏中的初代女性角色也多处于整体叙事的次要地位，是为推动情节发展而存在的。以《超级马里奥兄弟》里的碧琪公主（Peach）为例，在该系列游戏的整体叙事语境中，这位拥有美丽长发、身着及地长裙的蘑菇王国公主是鼓励马里奥冒险闯关的重要动力。初代碧琪公主被游戏叙事的建构者剥夺了自主权，她没有选择的权利与反抗的能力，主要行为便是向马里奥求救，以及在获救后向马里奥表示感谢或献上一个吻。"英雄救美"的母题在该系列游戏中一遍遍上演。碧琪公主的自由与归属均由男性角色掌控，是性别关系里无意识的"他者"，依附于男性的需要而生，成就男性角色的英雄形象便是其存在的意义。

在形象呈现上，早期的碧琪公主在有限的技术支持下，仅能依稀分辨出长发、皇冠和公主裙的特征，与马里奥的形象相比，碧琪公主的形象设计省去了

---

① 冯媛：《解析表象——关于八家报纸新闻版新闻的研究报告》，收录于金一虹、刘伯红主编：《世纪之交的中国妇女与发展》，南京：南京大学出版社，1998年，第67页。

② ［法］西蒙娜·德·波伏娃：《第二性（第2版）》，陶铁柱译，北京：中国书籍出版社，2004年，第11页。

部分细节，身高也和主角马里奥有一个头部的差距。随着制作水平的提升，马里奥与碧琪公主的画面形象日渐丰满：马里奥渐渐固定为一个身着红蓝制服、拥有标志性大鼻子的微胖"大叔"形象；而碧琪公主的身材形象则逐渐出挑，身高也超过了主角马里奥，"成长"为一位金发碧眼的美丽公主。

马里奥与碧琪公主的外形进化，既是为贴近人物设定而做出的改良，也是对以男性玩家为主的市场需求的迎合。基于对男性玩家的情感把握，游戏制作者将主角马里奥的外形进行了"平凡化"处理，降低了男性玩家的情感代入门槛。与好莱坞的众多英雄主义电影相似，《超级马里奥兄弟》也试图传递着一种心理暗示，即出身普通的男性也能实现披荆斩棘、拯救公主的英雄梦想。而碧琪公主的外形变化，则是电子游戏对男性玩家审美偏好的直接回应。当女性角色作为男性英雄主义的象征符号出现，尤其是在与男性主角的身份、形象有鲜明反差的时候，男性玩家的欲望得到极大的满足。他们陷入隐藏于游戏叙事内的男权中心圈套，着迷于男性在游戏过程中的主导与征服权力。女性角色被限制在"附属品"的刻板印象之中，她们的身体形象与人物设定也都愈加暧昧起来。

（二）女性身体与男性凝视

人物的外貌形象不可避免地与人的视线相联系。视线是西方学者一贯津津乐道的话题。让-保罗·萨特（Jean-Paul Sartre）认为在"注视"与"被注视"中，前者伴随着支配，而后者意味着被支配，视线确认了主体和他人的存在。[①]雅克·拉康（Jacques Lacan）则提出，眼睛是欲望的器官，能使人们从观看中获得快感，主体所"凝视"的对象，正是其愿望之体现。[②]米歇尔·福柯（Michel Foucault）更是注意到"凝视"背后所包含的监视与规训，强调他人的"凝视"带来的是一种权力的压迫[③]。

"凝视"也被引入到性别关系的阐述中。1972年，约翰·伯格（John

① ［法］让-保罗·萨特：《存在与虚无》，宣良等译，北京：生活·读书·新知三联书店，1997年，第27—153页。

② ［法］雅克·拉康：《论凝视作为小对形》，收录于吴琼编：《视觉文化的奇观》，北京：中国人民大学出版社，2005年，第10—58页。

③ ［法］米歇尔·福柯：《规训与惩罚》，刘北成、扬远婴译，北京：生活·读书·新知三联书店，2009年，第219—337页。

Berger）在解读欧洲裸体画时提出，"女性自身的观察者是男性，而被观察者为女性"，女性将自己变成一个"极特殊的视觉对象：景观"①。1975 年，劳拉·穆尔维（Laura Mulvey）从女性主义批评的视角出发，阐释了电影叙事中的男性凝视：

在一个由性的不平衡所安排的世界中，看的快感分裂为主动的 / 男性和被动的 / 女性。起决定性作用的男人的眼光把他的幻想投射到照此风格化的女人形体上。女人在她们那传统的裸露癖角色中同时被人看和被展示，她们的外貌被编码成强烈的视觉和色情感染力，从而能够把她们说成是具有被观看性的内涵。②

在电子游戏这一传统的男性权力空间中，女性角色附属于男性而生，自然不可避免地成为男人凝视、幻想和规训的对象。伴随着图像技术的飞速发展，女性角色的脸庞逐渐清晰明朗，身形也愈发立体与丰满。在以男性需求为主的市场驱动下，游戏制作者在女性角色的外形塑造与角色设计上，增加了不同程度的情欲色彩，更有甚者直接将赤裸的性别关系融入游戏叙事情节的铺设之中。

20 世纪 80 年代中期，出现了为满足性需求而设计的游戏产品。如 1982 年推出的《Night Life》，是一款被推为日本成人游戏先驱的商业色情游戏，其在营销时宣称可以帮助夫妻解决性生活中遇到的问题。此类游戏抛开烦琐的叙事细节，直奔两性主题，不加修饰地将性欲望展现在公众面前。游戏制作者们也开始将目光集中至女性角色的身体表征之上。从《饿狼传说 2》（*Fatal Fury 2*）与《拳皇》（*The King of Fighters*）系列游戏中展露丰满身形的女性角色不知火舞，到《古墓丽影》里露出长腿细腰的劳拉，女性角色的身体特征被不断放大，甚至被刻意作为营销卖点进行宣传。

电子游戏对女性身体的性感描绘，既是对游戏中女性角色能力和地位的一种补偿，也为男性玩家提供了释放欲望与幻想的出口。Teresa Lynch 等人的研究

---

① ［英］约翰·伯格：《观看之道》，戴行钺译，桂林：广西师范大学出版社，2005 年，第 47 页。

② ［美］劳拉·穆尔维：《视觉快感和叙事性电影》，周传基译，收录于中国艺术研究院影视研究室《影视文化》编辑部编：《影视文化》，北京：文化艺术出版社，1988 年，第 230 页。

发现，电子游戏往往倾向于将非主要角色描绘成比主要角色更加性感。[①] 当女性人物在故事主线里充当配角或是能力不足时，游戏制作者常常会对其进行性感化处理，增强外观吸引力，以弥补其在叙事中的缺位。女性角色作为游戏中重要的视觉符号，是被观看和消费的对象，是男性欲望的折射。

（三）污名化的"陪衬品"

在电子游戏领域，被扭曲的性别刻板印象并非仅仅停留在女性角色的外形层面，还体现在对女性角色的直接利用与消费之中。在部分以男性玩家为主要目标群体的电子游戏里，女性角色不只是被拯救的对象或具有情欲感染力的视觉符号，还常因叙事情节的需要被污名化，甚至是大量暴力行为的被动承受者。如以嘲讽美国文化与社会现象而闻名的《侠盗猎车手》系列游戏就呈现出此类特征。

《侠盗猎车手》是以犯罪为主题的开放式动作冒险游戏，充斥着大量暴力、色情内容。在该系列游戏里，叙事主线主要围绕男性主角的视点展开，女性角色常常被刻画为情欲的对象，如"艳星""脱衣舞女"等等。不仅如此，为推进游戏剧情的发展，作为陪衬的个别女性角色还被设定为男性欲望的原罪。例如，《侠盗猎车手4》里男性角色强尼·克雷比兹（Johnny Klebitz）的女友艾什莉·巴特勒（Ashley Butler）被塑造为一个吸毒成瘾的女性，多次向强尼求助却又屡屡背叛他，强尼的惨死也与她有着直接的关系。在此叙事中，艾什莉既是寻求救助的女性，也是承载性需求的被注视对象，还是男性角色遭遇危机的重要动因。该女性角色的存在，丰富了男性角色内心世界的情感脉络，让玩家对角色的行为动机有了更深入的理解，拉近了游戏剧情与玩家之间的距离，提高了玩家游戏过程中的情感卷入度。但对于艾什莉这个角色本身而言，她的"罪恶"是单薄的，被简单归咎于毒品与性欲共同作用的产物，因而她也成为游戏里遭受最多非议的女性角色之一。

可见，在一些以男性为主导的电子游戏中，女性角色即便被赋予了一定的独立人格，最终也难逃被男性角色裁决的命运。在这个鼓吹犯罪和暴力的叙事语境中，不仅性别权力关系没能逃脱男性中心主义，女性角色的生与死也被男

---

① Lynch, T., Tompkins, J. E., Van Driel, I. I., & Fritz, N.: Sexy, Strong, and Secondary: A Content Analysis of Female Characters in Video Games across 31 Years, *Journal of Communication*, 2016, 66(4).

性轻易地操控。另外，该系列游戏还有一个饱受女性主义者挞伐的设定，即玩家可以猛烈殴打并杀害"妓女"，再从尸体身上收回金钱。然而，尽管有无数评论家指责《侠盗猎车手5》里包含了大量性别歧视的内容，但仍不影响其跻身全球畅销电子游戏榜单上的第一梯队。

综上，电子游戏中展现出的女性刻板印象不乏狰狞的一面：从等待救援的公主到自私自利的粗鄙妇人，再到以性交易为生的失足妇女等。可以说，在诸多以男性玩家为目标群体的电子游戏中，性别权力严重失衡。各类身份相异的女性角色不仅是带有情欲色彩的视觉符号，是承载男性欲望的被注视对象；还是因叙事需要而被功能化、物化乃至污名化的"陪衬品"，是男权中心下的"他者"。

（四）"双性同体"的女英雄或男权秩序的加固者

"双性同体"（androgyny）是西方女性主义第二次浪潮中的一个重要概念，最早由英国作家弗吉尼亚·伍尔夫（Virginia Woolf）引入西方女性主义文学批评中。"双性同体"暗示了更为自由的两性关系，提示女性可以在特定情况下灵活互换社会性别角色。卡罗琳·海尔布伦（Carolyn G. Heilbrun）深入剖析了这一观点，认为"双性同体"寻求的是把个人从适当的范围中解放出来，它暗示着性别间的融合精神①。

虽然在许多面向男性玩家的电子游戏中，女性角色常被视为男性角色的附庸或陪衬。但也有一些游戏注意到女性角色在电子游戏中的叙事潜力，使其拥有与男性角色平等的地位，而不再是男性的附属品。作为反抗"第二性"束缚的一种尝试，这些女性角色被塑造为近似"双性同体"的人。在她们身上，可以看到两种性别特质，即女性的性格、外貌和男性的能力、身份。

电子游戏史上最早的女性英雄形象，应属《银河战士》（*Metroid*，1986年发行）里的主角萨姆斯·阿兰。在这款由任天堂公司开发的动作游戏中，主角萨姆斯是宇宙最强的赏金猎人，她身着不具备明显性别特征的金属太空服进行战斗，只有在短时间内通关的玩家才有机会看到她脱下太空服后的女性身姿。

萨姆斯的出现，使游戏制作者们意识到女性角色也可以英雄的形象被男性玩家接受。用现在的眼光来看，在《银河战士》的叙事设定中，早期的萨姆斯

---

① Heilbrun, C. G.: *Toward a Recognition of Androgyny*, New York: Knopf, 1973, pp.38-114.

拥有完全的自我呈现能力，且没有依靠外显的女性身体特征来吸引玩家，也不从属于任何其他角色，而是拥有与传统男性英雄相同的游戏地位和战斗能力。从性别权力的层面来看，早期的萨姆斯代表了游戏在消融两性差异上的可能性，解构了游戏中性别的二元对立关系。

不出意料，在后续的发展中，女性英雄萨姆斯也与众多或强或弱的女性角色一样，开始更多地展现出美艳的一面，其女性主体性在叙事中被逐渐弱化，而变质为满足男性观赏的视觉符号，渐渐失去了"双性同体"的平衡性与先锋意义。

萨姆斯·阿兰之后，真正在世界范围内引发热议的女性角色是《古墓丽影》中的主角劳拉·克劳馥。1996 年，由英国 EIDOS 公司研发的特色动作冒险游戏《古墓丽影》大获成功，而游戏里身材性感、彪悍敏捷而又不失智慧的女性主角——考古学家劳拉也随之风靡全球。在之后的二十几年里，劳拉曾在《新闻周刊》和《时代》等全球 200 多家杂志上担任封面模特，并于 2001 年被《吉尼斯世界纪录大全》评为"最成功的人类虚拟游戏女主角"，足见其在全球范围内的影响力。劳拉的出现，在电子游戏领域内掀起了一股女性英雄的风潮，被国外学者们称为"劳拉现象"（The Lara Phenomenon）。

劳拉之所以能超越萨姆斯成为电子游戏中女性英雄的代表，与其所属的游戏平台、游戏属性，还有游戏作品的叙事完成度，有着密不可分的关系。《银河战士》诞生于 20 世纪 80 年代，受到早期家用游戏机的机能限制，其画面和角色形象的吸引力，要远逊于依托家用电视游戏机（PlayStation）技术而生的《古墓丽影》。更为重要的是，虽然《古墓丽影》和《银河战士》均包含了动作类游戏（ACT, Action Game）的元素，但前者更侧重角色扮演，而后者则更注重闯关能力。这也就意味着，《古墓丽影》的游戏设计与叙事情节的关联度更高，更注重游戏世界观的构建和主角形象的塑造，更易实现玩家的深度卷入与共鸣。

自 1996 年起，《古墓丽影》系列已推出了 15 部游戏作品，并被翻拍成多部电影。在这个过程中，游戏的世界观被不断地丰富和完善，作为主角的劳拉获得了充分的自我呈现机会。游戏叙事集中关注了劳拉的个人成长历程，其形象也随之丰满、立体起来。如《古墓丽影 7：传说》（Tomb Raider : Legend）和

《古墓丽影 8：地下世界（*Tomb Raider : Underworld*）》以亲情为叙事线索，通过对人物背景的挖掘和叙事时空的拓展，阐释了主角的情感动机，呈现了一个更为鲜活的女英雄劳拉，强化了游戏叙事的张力。

在女性英雄劳拉的身上，也具备"双性同体"的某些特征：她集合了美艳的女性样貌和超凡的男性能力，同时被赋予了勇敢、刚强等常用于塑造男性英雄的品质。但与萨姆斯相比，劳拉带有更为复杂的性别矛盾。一方面，作为性感女性英雄的典型代表，劳拉拥有丰满的胸围、纤细的腰身和裸露的长腿，如此突出的身体形象，仍不脱老的性别套路。但另一方面，《古墓丽影》为了使劳拉更接近玩家一贯所认知的英雄形象，在叙事中借用了多种烘托男性形象的服饰元素和行为动作，以巩固其类"双性同体"的女性英雄形象。例如，劳拉配备了双手枪、太阳镜、摩托车和皮手套等象征男性气概的装备；再如，劳拉在追捕反派角色杰奎琳·纳特拉（Jacqueline Natla）时，展现了自己精湛的摩托车车技。拥有性感外貌的劳拉，却从事着高度男性化的行动，可见消解两性差异、平衡女性权力并非出自游戏制作者的真实意图。劳拉这一角色所表现出的外貌与行为之间的矛盾，可能是男性玩家的游戏需求与观看欲望相作用的结果。因此也有部分女权主义者指责，劳拉所象征的女性解放，实则加剧了电子游戏领域的女性刻板印象，是从更深层面对女性施加的"禁锢"。

更进一步，劳拉的英雄形象并未真正摆脱男性权力的规制，而是深受父亲及其他男性角色的影响和塑造。在游戏里，父亲的缺席一直困扰着劳拉，她承认父亲"right all along"，追随父亲的脚步展开冒险，表达了与父亲相一致的信念。她会在需要帮助的柔弱女性面前扮演父亲的化身，寻找失踪的母亲，或从暴力的邪教手中营救好友。而当遇到与父亲形象相近的男性角色时，她甚至像普通女性一样扮演着"遇险少女"的角色。如 2013 年《古墓丽影》中的康拉德·罗斯（Conrad Roth）像父亲一样给予劳拉指导，救她于险境，最终也为保护她而牺牲。罗斯存在的时候，劳拉也尚未成长为一名真正的女性英雄。此类双重身份在劳拉的形象塑造过程中产生了矛盾，一定程度上扭曲了女性英雄的诞生，并巩固了男性英雄的神话。[①]

---

① Han, H. W., Song, S. J.: Characterization of Female Protagonists in Video Games: A Focus on Lara Croft, *Asian Journal of Women's Studies*, 2014, 20(3).

由此看来，劳拉在叙事中表现出的女英雄形象，也可以说延续着男性权力中心的性别规训。她并未真正从游戏的女性刻板印象中得到解放，其两性特质更像是男性权力强加的结果。根本上，以《古墓丽影》系列为代表的电子游戏，终究还是以一名女性英雄的视角，讲述着为男性定制的故事。换言之，该类游戏最终呈现的是更为激化的性别冲突，而非"双性同体"理想的实现。

尽管受到女性主义的批判，但作为最具影响力的女性英雄角色，劳拉对于打破电子游戏领域的性别刻板印象还是有着不可忽视的作用。首先，需要肯定的是，她确实摆脱了女性在游戏叙事中绝对的从属地位，获得了独立的人格与意识。游戏叙事花费了大量篇幅来关注她的个人成长与性格塑造，使其在自我呈现的过程中展现出一个丰富、立体的女性形象。其次，她的成功有着重大的商业意义，被许多媒体称为女性主人公时代的前奏。从劳拉身上，电子游戏的制作者们看到了女性主角的更多可能——她们也可以同男性角色一样，作为游戏世界的主宰和权力关系的核心，而非单纯的辅助角色。继劳拉之后，女性主角数量有了明显的增加，女性角色也获得了更多的自我表达机会，她们的形象也变得更加多元且富有代表性。

（五）女性主体与性别规训的反叛

萨姆斯和劳拉等女性角色的出现，是否意味着女性在电子游戏领域的处境有所改变？建立于男性需求之上的女性角色地位的提升，并不能代表两性关系实现了真正的平等。女性要获得完全意义上的主体地位，既应包含女性角色在游戏叙事框架中的位置，还应关注女性作为玩家在游戏生态下的境遇。

作为传统观念里"男孩的玩具"，在很长一段时间里，女性的游戏诉求并未得到游戏市场的重视。许多游戏即便将女性角色设定为主角，也同《古墓丽影》一样是以男性玩家的兴趣为导向，而非真正将女性玩家视为游戏主体。

20世纪90年代，以号召为年轻女性市场创造计算机游戏的"女孩的游戏运动"兴起。1994年，第一款专为女童设计的计算机游戏——《蒂姬的奥秘》正式发行。① 此后，陆续出现一些关注女性消费需求的游戏产品。但纵观此类游戏，尽管确是面向女性市场的产品，但其迎合的也仅是浮于表面的女性需求，

---

① 黄育馥：《计算机游戏与性别关系——性别研究的新领域》，《国外社会科学》，2001年第5期。

内容单一。从性质上看，此类游戏的题材主要集中于换装、社交和养成等类型，几乎与此前风靡全球的女生玩具"芭比娃娃"无异，只是将实体游戏转换为电子游戏的版本。从叙事层面上看，这些游戏虽然确是从女性视角出发，但实际甚少表现出对故事性的重视，更多是将重心放在视觉表现与外形设计上。相对于同时期的男性游戏，它们的叙事大多简单而粗糙，省略了宏观的叙事背景，也不关注人物（多为女性角色）的形象塑造，仅是草草交待游戏场景的前因后果，有的游戏甚至连基础的故事线都一并略去。可见，这类游戏虽然是以女性为主体，但只关注到了该群体的表层喜好，未能触及与游戏叙事紧密相关的情感体验层面。

随着女性玩家数量的快速增长，游戏产业认识到女性市场的重要性，开始综合两性的游戏偏好，推出更多综合性的游戏产品。其中，较具代表性的有《仙剑奇侠传》系列、《梦幻西游》系列等。此类作品关注了女性的叙事需求，弱化了传统男性游戏里的暴力、血腥色彩，采用更多贴合女性兴趣的叙事题材，构建了完整的游戏世界观，提高了叙事结构的完整度与故事情节的吸引力，也就提升了玩家在游戏过程中的情感体验，再结合精致的人物形象、唯美的游戏画面和婉转悠扬的游戏配乐，为女性玩家所接纳与喜爱。

但此类游戏虽然注意到叙事的重要性，却未正视女性的地位。以角色扮演类游戏《仙剑奇侠传》为例，这款以中国古代的仙妖神鬼传说为故事背景、以仙侠为题材的剧情类游戏，1995 年推出便风行一时，被称作"一代人的青春记忆"。在游戏剧情、画面和配乐的吸引下，《仙剑奇侠传》收获了不少女性玩家。但细看其叙事内容，实际还是一个"英雄美女式"的武侠故事原型：温柔美丽的赵灵儿、刁蛮活泼的林月如，还有天真烂漫的阿奴，她们都不约而同地爱上了武林"浪子"李逍遥，甘愿为他付出自己的一切。这款游戏在处理男女人物关系时，采用了一个传统的套路，即借助数个美丽、优秀的女性人物，来成就、衬托一个核心的男性英雄。可见，尽管此类游戏关注了女性玩家的喜好，但在叙事上并未做到性别权力的平衡。

真正将女性视为主体的，是脱胎于日本动漫产业的"女性向"游戏。此类"女性向"游戏，大多采用女性主角的叙事方式，结合引人入胜的故事剧情、精美的游戏画面、精致的人物描绘和知名的声优配音。

目前，业内公认的第一款真正意义上的"女性向"游戏，是由日本光荣株式会社（KOEI）于 1994 年在 SFC 主机上推出的恋爱游戏《安琪莉可》，它用十余年的时间发展为一个具有丰富世界观的系列游戏。

虽然出现时间较早，但"女性向"游戏的发展并不理想。由于玩家群体规模的限制，当时根植于主机和 PC 平台的"女性向"游戏在电子游戏市场的竞争中略显吃力。直至移动端的普及带动了女性玩家数量的激增，"女性向"游戏才摆脱"小众"游戏的身份，迎来了发展的契机。2015 年，由乐元素公司（Happy Elements）研发的手机游戏《偶像梦幻祭》获得成功，"女性向"游戏开始遍地开花。

回观中国国内，"女性向"游戏也在近几年开始萌发。2015 年，由叠纸游戏开发的"换装"类手机游戏《奇迹暖暖》，推出后便高居国内 ios 和安卓市场游戏榜单的前列。至 2018 年，发行了三年的《奇迹暖暖》仍能在两榜上基本保持百名内的畅销成绩，而其国际版《Love Nikki-Dress UP Queen》也始终在中国出海游戏收入榜前 20 名里占有一席之地，其在商业上的良好表现被媒体视作女性游戏市场崛起的标志。

这款热门游戏的叙事突破，正在于以女性为导向的叙事建构。叠纸游戏为《奇迹暖暖》设计了架空于现实之外的庞大世界，赋予了女性角色以绝对的主体地位，并授予其与叙事背景紧密相关的重要使命，引导玩家跟随其视点，从限制视角出发去探索隐藏在叙事中的游戏乐趣。

在该游戏的叙事设定里，主角暖暖被莉莉丝王国女王娜娜莉召唤到奇迹大陆，自此开启游历七国的冒险。虚拟的叙事时空中，女性既可以化身为温婉清雅的"云端帝国"公主，也可以成为擅长军事作战的"北地王国"军官，更可以是拯救大陆的"奇迹女英雄"。女性于此获得了绝对的中心地位，甚至成了权力关系的核心。随着冒险之旅的进行，"奇迹大陆"上错综复杂的矛盾被逐渐揭开。尤其自第十四章尼德霍格的叛乱开始，游戏试图探讨命运与个人努力间的关系，叙事基调也由明快活泼转向深沉阴郁，并在第十五章绫罗之死时到达冲突顶峰。寻常"换装"游戏的叙事大多单调且平淡，而《奇迹暖暖》却用跌宕起伏的剧情设计满足了女性玩家对于丰富情感体验的需要。

不仅如此，《奇迹暖暖》还在精心编排的游戏世界里加入了细腻的感情线。

但与常见的恋爱剧情不同，作为辅助情节的爱情线在《奇迹暖暖》里包含着更深层的有关性别权力的思考。以情感刻画最为成功的路易和绫罗为例，二人相爱后无法舍弃各自的梦想，便以十年为期，约定各自圆梦后再不分离。可十年之约尚未实现，绫罗便在守卫家园的战役中香消玉殒，两人再见之时已是阴阳两隔。这段叙事关系里，女性角色绫罗是"云端帝国"的东方公主，人物设定与中国古代的女性相似。在"进步主义者"看来，"父权制"主导的中国古代社会，女性大多处于生育抚养孩子、从事无创造性劳动的境地，逐渐丧失了自我超越的可能。但绫罗却能摆脱传统社会性别权力下的男权规训，不仅经营着一段平等的恋爱关系，获得男性的理解与支持，更能持剑杀敌，保家卫国直至牺牲。

《奇迹暖暖》还加入了"女性向"游戏中不常见的对抗性元素，玩家须在竞赛中战胜对手以实现闯关。如此设计，使主角暖暖注定区别于非"女性向"游戏中的女性角色。她不仅被赋予了独立的人格和思想，还在一次次历险中变得更加强大且富于责任感。随着叙事的层层推进，主角暖暖的个性由腼腆害羞变得自信果敢，而玩家也追随着她的叙事视角，历经了一个女孩完整的成长历程。

跌宕曲折的叙事剧情、细腻婉转的感情脉络和积极生动的人物塑造，让《奇迹暖暖》成为"女性向"游戏的一次成功实践。不仅如此，一定程度上它还打破了电子游戏中的女性刻板印象之桎梏，将女性从由男权主导的游戏叙事中解放出来，对于游戏中女性主体地位的实现有着重要意义。

经由以上分析可以发现，以《奇迹暖暖》为代表的"女性向"游戏肯定了女性的主体性，表现出以下特点：首先，选用了迎合女性玩家兴趣点的故事题材和叙述方式，迎合了她们的游戏偏好与情感需求；其次，以"女性叙述"（Feminine Narration）为主，从女性主角的视点出发，呈现了女性独特的言说特点和情绪风格，并以女性立场进行决策或采取行动；最后，在前述两点的基础之上，剥离了关于女性的刻板印象，塑造了正面女性形象，展现了女性的主体意识。

可知，在"女性向"游戏所建构的叙事语境中，许多女性角色打破了传统的男权中心的性别安排，使电子游戏领域的性别权力关系得到一定程度的平衡。根本原因，是女性玩家群体的扩大，扭转了原本以男性为中心的游戏产业格局，促使从业者更多地关注到女性的真实需求。当电子游戏不再是男性的专属与产物，女性才能真正拥有主体性的地位，连带实现其自我意识之觉醒。

需要注意的是，固然"女性向"游戏传播了积极的性别观念，其发展也反映了电子游戏产业重视女性玩家的事实，但由于此类游戏的受众主要是女性群体，而一般的男性玩家对带有"女性"标签的游戏有抵触心理，故其所呈现的正向性别观念难以有效影响男性。不仅如此，该类游戏还存在另一问题：它们将女性的游戏需求与时尚、家务和恋爱等事务画等号，折射出游戏市场对于女性玩家的游戏偏好存在高度一致的刻板印象，游戏中的女性仍被局限于传统的性别分工和社会身份之下。

（六）小结

综上所述，同电影、电视等大众传媒一样，电子游戏的叙事"故事"也呈现出关于女性的负面刻板印象。20世纪80年代，由于电子游戏被认为是男性的"玩具"，故游戏叙事中的初代女性角色，多为附属于男性权力的"他者"。至90年代，虽然女性玩家的规模有所扩大，但男性玩家仍占据游戏市场的主导，因此女性角色在游戏叙事中常以被贬抑的"陪衬品"形象出现。直到继承男权的女英雄劳拉一角大获成功后，游戏中才涌现出一大批女英雄形象。但包括女英雄在内的多数女性人物，均不可避免地成为男性欲望的承载者，是被凝视的对象。进入21世纪之后，尽管游戏叙事中的女性角色依然未能摆脱上述性别成见之困，但伴随着女性玩家数量的进一步增加，游戏叙事得到了多样化发展，越来越多的游戏厂商注意到叙事中的性别平衡问题。此后，借助于移动终端的普及，女性玩家人数激增，"女性向"游戏乘势发展，更多的女性角色正冲破刻板印象，展现出勇于反叛社会性别规训的独立女性形象。

只是，游戏叙事内的女性主体意识虽然随着女性玩家的成长而得到了更为充分的体现，性别权力也取得了相对平衡，但不能忽视的是，电子游戏叙事中仍旧包含着部分消极刻板印象，即使是能代表女性主体地位的"女性向"游戏也没能完全跳脱出性别成见的禁锢。可见，电子游戏场域中的性别观念，仍带有性别文化规约的印记。

三、叙事"话语"与女性意识

前述着眼于游戏叙事的"故事"层面，集中梳理了电子游戏中的女性刻板印象，剖析了电子游戏中女性作为"他者"、被凝视的对象、被贬抑的配角和维系"父权"的伪"双性同体"等现象。不难发现，女性的性别成见更易出现在以男性为中心的游戏叙事中，而"女性向"游戏则例证了女性叙述方式更有助于游戏中女性主体意识的实现。以下将深入探究游戏中女性主导的叙事"话语"与女性意识的关系。

女性意识是西方女性主义（Feminism）中的一个重要观点，也是女性主义文学的一个核心概念，常被用于女性主义文学批评之中。20 世纪 80 年代，女性意识被引入国内的文学批评领域，众多学者对其进行了本土化的阐释。魏红霞认为，女性意识是指从女性的视角来看待事物、体察生活，强调了女性的主体性意识。[①]。乐黛云关注女性意识中的反抗精神，以及女性在精神文化层面所处的边缘化地位，认为女性意识应包含社会、自然和文化三个不同的层面。[②] 李显杰和修倜将女性意识由女性创作者意识拓展至作品中女性意识之体现，提出女性意识既包括了"女性独立自主、自强自重的精神气质和男女平等、互敬互补的平权意识"，也包含了作品对于"女性自我的命运遭遇、价值观念和心理特征的形象塑造意识"。[③]

综合前人对女性意识的认识及电子游戏自身的独特属性，本部分所探讨的电子游戏中的女性意识，主要包含以下两个层面：一是，游戏所描绘的女性角色与性别关系是否摆脱了女性刻板印象与男性凝视的束缚；女性角色是否拥有积极向上的精神风貌、平等自由的权利地位、独立于男性角色之外的叙事意义和不带有情欲色彩的形象刻画；二是，女性主体意识是否在游戏叙事中得到了充分接纳与展现。为此，下文将结合文献法与文本分析法，从叙事"话语"入手，探讨以女性为主体的电子游戏叙事是否传递了积极的女性意识。

（一）叙事"话语"的"谁看"与"谁说"

在结构主义叙事学者眼中，叙事"话语"与叙事形式相联系。西摩·查特

---

① 魏红霞：《80 年代中国女性电影中的女性意识》，《浙江大学学报》，1998 年第 3 期。
② 乐黛云：《中国女性意识的觉醒》，《文学自由谈》，1991 年第 3 期。
③ 李显杰、修倜：《电影叙事中的女性叙述人与女性意识》，《当代电影》，1994 年第 6 期。

曼在《故事与话语》一书中，首次明确提出了 Story 和 Discourse 的二分法并做细致论证。茨维坦·托多罗夫将话语的手段分为三个部分："表达时间和话语时间之间关系"的时间范畴，"叙述者观察故事的方式"的语体范畴和"叙述者使用的话语类型"的语式范畴；语体范畴包含了"视点"问题，当叙述者"从后面"观察人物，即会得到大于人物的视野；而"同时"或"从外部"观察时，则分别是等于或小于人物。[①] 这三种观察方式，与小说叙事学中常常提及的全知、限制与客观视点的划分不谋而合。

法国结构主义叙事学家热拉尔·热奈特 (Gérard Genette) 则阐述了"叙事"的三分法：第一层代表"承担叙述一个或一系列事件的叙述陈述，口头或书面的话语"，即语言学中的"能指"；第二层指叙事话语中讲述的"真实或虚构的、作为话语对象接连发生的事件，以及事件间连贯、反衬、重复等不同的关系"，即语言学中的"所指"，称为"故事"；第三层是指"某人讲述某事（从叙述行为本身考虑）的事件"，即其眼中的"叙述"，是"生产性叙述行为"及"行为所处的或真或假的总情境"的统称。[②] 他在托多罗夫观点的基础上进行了调整与补充，进一步划分了三类叙事问题，分别是时间、语式和语态。时间是指"叙事与故事的时间关系"；语式则强调叙述"表现"形态（形式和程度），涉及"距离"和"投影"等问题；语态指的是"与陈述主语（更笼统地说是主体）的关系"，包含了叙述主体、叙述层、人称和受述者等问题。[③] 也有学者认为，没有必要区分"叙述话语"与"产生它的行为或过程"，因为读者仅能接触到叙述话语（即文本），而其产生的行为或过程要么与作品无关，要么会反映在其中，共同构成叙述话语（或故事）。[④]

由此观之，对叙述者的关注贯穿了结构主义叙事学中有关叙事"话语"的讨论。托多罗夫在叙述者与人物关系的阐述中，分析的是其如何观察故事，探

① ［法］热拉尔·热奈特：《叙事话语 新叙事话语》，王文融译，北京：中国社会科学出版社，1990 年，第 129 页。
② ［法］热拉尔·热奈特：《叙事话语 新叙事话语》，王文融译，北京：中国社会科学出版社，1990 年，第 6—9 页。
③ ［法］热拉尔·热奈特：《叙事话语 新叙事话语》，王文融译，北京：中国社会科学出版社，1990 年，第 9—11 页。
④ 申丹：《论西方叙事理论中"故事"与"话语"的区分》，《外国文学评论》，1991 年第 4 期。

讨的问题更近乎叙事视点的思考。与托多罗夫的看法不同，热奈特在探讨叙事
主体时，指出叙事主体不能被简化为"视点"问题。"叙事主体与'写作'主
体，叙述者与作者，叙事的接受者与作品的读者"不应被混淆，因为在非真实
的叙事作品中，"叙述者本身就是个虚构的角色，即便它由作者直接承担，而且
假设的叙事情境也可能与有关的写作行为（或听写行为）大相径庭"[①]。他更严谨
地划分了"谁看"和"谁说"的问题。他认为，两者虽与叙述者问题相关，但
"谁看"关乎视点问题——"视点决定投影方向的人物是谁"，属于语式研究的
范围；而"谁说"则是指"叙述者是谁"，涉及的是叙述问题，应纳入语态研究
的范畴。[②]

　　值得注意的是，结构主义叙事学是基于文本叙事发展而来的，因而在运用
于游戏分析时应充分考虑游戏本身的叙事特点。一方面，电子游戏具有特殊的
双重视角，即在叙事内部的叙述视角之外，还存在玩家的游戏视角。无论视点
如何切换，游戏屏幕前的玩家才是最终的观看者。当叙事聚焦于某一人物，该
角色通常也是玩家操控、扮演的对象，不仅承担了叙述视角的职责，还是游戏
视角的画面焦点，而玩家通过移动画面还能实现不同角度的观看需要。因此，
在传统的文本叙事的基础之上，有必要将游戏叙事中的"谁看"问题细分为游
戏视角与叙述视角，以此剖析游戏叙事的视角运用体现了何种女性意识。

　　此外，在结构主义的文本叙事学中，"谁说"更关乎叙事主观形式的探讨，
即分析叙述主体是怎样介入叙事之中的。而在游戏叙事中，基于其独有的互动
叙事形式，玩家可以操控、扮演游戏中的人物，甚至还能将游戏角色作为自己
的模拟分身，其卷入程度要远高于读者、观众等其他媒介形式的受众，更容易
对叙述主体产生角色代入，接受其话语、思考其处境、认可其立场，并引发情
感共鸣。因此，在文本叙事的基础之上，也应加入玩家层面的思考，将"谁说"
拆解为两条分析路径——话语权威与话语特点，以此探讨女性叙述主体如何介
入游戏叙事之中，传播了怎样的性别观念等。

---

① ［法］热拉尔·热奈特：《叙事话语 新叙事话语》，王文融译，北京：中国社会科学出版社，1990年，第147页。
② ［法］热拉尔·热奈特：《叙事话语 新叙事话语》，王文融译，北京：中国社会科学出版社，1990年，第126—147页。

（二）"谁看"

1. 游戏视角：视角的性别错位

有关视点 / 视角的讨论，在叙事学的"话语"层面占据了重要地位。马克·柯里曾言："对视角的分析是 20 世纪文学批评的伟大胜利之一。"[①]

"视角"一词暗示着有关某一话题所持的观点或立场。也就是说在叙事中有一个点，叙述者似乎真的从视觉上由这个点去观察小说中的事件和人物。就像拍电影时的摄影机一样，叙事中的视角总是处于某个地方，或于事件之上，或于事件之中，或于所涉及的一人或多人之后。[②]

1943 年，克利安斯·布鲁克斯和罗伯特·潘·沃伦提出了"叙述焦点"（focus of narration），并区分了四种情况。[③]

表 1：克利安斯·布鲁克斯和罗伯特·潘·沃伦对"叙述焦点"的四项分类

	从内部分析的事件	从外部观察的事件
叙述者作为人物 在情节中出现	主人公讲述 自己的故事	见证人讲述 主人公的故事
叙述者不是人物， 不在情节中出现	善于心理分析或 无所不知的作者讲述故事	作者从外部 讲述故事

热奈特认为，这一分类的垂直分界与"视点"有关，而水平分界则涉及语态（叙述者身份）。更进一步，热奈特从语式层面出发探讨了"谁看"的问题，提出了"聚焦"（focalization）的概念。按照叙述者和人物之间关系的变化，热奈特将"聚焦"分为三大类：一是"无聚焦叙事"或"零聚焦叙事"，即无固定视角的全知叙事，可类比于托多罗夫的"叙述者＞人物"；二是"内聚焦叙事"，即叙述者所了解的同某个人物一样多，具体还可细分为"固定式"（固定型人物

---

① ［英］马克·柯里：《后现代叙事理论》，宁一中译，北京：北京大学出版社，2003 年，第 22 页。

② ［英］马克·柯里：《后现代叙事理论》，宁一中译，北京：北京大学出版社，2003 年，第 69 页。

③ ［法］热拉尔·热奈特：《叙事话语 新叙事话语》，王文融译，北京：中国社会科学出版社，1990 年，第 126—127 页。

有限视角，适用于托多罗夫的"叙事者＝人物"）、"转换式"（转换型人物有限视角）和"多重式"（采用不同人物的感知观察同一故事），其中后两种"内聚焦"涉及多个人物的视角和活动；三是"外聚焦叙事"，即叙述者知道的比任何一位人物还少，近似于托多罗夫的"叙述者＜人物"。

就电子游戏而言，若要厘清其特殊的叙事视角状况，还需结合对人称的分析。艾布拉姆斯（M. H. Abrams）对第一人称叙述（first-person narrative）和第三人称叙述（third-person narrative）的概念进行了界定，前者是"叙述者（narrator）采用'我'的口吻来讲述故事"，而后者指"叙述者在故事之外谈及故事里的所有人物，称呼他们的名字，或称他们为'他''她''他们'"。[①]

通常电子游戏的叙事会根据不同类型游戏的需要，采用不同的聚焦方式来为玩家创造不同形式的沉浸式体验。一般说来，带有角色扮演（RPG）元素，尤其是具有庞大世界观设定的游戏，更青睐于"内聚焦叙事"。其中，"无聚焦叙事"多以第三人称的视角出现，属于克利安斯·布鲁克斯和罗伯特·潘·沃伦所作分类中的情况（4），玩家视角多与"从外部观察"的叙述者一致；而"内聚焦叙事"则囊括了第一与第三人称的叙事视角，多适用于四项分类中的情况（1）与（3），意味着玩家获得的信息量"＞"或"＝"游戏内某一人物（当出现"转换式"或"多重式"聚焦方式时为"＞"，"固定式"聚焦为"＝"）。

基于电子游戏独有的交互性，叙事视角还应包含玩家的游戏视角分析。在许多由玩家操控人物动作的电子游戏里，设置了第一人称和第三人称两种不同的玩家视角模式，虽同是聚焦于游戏内的人物，但前者的画面视角与人物的主观视野一致，玩家可借由其"眼睛"来观察周遭事物，此时玩家、游戏内人物与叙述者的视角多是重合的。而第三人称游戏的玩家视角独立于人物之外，多跟随于人物背后，玩家可通过转移画面来实现视角的移动，虽也"内聚焦"于某一人物，但实际是以虚拟第三方的视角代入游戏。此时玩家视角与叙述聚焦发生了分离，游戏内的叙述者也成为玩家观看的一部分，后者的观察范围要大于前者。尽管部分游戏还为玩家提供了第一人称与第三人称视角的切换选择，但无论如何更改，游戏叙事最终的观看者都是玩家。当游戏叙事与玩家观看的

[①] ［美］M.H.艾布拉姆斯：《欧美文学术语词典》，朱金鹏、朱荔译，北京：北京大学出版社，1990年，第261页。

双重视角之间掺杂了性别差异的因素，"谁看"就变得暧昧起来。

以《古墓丽影》为例，其采用的主要是第一人称的"内聚焦"叙事方式。主人公劳拉是绝对的叙述主体，游戏需依靠她"讲述自己的故事"来完成整体的游戏叙事。但游戏中的双重视角也造成了女性角色既是叙述者又是被凝视的焦点。如在《古墓丽影 6：黑暗天使》（ Tomb Raider Ⅵ : The Angel of Darkness ）里，基于第三人称玩家视角的游戏设定，当男性角色柯蒂斯·特伦特（Kurtis Trent）搜索劳拉的身体时，游戏画面会跟随他的手对劳拉的手臂、腹部和腰部进行特写，吸引玩家的视觉焦点。此外，由于玩家的视角会跟随游戏画面与劳拉保持一定距离，当她走进狭窄的空间或爬到更高位置时，画面常聚焦于其裸露的身体部位，一定程度上满足了玩家观看女性身体的欲望。同时玩家还可控制劳拉的身体运动，并通过对画面视角的操控来观察（也是偷窥）她的身体。因此，在《古墓丽影 2：西安匕首》（ Tomb Raider II: The Dagger of Xi'an ）结尾一幕，游戏公开承认并主动回应了玩家的注视与窥探：准备沐浴的劳拉看向游戏主画面，给屏幕前的玩家留下一句意味深长的话："Don't you think you've seen enough ？"

简言之，作为"内聚焦"的叙述者，玩家必须跟随主人公劳拉的叙述视点来探索游戏情节。劳拉既是游戏叙事的聚焦对象，也是玩家视角中的绝对焦点。只是，玩家不仅通过劳拉的叙述视角来搜集线索，更借用了游戏视角的错位实现了对其的窥视。

女性主义叙事学家罗宾·沃霍尔（Robin Warhol）在分析英国作家简·奥斯丁（Jane Austen）创作的长篇小说《劝导》时，认为作者选择了女性角色安妮作为"聚焦人物"，使叙述者和读者通过女性的视角来观察世界。作为叙事的"中心意识"，安妮的视角对情节推进起着关键作用。沃霍尔认为，观察是一种身体器官的行为，作者对安妮观察的表述不断将焦点集中到她的身体，因此，她的身体不仅是读者了解故事的媒介，更是其他人物的观察对象，尤其是男性人物。①

同理，"内聚焦"叙述主体的身份既成就了劳拉在叙事语境中的核心地位，

---

① Warhol, R. R.: "The Look, the Body, and the Heroine: A Feminist-Narratological Reading of 'Persuasion'" in *Novel: A Forum on Fiction*, Duke University Press, 1992, 26(1).

也使其时刻成为承载玩家注视焦点的视觉对象。以《古墓丽影》为代表的游戏虽然赋予了女性角色以叙述者的权力，聚焦于女性人物展开叙事，但实际却为玩家提供了观看女性身体的有利渠道。故此类选用女性视角的游戏，可以认为仍在为男性的欲望服务，真正的女性意识依然受到"奇观"式刻板印象的限制。

2. 叙述视角：凝视对象的权力位置

不可否认，在特定叙事情境下，以女性为叙述焦点也可能更好地传递积极正面的女性意识。"内聚焦"能使女性人物拥有观看的权力。以劳拉·穆尔维为代表的女性主义学者在阐释性别权力的关系时，忽视了女性观看的主动性，强调观看在父系文化的主导下分裂为绝对的男性主动与女性被动。与之不同的是，叙事"话语"中的女性视角能解构此类二元对立。女性的观看权力随其主体性地位的确立而合理化，她们不再只能作为男性凝视的对象，还可以是主动的观看者。

安·卡普兰（E. Ann Kaplan）也曾提出与穆尔维不同的观点，认为男性也有可能成为凝视的对象，处于顺从的地位。当男性角色成为承受欲望的性对象时，女性角色则取代了男性地位，成为叙事中的凝视者与剧情推动者，失去了传统性别规约赋予女性角色的仁慈、人性、母性等特质，变得有进取心、冷酷、充满支配欲。[1] 这意味着，当女性角色拥有了男性地位，他们常常会表现出"去女性化"倾向。如《古墓丽影》中的主角劳拉，尽管确实拥有了观看的主动权，但实际却借用了男性英雄的特质来巩固自身的英雄形象。她是父权的继承者，更是满足男性玩家凝视的视觉符号。叙事"话语"在她身上体现出两面性，既赋予了她观看的权力，又在说明她的权力是男性玩家赋予的。这样的"去女性化"倾向，并不能真正实现女性独立意识的解放。可见，游戏叙事"话语"采用女性视角并不直接等同于女性意识的传递。

而真正反映女性自我意识的游戏叙事应以完全的、不带有男性特色的女性人物为主叙述视角。在繁多的游戏种类中，"女性向"游戏发展出一种特殊的分支——"乙女向"游戏。该类游戏融合了冒险、角色扮演等元素，主要指以女性角色为主人公（玩家）、多名男性角色为可"攻略"对象的男女恋爱养成游

---

① E. Ann Kaplan: *Women and Film: Both Sides of the Camera*, London: Methuen Press, 1983, pp.23-35.

戏。基于这样的叙事设定，"乙女向"游戏可以说使女性角色摆脱了被动凝视的地位，成为积极的观看者。

以"乙女"游戏《恋与制作人》为例，它从女性主角的视角出发，直接抹去前期女主人公的姓名，让玩家以个性化的称呼代入角色，实现了叙述者与受述者的身份重合。在这款游戏的世界观中，玩家会扮演濒临破产的影视制作公司的女制作人，在挽救公司的过程中经历一系列超现实事件，与"特遣署""Black Swan"等组织进行对抗。但对于狂热的女性玩家来说，游戏真正的吸引力在于，能以女主人公的视角邂逅四位身份各异的男性主角，从而展开浪漫、甜蜜的关系互动。

分析《恋与制作人》的叙事设定，女性主角（玩家）既是游戏叙事的聚焦对象，更是恋爱关系里的主动方，玩家可根据个人偏好来选择心仪对象并发展亲密关系，从而展开复杂的故事脉络。在此类游戏中，主视角的位置为女性主角（玩家）带来了凝视的主动权，传统男性与女性间的观看权力位置被互换，男性角色成为被注视和消费的一方。游戏屏外的女性玩家也从这种颠覆式的凝视关系中获得快感。

综上可见，以女性为聚焦对象对于电子游戏中的女性意识呈现具有两面性。这是因为，"话语"层面的视角选择本质上是构建叙事的工具，故其对于游戏叙事的真正意义在于，既能放大男性凝视之权威，也能解构男权对于凝视的垄断，从而改变女性的被动位置。因此，应辩证地看待采用女性叙述视角的游戏叙事。

（三）"谁说"

1. 女性叙述主体的话语权威

在叙事学领域，"谁说"代表"叙述者是谁"，探讨的是与叙述者的"主观形式"相关的叙事"话语"。而从哲学、社会学等学科视角观之，"谁说"则指向了话语的归属问题。虽然这两个"话语"的"所指"并不相同，但当叙述学的"话语"进入性别权力的讨论范畴，就不可避免地涉及话语与权力的关系。

话语与权力间存在隐性的共生关系，权力在制造话语时，也被话语所制造。正如米歇尔·福柯所言："权力制造知识……权力和知识是直接相互连带的；不相应地建构一种知识领域就不可能有权力关系，不同时预设和建构权力关系就不会有任何知识。"①

将权力的思考引入电子游戏的叙事"话语"中，可发现女性叙述主体的积极意义——当女性角色成为游戏剧情的主叙述者，说明其在游戏叙事中获得了一定程度的话语权力。当然，这种权力不是完全的，但诸如《古墓丽影》中的劳拉等女性角色确实借由叙述主体的地位而获得了自我阐述的机会。

话语权力的强大力量在于阐释和解读的权威。热拉尔·热奈特在分析叙述者职能时也提出"思想职能"的概念，认为其能"采取对情节作权威性解释的、更富说教性的形式"②。因此，女性人物在确定叙述主体地位的同时，也拥有了"解释和辩解性"的话语权威，能主动介入游戏叙事之中，引导玩家通过她的解读来理解叙述内容，站在她的立场来进行是非评判，从而更好地传递女性主体意识。由 Quantic Dream 工作室开发的互动电影游戏《底特律：我欲成人》（*Detroit: Become Human*）采用三线交错的叙事结构，其中一条便围绕女性叙述者卡菈（Kara）展开。在卡菈的故事线中，她是被程序编写为"家用女仆"的"仿生人"，因意外"觉醒"获得了自我意识，并在遭遇主人家中受恐吓的小女孩时激发了自身的母性情感。最后，卡拉为保护小女孩，失手伤害了因吸毒而暴虐失控的男主人，带女孩走上逃亡之路。玩家经由女性叙述者卡菈的阐释来解读游戏剧情，跟随其经历去感受角色的悲喜，融入她所建构的叙事空间，获得共情体验。

另外，由于游戏拥有电影或文字所不具备的互动性叙事方式，情节的发展常与玩家操控叙述主体进行选择的结果相关，即所谓的"链接蒙太奇"，故玩家更容易将个体情绪代入卡菈的处境之中，无意识地站在她的立场来理解剧情、开展行动。这正是游戏话语的魅力。拥有话语权力的主叙述者卡菈通过对叙事文本的解释，将处于游戏终端的玩家引入她的情感世界，可引导不同性别的玩家主动反叛游戏中的男权压迫。女性意识在此得到了积极的展现。

当制作者将女性角色设定为主叙述者时，实际是认可了其叙述主体的地位，赋予了女性角色以话语的权威，使其从女性立场出发来阐释叙事文本，让玩家

---

① ［法］米歇尔·福柯：《规训与惩罚》，刘北成、杨远婴译，北京：生活·读书·新知三联书店，2007 年，第 29 页。

② ［法］热拉尔·热奈特：《叙事话语 新叙事话语》，王文融译，北京：中国社会科学出版社，1990 年，第 181—182 页。

暂时脱离自身原本的性别身份与个人立场，投入女性叙述者所营造的叙事语境中。如此一来，女性叙述主体对游戏叙事的介入，有益于打破传统男性话语对电子游戏叙事的控制，展现出女性的主体意识，为女性意识找到了新的表达出口。

2. 女性叙述主体的话语特点

热拉尔·热奈特在探讨叙述者职能时，还做了"叙述职能""管理职能"与"交际职能"之分，分别代表叙述者在叙述故事、结构文本和叙述情境三方面的作用①。基于以上职责，当女性成为叙述主体时，其影响会贯穿叙事的始终。因此，当游戏叙事采用完全的、不带有男性特点的女性叙述主体时，有助于使整体叙事呈现出积极的女性意识，这一特点在"女性向"游戏中尤为突出。

较男性叙述者而言，以完全的、不带有男性特点的女性为叙述主体的游戏叙事，更容易采用感性化的叙述方式，擅长利用大量的细节刻画（如天气、人物动作等）来烘托人物的心理变化，满足玩家的情感体验需求，增加玩家对角色的移情程度。例如，相比以《侠盗猎车手》为代表的男性中心叙事，或是以《古墓丽影》为代表的女英雄式叙述，"乙女向"游戏《恋与制作人》采用了丰富的心理描写，放大了女性叙述主体的情绪体验。在这样的叙事情境下，情节的发展不是生硬地沿着游戏任务推进，而是强调与女性叙述者的情感轨迹相契合。女性叙述者的感性叙述方式，将游戏中主要角色的矛盾、挣扎描绘得淋漓尽致，人物由此变得更加生动而立体，玩家的情感卷入度与游戏体验也得到提升。

不仅如此，以女性叙述者为主体的游戏叙事，更容易关注女性的自我成长。许多采用女性叙述者的游戏叙事，常常会让玩家参与到女性叙述主体（女主人公）的成长轨迹之中。例如《恋与制作人》在叙述中花费了较长篇幅来描述女主人公凭借努力挽救父亲公司的过程，就连游戏玩法也与主角成长相联系，玩家需要不断提升自身（女主人公）的个人能力与公司实力，从而破解更多关卡，寻找更为深入的剧情线索。

由于感性化的叙事方式可能会影响男性玩家的角色代入，故女性叙述主体

---

① ［法］热拉尔·热奈特：《叙事话语 新叙事话语》，王文融译，北京：中国社会科学出版社，1990年，第180—181页。

的介入与以上话语特点的关系不是绝对的。这种不确定性源自电子游戏背后复杂的设计者观念、玩家偏好等因素。如《古墓丽影》这类以男性需求为导向的电子游戏，虽然不具备女性独特的话语特点，但也充分展现了女性叙述主体的成长历程。而部分"女性向"游戏的叙事"话语"则表明，当游戏采用完全的、不带有男性特点的女性人物作为叙述主体时，更有助于女性主体意识的呈现与个人价值的体现。

综上所述，女性叙述主体对于游戏叙事的介入，在一定程度上打破了男权中心文化规约下以男性作为话语主体的传统。当女性作为叙述主体进入游戏叙事时，她们不再只是被观看和受评价的对象，而是拥有独立意识的主体，是叙述内容的阐释者，是叙事文本的结构者与推动者，更是话语权力的拥有者。由此而生的叙事文本，大多带有女性独特的"话语"韵味，展现着正面的女性形象与精神风貌。

以上分析说明，当游戏采用完全的、不带有男性特点的女性角色作为叙述主体时，女性被赋予了观看的主动权和阐释文本的话语权威，拥有了更多展现主体意识和积极面貌的机会。然而，基于电子游戏的视角错位，以女性为中心的叙述视角也可能会加固男性的凝视权威。乐观的是，随着女性在电子游戏领域地位的提升，相比电子游戏发展之初男性"一统天下"的情形，已有越来越多的电子游戏采用女性角色作为叙述主体，通过她们的视角来审视世界，借由她们之口来阐述故事，甚至以她们的遭遇为核心来结构叙事文本。此类以女性为主导的叙事"话语"，无疑有助于女性意识的呈现。但也应注意到，部分游戏仍在借由视角错位来放大男性对女性的观看。

四、内容分析：电子游戏中的性别观念

以上篇章着眼于叙事的"故事"和"话语"层面，探讨了电子游戏中女性意识与刻板印象的呈现和传播。鉴于前文仅选取了一些典型电子游戏作为分析对象，难以描绘电子游戏领域性别观念传播的总体情况。因此以下部分，将采用内容分析法，以叙事"故事"和"话语"为主要研究类目，对当下电子游戏所传播的性别观念进行较为量化与客观的分析。分析主要聚焦于电子游戏是否存在对女性角色的性感描绘，女性角色呈现出何种人物形象，女性角色拥有怎

样的叙述地位，叙述视角与游戏视角之间存在怎样的关系等问题。

（一）样本选取

目前市场上的电子游戏按硬件平台可分为主机平台游戏、PC 端游戏与移动端游戏三大类。主机平台游戏囊括了家用游戏主机、掌上游戏机等硬件支持的游戏；PC 端游戏则包含了客户端游戏与网页游戏；移动端游戏是指（智能）手机与平板电脑等移动设备支持的游戏，主要依靠苹果公司（Apple Inc.）开发的 iOS 与谷歌公司（Google Inc.）开发的 Android 两套移动操作系统实现。其中，移动游戏的市场规模最为庞大、覆盖范围最广，具有受众广、女性玩家多的特点，也是受女性玩家影响最大的一类游戏。但移动游戏也存在迭代速度快，用户黏性低、流失率大等问题，影响深度不及另外两类游戏。而 PC 游戏和主机游戏市场虽然在用户规模和女性玩家数量上并不占优势，但这两类游戏普遍叙事完成度更高，品质更佳，不乏高投入、高品质、大体量的"3A 级大作"出现，且其用户通常具有更高的游戏忠诚度与卷入程度。可见，PC 游戏与主机游戏所体现的性别观更有可能影响玩家的性别认知，具备更高的研究价值，故在进行样本选择时，将主要考虑游戏的热度（营收能力、销量和下载量等数据）、游戏的品质（第三方评测结果）及时间、地域等因素。

根据荷兰市场研究机构 Newzoo 发布的《2018 全球游戏市场报告》，2018 年全球游戏市场规模排名前四的中国、美国、日本与韩国，合计约占全球游戏市场总营收的 67.5%。[①] 因此选取游戏样本时将综合考虑此四大市场内的热门游戏。时间节点上，鉴于游戏市场竞争激烈，产品生命周期普遍较短，将以 2018 年度作为样本的时间范围。

具体而言，对移动游戏进行抽样时，选取了 2018 年全球及中、美、日、韩四大市场的十五张热门榜单上的游戏。榜单包括：iPhone 和 Android 手机综合月活跃用户数排名、iOS 与 Google Play 综合下载量排名、综合用户支出排名。[②] 对 PC 游戏进行抽样时，主要参考了 Newzoo 发布的 2018 年全球最受欢

---

① Newzoo: 2018 全球游戏市场报告, https://www.gamersky.com/news/201806/1063034.shtml, 2018-06-20.

② App Annie: 2019 年移动市场报告, https://www.appannie.com/cn/insights/market-data/the-state-of-mobile-2019/, 2019-01-16.

迎 PC 游戏排行（评选标准为各款游戏的全球玩家总数）①,尼尔森 (Nielsen) 旗下市场研究机构 SuperData 发布的 2018 年全球 PC 游戏收入排行②,以及全球最大的 PC 游戏分发平台 Steam 所评选的 2018 年度最佳榜单（评选标准为总收入和同时在线玩家人数）③。对主机游戏进行抽样时,由于目前该游戏市场的主要份额由索尼、任天堂和微软这三家游戏机厂商包揽,主推产品分别为 PlayStation、Switch 与 Xbox 系列,故主要参考此三大游戏机的相关数据,包括:PlayStation Awards 2018（评选标准为累计出货量、网络销量与玩家投票）④、2018 年 Switch 平台游戏销量与下载量排行⑤,以及 2018 年 Xbox One 游戏销量排行⑥。

此外,抽样时还综合考虑了 TGA（The Game Awards）2018 的获奖游戏名单⑦,游戏媒体 IGN（Imagine Games Network）发布的 2018 年度最佳游戏榜单及 IGN 在 2018 年为手机、PC 和主机三个平台分别评选的 25 款最佳游戏榜单⑧。其中,TGA 颁奖典礼是游戏界一年一度的盛会,享有"游戏界奥斯卡"之誉;而 IGN 是世界权威的游戏媒体,拥有专业且广受业界认可的游戏评分系统,它们所发布的评选结果对于本次研究样本的抽取具有重要参考价值。最终,在剔除因跨平台运营导致的交叉样本、未包含女性人物的样本,以及不具备叙事元素的样本后,共得到有效样本 161 个。

（二）研究类目与编码

结合叙事学观点和电子游戏的叙事特点,此处的内容分析将主要围绕"故事"和"话语"两个层次来建构类目框架。"故事"层面主要关注女性角色的外

① Newzoo: 2018 年全球最受欢迎 PC 游戏排行, https://newzoo.com/insights/rankings/top-20-core-pc-games/, 2019-01-08.

② SuperData: 2018 年全球 PC 游戏收入排行, https://www.superdataresearch.com/, 2019-01-12.

③ Steam: 2018 年度最佳, https://store.steampowered.com/sale/winter2018bestof/, 2018-12-28.

④ Sony: PlayStation Award2018, https://asia.playstation.com/chs-hk/events/playstation-awards/history/2018/, 2018-12-03.

⑤ Nintendo: 2018 年 Switch 平台游戏销量与下载量排行, https://topics.nintendo.co.jp/index.html, 2019-1-13.

⑥ VGChartz: 2018 年 Xbox One 游戏销量排行, http://www.vgchartz.com/platform/68/xbox-one/, 2019-01-15.

⑦ The Game Awards: TGA2018 获奖名单, http://www.techweb.com.cn/onlinegamenews/2018-12-07/2715929.shtml, 2018-12-07.

⑧ IGN: 2018 年度最佳游戏榜单,最佳手游 Top25,最佳 PC 游戏 Top25,PS4 平台最佳游戏 Top25,Switch 平台最佳游戏 Top25,Xbox One 平台最佳游戏 Top25, http://www.ign.xn--fiqs8s/, 2018-12-22.

貌形象与人物形象，而"话语"层面则着重探究主要女性角色的叙述地位，及其同叙述视角、游戏视角之间的关系。

图 1：内容分析类目架构

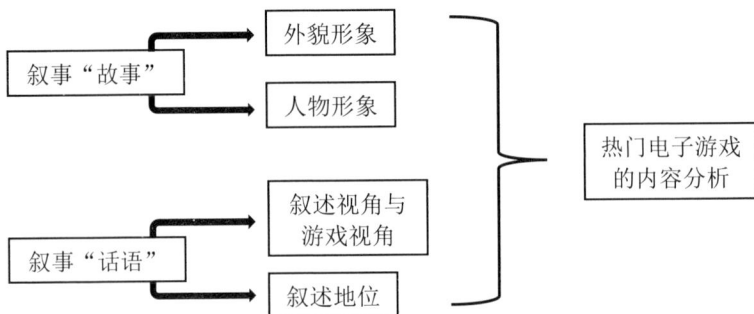

表 2：内容分析具体类目及编码

类目标题	类目编号	选项	操作化定义
一、游戏类型①		按样本所属的游戏类型进行分类编码，若有综合两个或以上类型的样本，以核心玩法对应的类型为主要判断依据。	
	01	动作游戏 (ACT, Action Game)	指玩家通过手眼配合来控制游戏人物行动，并运用反应能力操作的游戏，包含了射击游戏与格斗游戏等分支。
	02	冒险游戏 (AVG, Adventure Game)	指鼓励玩家运用观察与分析能力来探索未知、解决谜题的游戏，多具备情节化的互动，包含了文字、恋爱冒险等分支。
	03	模拟游戏 (SIM, Simulation Game)	指通过模拟某种情形来使玩家获得相应"仿真"体验的娱乐游戏，包含了策略、沙盘和养成游戏等分支。

---

① 参考 Herz 于 1997 年对游戏类型进行的划分（见 Aphra Kerr: *The Business and Culture of Digital Games: Gamework and Gameplay*, Pine Forge Press, 2006, p.40.），并结合电子游戏业内新近的分类方式与定义。

类目标题	类目编号	选项	操作化定义
一、游戏类型	04	策略游戏 (Strategy Game)	指鼓励玩家通过思考来控制、管理和使用游戏中的人、事、物，以完成给定任务目标的游戏，是模拟游戏的一大分支，按规模可划分为战略和战术游戏，按进行方式又可分为回合制和即时制游戏。
	05	角色扮演游戏 (RPG, Role-Playing Game)	指以角色身份代入为主要玩法的游戏，玩家扮演一名或多名角色，在游戏建构的虚拟世界中行动，包含了动作角色扮演游戏和模拟角色扮演游戏等分支。
	06	女性向游戏（女性向けゲーム）	指针对女性玩家开发的游戏，多拥有精美的画面、精致的人物外形与声优配音等元素，包含了乙女向和BL游戏两大分支。
	07	多人在线战术竞技游戏 (MOBA, Multiplayer Online Battle Arena)	核心玩法为玩家被分为2个或以上队伍，在区域地图上操控所选角色（英雄），分兵线展开平等对抗。玩家可在战斗中购买装备提升实力，与队友协同作战摧毁敌方基地，从而取得胜利。
	08	音乐游戏（MUG, Music Game）	指鼓励玩家配合音乐与节奏做出相应行动的游戏，如依画面指示按钮、踏舞步、操作模仿乐器的控制器等。
	09	体育竞技游戏（SPG, Sports Game）	指模拟现实中各类体育运动的游戏。
二、外貌形象			指电子游戏为女性角色塑造的外貌形象，主要根据样本内的人物建模、宣传视频和画报等传播方式所呈现的女性外形进行判断。
	01	包含性感暴露的女性外形	指游戏存在女性人物衣着暴露，或身体特征被刻意突出，或出现带有性暗示的身体动作与游戏画面等情况，如夸张的身体曲线、大面积的身体裸露、将敏感的身体部位作为视觉焦点等。
	02	未包含性感暴露的女性外形	指游戏内女性角色的服装能遮蔽主要身体部位，且未对女性的身材曲线作夸张处理或刻意凸显，如不带有性暗示的服饰打扮、未出现敏感部位的画面特写等。

类目标题	类目编号	选项	操作化定义
三、人物形象		指电子游戏叙事为女性角色塑造的人物形象，主要根据女性角色在叙事中的行为和品格进行判断，可综合考虑角色在故事中的地位与意义。	
	01	绝对正面	指游戏内的所有女性角色主要呈现出积极的人物形象，拥有绝对正面的品质品格，如平等独立、自主自强、能力不凡、坚毅果敢等。
	02	相对正面	指游戏内的多数或主要女性角色呈现出积极的人物形象，拥有正面的品质品格。
	03	平衡	指游戏叙事为主要女性角色塑造的人物形象同时兼具正负面平衡的品质，形象中立，不带有明显的正面或负面的人格倾向。
	04	无形象	指游戏叙事没有为主要的女性角色塑造人物形象，女性人物的形象模糊。
	05	相对负面	指游戏内的多数或主要女性角色主要呈现出负面的人物形象，拥有消极的品质品格，如从属于男性、出卖身体换取利益、伤害他人、阴险狡诈、自私自利等。
	06	绝对负面	指游戏内的所有女性角色呈现出绝对负面的人物形象，拥有消极的品质品格。
四、叙述"话语"		以游戏内主要女性角色的叙述位置、与叙述视角的关系，及她们同游戏视角之间的关系作为分类依据。	
	01	叙述主体/主叙述视角+第一人称游戏视角	指游戏以女性角色为叙述主体，从女性人物的视角出发展开叙事，并采用第一人称游戏视角，多出现于"内聚焦叙事"，也包含叙述主体/主叙述视角的性别由玩家自定义的情况。
	02	叙述主体/主叙述视角+第三人称游戏视角	指游戏以女性角色为叙述主体，从女性人物的视角出发展开叙事，并采用第三人称游戏视角，多出现于"内聚焦叙事"，也包含叙述主体/主叙述视角的性别由玩家自定义的情况。若有样本提供了第一/第三人称游戏视角的切换选择，则以第三人称为准。
	03	次要叙述者/次要叙述视角	指游戏虽未以女性角色为叙述主体，但有时会将视角切换至女性身上，使她们成为次要叙述者，多出现在"转换式"的"内聚焦叙事"中。
	04	被动叙述者/无关叙述视角	指游戏内的主要女性角色处于被动的叙述地位，与叙述视角完全无关，可能出现游戏以男性为叙述主体，或主次叙述视角性别模糊，或采用"无聚焦"/"外聚焦"叙事等情况。

（三）信度检验

信度（Reliability）是检验内容分析结果可靠性和客观性的重要指标。为确保内容分析结果的有效性，本研究邀请了一位拥有 10 年以上电子游戏经历的玩家作为第二位编码员。两位编码员在接受编码培训后，分别就相同的研究样本与分析类目进行了独立编码——对源自移动端、PC 端和主机端三大不同平台的 33 个游戏进行预编码，预编码样本数量超过总样本量的 20%，符合信度检验的要求。

根据霍斯提（Holsti）信度计算公式：编码员间信度 =2M/(N1+N2)，得出预编码的信度为 240/264=90.9%，大于 0.90 的可靠信度水平。根据检验信度的另一计算方法——克里彭多夫提出的 Krippendorff's alpha，预编码的信度数值为 0.888，大于 0.8 的可靠信度标准。也即，编码表符合内容分析法的信度要求。

（四）结果分析

表 3：内容分析数据结果

类目标题	选项	动作游戏	冒险游戏	模拟游戏	策略游戏	角色扮演游戏	女性向游戏	多人在线战术竞技游戏	音乐游戏	体育竞技游戏	各选项合计	各选项占比
	各游戏类型数量	42	26	9	14	59	1	6	3	1	161	100%
	各游戏类型占比	26.1%	16.1%	5.6%	8.7%	36.7%	0.6%	3.7%	1.9%	0.6%	100%	100%
外貌形象	性感	20	10	4	8	46	1	6	3	0	98	60.9%
	非性感	22	16	5	6	13	0	0	0	1	63	39.1%
人物形象	绝对正面	3	1	0	0	3	0	0	0	0	7	4.3%
	相对正面	16	9	5	3	32	1	2	3	0	71	44.1%
	平衡	12	3	1	7	11	0	4	0	0	38	23.6%
	无形象	1	4	1	3	3	0	0	0	1	13	8.1%
	相对负面	8	8	2	1	9	0	0	0	0	28	17.4%
	绝对负面	2	1	0	0	1	0	0	0	0	4	2.5%

类目标题	选项	动作游戏	冒险游戏	模拟游戏	策略游戏	角色扮演游戏	女性向游戏	多人在线战术竞技游戏	音乐游戏	体育竞技游戏	各选项合计	各选项占比
叙事"话语"	叙述主体/主叙述视角+第一人称游戏视角	5	1	0	0	3	0	0	0	0	9	5.6%
	叙述主体/主叙述视角+第三人称游戏视角	5	9	5	5	33	1	1	2	0	61	37.9%
	次要叙述者/次要叙述视角	11	0	0	2	6	0	5	0	0	24	14.9%
	被动叙述者/无关叙述视角	21	16	4	7	17	0	0	1	1	67	41.6%

从游戏类型来看，在161个有效样本中排在前三的类型分别是：角色扮演游戏、动作游戏和冒险游戏，分别有59款、42款和26款，占样本总数的36.7%、26.1%与16.1%。而"女性向"游戏与广受女性玩家喜爱的音乐游戏这两个类型，在热门和高品质游戏榜单中的出现率极低，二者相加仅有4款，仅占样本总数的2.5%。可见，当下的热门游戏依然集中于角色扮演、动作和策略等类型，能获主流市场认可的"女性向"游戏屈指可数。近年来，尽管女性玩家增长迅速，但男性玩家仍是主流游戏市场的重点目标用户，"女性向"游戏精品数量相对较少，且主要集中于亚洲市场，全球游戏市场认可度不高。

1. 女性角色的外貌形象

内容分析结果表明，超半数的热门电子游戏存在对女性人物外貌的性感化描绘。在161个样本中，有98款游戏都包含了性感暴露的女性外貌形象，占样本总数的60.9%。这说明，男性凝视依然存在于电子游戏之中。即便在一些游戏中女性人物可能是故事主角，或是重要的正面角色，但并未改变她们在电子游戏中承担的特定功能——承载玩家观看欲望的视角符号。

这一现象在角色扮演类游戏中尤为突出。在59个RPG游戏样本中，有46款游戏含有性感暴露的女性外形，占该品类样本总数的78%。这可能是因为，此类游戏对玩家的角色代入感有很高的要求，所以它们会更重视人物外形建模的精美程度，借用诱惑的女性角色来满足玩家对于游戏世界里暧昧关系的幻想，以激发玩家进行角色扮演的积极性。在一些 RPG 游戏里，寻找与女性角色发展暧昧关系的方法，已然成为部分玩家的游戏乐趣之一。这些带有性暗示的故事情节，通常不会直接体现在游戏叙事的主线剧情中，而多以隐藏剧情或彩蛋的方式出现。此类做法的目的在于，通过性感女性人物搭配隐藏暧昧剧情的方式，刺激玩家的欲望，消费玩家的臆想。结果则是，无论主线剧情传递了何种积极的性别观念都会被婀娜的女性身体和支线情节中的暧昧暗示所消解，从而阻碍正面性别意识的传播。

出乎意料的是，受女性玩家欢迎的"女性向"游戏与音乐游戏，也没能逃脱对女性身体的性感化描画。从女性玩家的立场来看，她们在游戏内操控的女性角色可视为自己的"分身"，"分身"的外形实际反映了她们对理想自我形象的期待。也即，游戏内那些外貌美丽、身材惊艳的女性角色，对于女性玩家也同样具有吸引力。"女性向"或音乐类电子游戏的此类设计在一定程度上也反映了现实社会中男性乃至女性自身对于女性外形的刻板印象。美艳的女性身体固然能满足女性玩家的幻想与憧憬，但也可能导致她们对于自身真实外貌的不自信。

此外，编码者还发现，电子游戏更倾向于将处于次要叙事地位的女性角色性感化，以弥补她们在剧情中的"弱存在"，赋予她们超出故事层面的角色功能，如《勇者斗恶龙 11：寻觅逝去的时光》里的女性配角玛尔缇娜（Martina），《底特律：我欲成人》里的"夜店仿生人"等。

简言之，无论是以男性还是女性为需求导向的电子游戏，其对女性角色身体的性感化描绘均会影响积极性别观念的传播。这一现象普遍存在于当下多数的热门电子游戏之中。

2. 女性角色的人物形象

通过以上内容分析可知，当下热门电子游戏中的女性角色，以相对正面的形象居多，在总样本量中占比达 44.1%；绝对正面形象占比 4.3%。这说明有近半数电子游戏呈现了正面的女性人物形象，以及许多热门电子游戏开始关注游戏叙事中正向女性角色的塑造，有意建构积极的女性形象，而非一味贬抑女性角色或将她们作为男性的附属，因而对于游戏叙事中性别观念的正向传播大有助益。

另外，161 个样本中还有 38 款游戏呈现出了平衡的女性人物形象，占总数的 23.6%。此类"亦正亦邪"的女性人物形象表明电子游戏在塑造女性角色时，已不再停留于简单交待她们的单一立场与行为，而是有意塑造女性角色的复杂性和矛盾性，愿意花费更多叙事篇幅去渲染她们的动机和心理，使女性人物更加丰满、立体。《耻辱 2》（*Dishonored 2*）中的女主角艾米丽·考得温（Emily Kaldwin），她既是一位勇敢、机智的皇后，又是一名拥有超高暗杀技巧的冷血刺客，双重身份使这个角色同时具备了正邪的两面品格，游戏叙事更是将这一人物身上的矛盾展现得较为充分。

从以上结果不难推测，现今许多热门电子游戏愿意塑造积极正面的女性形象，游戏内的女性正逐渐摆脱被贬抑、从属于男性的被动地位，日渐独立、自主。

3. 叙述"话语"：叙述地位与视角

内容分析的结果还表明，当下热门电子游戏在叙事中选用女性角色作为叙述主体，采用女性角色为主叙述视角（包括主叙述视角＋第一人称游戏视角，主叙述视角＋第三人称游戏视角）的比例最高，占样本总数的 43.5%。从游戏类型来看，在以女性为叙述主体/主叙述视角的 70 个样本中，角色扮演类游戏共计 36 个，比例远超动作、冒险等多以男性偏好为导向的游戏品类。这或与 RPG 游戏通常会设置不同性别的"英雄"或"职业"供玩家选择有关。

从叙述地位来看，43.5% 的游戏叙事以女性角色为叙述主体，说明传统男性话语对于游戏叙事的权威正在消解，女性角色获得了更多文本阐释与立场引导的话语权力，拥有了更多自我呈现与表达的机会。由此可见，许多开发者已经开始注意电子游戏叙事中的性别平衡，采用了男女双主角或是性别自定义的形式，将平等的性别意识放置在更为开放、自由的传播语境下，不再受单一性别的局限。

从叙述视角来看，43.5% 的女性主叙述视角及 14.9% 的女性次叙述视角，说明有超半数的游戏或多或少地赋予了女性角色主动观看的权力，不少游戏叙事更是围绕着女性人物的主视角展开，让玩家跟随女主角去探索游戏剧情，借由她们的观察与行动揭开游戏世界的全貌。

但值得注意的是，在所有以女性为主叙述视角的游戏样本中，采用第一人

称游戏视角的仅占 5.6%，而第三人称游戏视角的占比达 37.9%。将后者的样本
与性感外形这一类目进行交叉分析后，可以发现在采用女性主叙述视角加第三
人称游戏视角的 61 个样本中，有 39 个样本同时对女性身体进行了性感化描绘，
比例约为 64%。而该现象在角色扮演游戏中表现得尤为突出：在 59 个 RPG 类
型游戏中，有 36 款游戏都选用了女性作为主叙述视角，但其中仅有 3 款采用
的是第一人称游戏视角；在剩余的 33 款运用第三人称游戏视角的游戏中，有
27 款对女性身体做了性感化呈现。这一结果表明，部分电子游戏选择女性主叙
述视角似乎是为了供玩家更好地观看她们的身体，尤其是角色扮演类游戏，如
《尼尔：机械纪元》中的主角尤尔哈 2B（YoRHa No. 2 Type B）、《天堂 2：革命》
（*Lineage2 Revolution*）中的精灵等。

　　总体而言，在叙述"话语"层面，尽管有越来越多的电子游戏关注到性别
平衡问题，选择用女性作为"话语"主体来展开叙事，但我们仍需对它们所传
播的性别观念抱持辩证、审慎的态度。一方面，这代表女性角色获得了更高的
主体地位，拥有更多观看权力及自我言说的话语权，不再是单纯的被叙述和被
凝视的"他者"；另一方面，仍有部分游戏借由视角的性别错位，以供男性更
好地观看女性角色的身体。由此观之，以女性为主体的游戏叙事"话语"，依旧
无法彻底摆脱消极的女性意识。但积极的方面是，无论是从叙述地位还是叙事
视角来看，女性都在朝游戏叙事"话语"的中心位置靠近。

　　综上所述，当下热门电子游戏叙事中展现的性别意识具有一定的复杂性。
虽然并非所有的分析结果都表现得足够乐观，但相较于 20 世纪 80 年代电子游
戏中女性大多作为男性之附属的状况，如今电子游戏中的女性角色正逐渐摆脱
被贬抑的刻板印象和被凝视、被言说的命运，获得了更为平等、自主的观看与
表达机会，其在叙事"话语"中的地位更是得到了显著的提升。

五、结语

　　作为传统的男性"玩具"，电子游戏自诞生之时便处于男性统治意识的主导
之下。彼时，在电子游戏所建构的叙事语境中，失衡的性别权力关系将女性禁
锢在从属于男性的"他者"地位，被动地呈现着四种消极的媒介刻板印象——
一是等待男性救援的弱者，依附于男性而生，是男性实现英雄主义幻想的产物；

二是承载着男性欲望的视觉符号，展示着性感的身体来满足男性的凝视快感；三是被贬抑的男性陪衬品，不仅是为烘托男性形象而生，还因叙事的需要而被功能化、物化乃至污名化；四是男性化的女英雄，有着迷人的女性外表，实际却巩固了男性统治的性别秩序。由此看来，在游戏叙事的"故事"层面，确实存在着对于女性的性别成见。

而伴随女性玩家规模的扩大，以男性为中心的电子游戏产业格局正在被改写。主流游戏市场逐渐关注到女性群体的游戏需求，不仅有部分开发者意识到游戏叙事中的性别平衡问题，还出现了以女性玩家为主要目标群体的游戏品类。在这样的市场背景下，电子游戏所传播的性别观念表现出了两面性。一方面，女性玩家在电子游戏生态中的境遇得到改善，加速了男性权威的消解。游戏中的女性角色不仅在数量上大幅增加，还展现出更为多元、立体的人物形象，她们既可以是独立自主、能力超群的女英雄，也可以是反叛性别文化规训的社会精英。不仅如此，不少女性角色正摆脱游戏叙事中"他者"的身份，成为游戏叙事的主体。通过叙事"话语"的运用，作为主叙述视角的女性能够打破男性对于凝视关系的垄断，改变观看对象的权力位置。同时，叙述主体的身份还能使女性从被解说的对象变为主动的阐释者，以她们的立场来解释叙事文本，进而解构男性主导的话语权威，获得自我表达的主体意识。

但另一方面，当下热门电子游戏中依然存在男性凝视与社会性别刻板印象等现象。游戏中性感的女性身体吸引着男性的目光，而游戏的视角错位有时还会放大这种凝视，女性角色始终无法摆脱带有情欲色彩的媒介刻板印象。然而，电子游戏所传播的性别偏见远不止于此。即便是以女性游戏需求为导向的"女性向"游戏，也未能真正挣脱性别桎梏，而是直接将女性玩家的游戏兴趣与带有成见的社会性别认知相联系，未能平等看待两性玩家的能力与智慧。

就成因而言，电子游戏中的性别偏见无疑是多方因素综合作用的结果。

（一）消费社会与女性身体"奇观"

电子游戏虽已成为重要的大众传媒渠道，但其本质还是商业化的娱乐产品，受消费社会中商业利益的驱动。在漫长的发展历程中，长期以男性消费需求为导向的电子游戏衍生出了由男性权威主导的凝视关系。而女性的身体作为一种"奇观"，无疑迎合了男性的凝视需求。对于女性身体的消费，乃是这种文化与消费社会结合的必然产物，无论是居依·德波的"景观"说，还是鲍德里亚的"消费社会"论，皆可以为此提供解释。

消费社会对于身体视觉消费的推崇，以及由男性需求主导的市场环境，催生并加固了电子游戏所呈现的身体"奇观"。受商业利益驱使，电子游戏放大了此类将女性身体"商品化"的消费倾向，也消极地塑造着关于女性的刻板印象。电子游戏对女性感外貌的过度渲染，对女性角色与地位的消极描述，不仅阻碍了积极性别观念的传播，也影响了消费社会环境下的审美意识。男性乃至女性自身均易受电子游戏中女性身体"奇观"的影响，进而将女性之美简单化、刻板化。

当然，事情的复杂性在于，来自女性消费市场的力量，一定程度上也可以提升电子游戏里的女性意识和女性的话语地位。

（二）社会性别与刻板印象

要理解电子游戏中的性别成见，需从社会性别谈起。社会性别（gender）是相对于生物性别（sex）而言的。用西蒙娜·波伏娃的话说："女人并不是生就的，而宁可说是逐渐形成的。"[1]凯特·米利特则引入"政治"视角，强调"性是人的一种具有政治内涵的状况"，并通过权力来剖析两性关系，认为在男权制之下，构建了一种比种族隔离、阶级壁垒更加坚固、普遍而持久的"内部殖民"结构；两性间的"支配和从属"关系，已成为"文化中最普及的意识形态，并毫不含糊地体现出了它最根本的权力概念"[2]。依此来看，今日的性别分工与女性地位乃是社会建构的产物，是历史环境、经济生产、父系制度等因素共同作用的结果。在漫长的社会发展进程中，此类与家庭劳作相绑定的性别观念深入人心，成为女性的标准社会性别。

近代开始，许多女性开始走出家庭、走向社会，拥有了相对平等的就业机会与更多实现自我价值的选择，但传统的性别偏见使得女性无法彻底摆脱性别标签与刻板印象，这种状况也反映在电子游戏叙事中。即使游戏市场上那些宣称为女性玩家打造的"女性向"游戏，内容无外乎恋爱、换装、烹饪、养成等，

---

① [法]西蒙娜·德·波伏娃：《第二性（第2版）》，陶铁柱译，北京：中国书籍出版社，2004年，第309页。

② [美]凯特·米莉特：《性的政治》，钟良明译，北京：社会科学文献出版社，1999年，第36—39页。

与传统观念中女性的角色与社会分工不谋而合，是"性""家庭劳动"和"生育抚养"等女性相关性别观念在游戏中的体现。尽管这类游戏在叙事环节赋予了女性主体性地位，改善了女性在电子游戏领域的边缘化处境，但它们并未真正跳脱出性别的刻板模式。

不仅如此，社会性别规约所造就的女性气质，也使女性游离于电子游戏文化之外。电子游戏诞生以来便带有强烈的男性属性，强调战斗、攻击、逻辑推演等玩法，推崇力量、色情等元素，同时也显露出对女性的冷漠与敌意。虽然不少面向女性的电子游戏减少了游戏的男性气质，选择了与女性社会身份相关的题材，但它们的性别偏见依然存在。不少游戏采用了浅显而单调的玩法设计，弱化了电子游戏的竞技、对抗等元素，在操作和策略层面降低了对于玩家的要求——这是否也意味着对于女性的游戏能力与创造力的轻视。

（三）女性与游戏生产

电子游戏被视为男人的"玩具"，不仅是因为早期的玩家群体以男性为主，还因为电子游戏产业存在明显的性别失衡。公众对游戏从业者的形象认知也多是穿着格子衬衫的男性。瑞典学者 Alexander Styhre 等人曾探讨电子游戏业内的"男性统治"与"性别失衡"，发现尽管瑞典的个人、企业和行业组织积极抵制行业内部的性别歧视，但女性仍被传统社会性别所束缚，不少女性从业者甚至为了摆脱性别标签而表现出"去女性化"的倾向。[①] 游戏产业既然有着过多的男性特权和性别偏见，对于想进入该行业的女性而言，她们就需要绕过行业固有的性别特点、文化传统乃至性别歧视的诸多阻碍。《中国游戏人才教育培训行业分析与发展趋势研究报告》显示，2018 年中国游戏从业者约为 145 万人，其中女性从业者的占比是 27.3%。[②] 可见，基于男性主导的电子游戏生产难免浸染着男性化思想。

若要实现女性意识的正向传播，仅凭女性玩家的地位提升还是不够，需有更多的女性介入游戏生产环节，将性别观念传播的主动权握在自己手里。《恋与

① Alexander Styhre，BjörnRemneland-Wikhamn，Anna-Maria Szczepanska, Jan Ljungberg: Masculine domination and gender subtexts: The role of female professionals in the renewal of the Swedish video game industry, *Culture and Organization*, 2018,24(3).

② 伽玛数据（CNG）：《中国游戏人才教育培训行业分析与发展趋势研究报告》，https://www.taptap.com/topic/4585973，2018-12-28.

制作人》和《奇迹暖暖》的开发者——叠纸游戏，是一个深耕"女性向"移动游戏的互联网文化公司，与多数游戏厂商不同，该公司有七成员工是女性。这样的性别配比，可以改变男性在游戏生产中的主导地位，进而有助于契合女性玩家的需求，也有利于女性主体意识的传播。

如今，游戏产业女性从业者的比例正在上升，世界范围内也成立了多个号称"支持从事游戏工作的女性"的专业组织，如"Women in Games WIGJ"便是一个宣称致力于让更多女性加入游戏行业的非营利组织。我们有理由期待，在行业内外的共同努力下，电子游戏生产的性别失衡状况将得到进一步改善；电子游戏叙事也能为传播平等的性别观念以及消解女性的媒体刻板印象做出贡献。

参考文献

1.[古希腊] 亚里士多德:《诗学》,陈中梅译,北京:商务印书馆,1996 年。

2.[古希腊] 亚里士多德:《修辞学》,罗念生译,上海:三联书店,1996 年。

3.[苏] 巴赫金:《巴赫金全集》(第二卷),钱中文主编,石家庄:河北教育出版社,1998 年。

4.[德] 艾利卡·费舍尔 - 李希特:《行为表演美学——关于演出的理论》,余匡复译,上海:华东师范大学出版社,2012 年。

5.[德] 马丁·海德格尔:《海德格尔选集》,孙周兴选编,上海:三联书店,1996 年。

6.[德] 托马斯·梅耶:《传媒殖民政治》,刘宁译,北京:中国传媒大学出版社,2009 年。

7.[德] 瓦尔特·本雅明:《作为生产者的作者》,王炳钧、陈永国、郭军、蒋洪生译,郑州:河南大学出版社,2014 年。

8.[德] 沃尔夫冈·伊瑟尔:《阅读活动——审美反应理论》,金元浦、周宁译,北京:中国社会科学出版社,1991 年。

9.[法] 埃米尔·本维尼斯特:《普通语言学问题》,王东亮译,北京:生活·读书·新知三联书店,2008 年。

10.[法] 埃里克·麦格雷:《传播理论史——一种社会学的视角》,刘芳译,北京:中国传媒大学出版社,2009 年。

11.[法] 保罗·利科尔:《解释学与人文科学》,陶远华等译,石家庄:河北人民出版社,1987 年。

12.[法] 茨韦塔·托多罗夫:《巴赫金、对话理论及其他》,蒋子华、张萍译,天津：百花文艺出版社，2001年。

13.[法]弗雷德里克·格霍：《福柯考》，何乏笔译，上海：华东师范大学出版社，2017年。

14.[法]古斯塔夫·勒庞：《乌合之众》，冯克利译，北京：中央编译出版社，2004年。

15.[法]米歇尔·福柯：《什么是批判/自我的文化——福柯的两次演讲及问答录》，潘培庆译，重庆：重庆大学出版社，2017年。

16.[法]米歇尔·福柯：《权力的眼睛——福柯访谈录》，严锋译，上海：上海人民出版社，1997年。

17.[法]米歇尔·福柯：《规训与惩罚》，刘北成、杨远婴译，北京：生活·读书·新知三联书店，2012年。

18.[法]米歇尔·福柯：《性经验史》，佘碧平译，上海：上海人民出版社，2002年。

19.[法]米歇尔·福柯：《词与物——人文科学考古学》，莫伟民译，上海：三联书店，2001年。

20.[法]米歇尔·福柯：《知识的考掘》，王德威译，台北：麦田出版社，1993年。

21.[法]罗兰·巴特：《罗兰·巴特随笔选》，怀宇译，天津：百花文艺出版社，2005年。

22.[法]皮埃尔·布尔迪厄：《关于电视》，许钧译，沈阳：辽宁教育出版社，2000年。

23.[法]让-保罗·萨特：《存在与虚无》，宣良等译，北京：生活·读书·新知三联书店，1997年。

24.[法]让-吕克·南希：《解构的共通体》，夏可君编校，郭建玲、张建华、张尧均、陈永国、夏可君译，上海：上海人民出版社，2007年。

25.[法]热拉尔·热奈特：《叙事话语 新叙事话语》，王文融译，北京：中国社会科学出版社，1990年。

26.[法]塞奇·莫斯科维奇：《群氓的时代》（第2版），许列民、薛丹云、李继红译，南京：江苏人民出版社，2006年。

27.[法] 西蒙娜·德·波伏娃:《第二性（第 2 版）》，陶铁柱译，北京：中国书籍出版社，2004 年。

28.[法] 朱莉娅·克里斯蒂娃:《主体·互文·精神分析——克里斯蒂娃复旦大学演讲集》，祝克懿、黄蓓编译，北京：生活·读书·新知三联书店，2016 年。

29.[英] 阿兰·谢里登:《求真意志——密歇尔·福柯的心路历程》，尚志英、许林译，上海：上海人民出版社，1997 年。

30.[英]P. 埃瑞克·洛:《西方媒体如何影响政治》，陈晞、王振源译，北京：新华出版社，2013 年。

31.[英] 奥斯汀:《如何以言行事——1955 年哈佛大学威廉·詹姆斯讲座》，厄姆森、斯比萨编，杨玉成、赵京超译，北京：商务印书馆，2013 年。

32.[英]Brian McNair:《政治传播学》，林文益译，台北：风云论坛出版社，2001 年。

33.[英] 彼得·伯克:《制造路易十四》，郝名玮译，北京：商务印书馆，2017 年。

34.[英] 丹尼斯·麦奎尔:《麦奎尔大众传播理论》（第 4 版），崔保国、李琨译，北京：清华大学出版社，2006 年。

35.[英] 戈尔德希尔、奥斯本编:《表演文化与雅典民主政制》，李向利等译，北京：华夏出版社，2014 年。

36.[英] 韩礼德、韩茹凯:《英语的衔接》，张德禄等译，北京：外语教学与研究出版社，2007 年。

37.[英] 韩礼德:《语言与社会》，苗兴伟等译，北京：北京大学出版社，2015 年。

38.[英] 肯尼思·米诺格:《政治的历史与边界》，龚人译，南京：译林出版社，2013 年。

39.[英] 罗杰·迪金森、拉马斯瓦米·哈里德拉纳斯、奥尔加·林耐:《受众研究读本》，单波译，北京：华夏出版社，2006 年。

41.[英] 路易丝·麦克尼:《福柯》，贾湜译，哈尔滨：黑龙江出版社，1999 年。

41.[英] 马克·柯里:《后现代叙事理论》，宁一中译，北京：北京大学出版社，2003 年。

42.[英]诺曼·费尔克拉夫:《话语与社会变迁》,殷晓蓉译,北京:华夏出版社,2003年。

43.[英]斯图亚特·霍尔编:《表征:文化表象与意指实践》,徐亮、陆兴华译,北京:商务印书馆,2013年。

44.[英]泰勒、威利斯:《媒介研究:文本、机构和受众》,吴靖等译,北京:华夏出版社,2005年。

45.[英]约翰·B.汤普森:《意识形态理论研究》,郭世平等译,北京:社会科学文献出版社,2013年。

46.[英]汤因比等:《历史的话语:现代西方历史哲学译文集》,张文杰编,桂林:广西师范大学出版社,2002年。

47.[英]约翰·伯格:《观看之道》,戴行钺译,桂林:广西师范大学出版社,2005年。

48.[美]爱德华·萨义德:《报道伊斯兰——媒体与专家如何决定我们观看世界其他地方的方式》,阎纪宇译,上海:上海译文出版社,2009年。

49.[美]爱德华·萨义德:《文化与帝国主义》,李琨译,北京:生活·读书·新知三联书店,2003年。

50.[美]爱德华·萨义德:《人文主义与民主批评》,朱生坚译,北京:新星出版社,2006年。

51.[美]爱德华·萨义德:《知识分子论》,单德兴译,北京:生活·读书·新知三联书店,2002年。

52.[美]爱德华·萨义德:《开端:意图与方法》,章乐天译,北京:生活·读书·新知三联书店,2014年。

53.[美]爱德华·萨义德:《世界·文本·批评家》,李自修译,北京:生活·读书·新知三联书店,2009年。

54.[美]艾莉森·利·布朗:《福柯》(第2版),聂保平译,北京:中华书局,2014年。

55.[美]查尔斯·蒂利:《政权与斗争剧目》,胡位钧译,上海:上海人民出版社,2012年。

56.[美]查尔斯·蒂利、西德尼·塔罗:《抗争政治》,李义中译,南京:译林出版社，2010 年。

57.[美] 丹尼尔·戴扬、伊莱休·卡茨：《媒介事件：历史的现场直播》，麻争旗译，北京：北京广播学院出版社，2000 年。

58.[美] 大卫·科泽：《仪式、政治与权力》，王海洲译，南京：江苏人民出版社，2015 年。

59.[美] 盖伊·塔奇曼：《做新闻》，麻争旗、刘笑盈、徐扬译，北京：华夏出版社，2008 年。

60.[美] 赫伯特·甘斯：《什么在决定新闻：对 CBS 晚间新闻、NBC 夜间新闻、〈新闻周刊〉及〈时代〉周刊的研究》，石琳、李红涛译，北京：北京大学出版社，2009 年。

61.[美]J. 赫伯特·阿特休尔：《权力的媒介——新闻媒介在人类事务中的作用》，黄煜，裘志康译，北京：华夏出版社，1989 年。

62.[美] 哈罗德·拉斯韦尔：《社会传播的结构与功能》，何道宽译，北京：中国传媒大学出版社，2013 年。

63.[美] 海登·怀特：《形式的内容：叙述话语与历史再现》，董立河译，北京：文津出版社，2005 年。

64.[美] 凯尔纳（Kellner D.）：《媒体奇观：当代美国社会文化透视》，史安斌译，北京：清华大学出版社，2003 年。

65.[美] 克利福德·格尔茨：《文化的解释》，韩莉译，南京：译林出版社，2008 年。

66.[美] 克利福德·格尔茨：《尼加拉：19 世纪巴厘剧场国家》，赵炳祥译，北京：商务印书馆，2018 年。

67.[美] 卡普兰：《理性选民的神话：为何民主制度选择不良政策》，刘艳红译，上海：上海人民出版社，2010 年。

68.[美] 凯特·米莉特：《性的政治》，钟良明译，北京：社会科学文献出版社，1999 年。

69.[美] 理查德·鲍曼：《作为表演的口头艺术》，杨利慧、安德明译，桂林：广西师范大学出版社，2008 年。

70.[美] 理查·谢克纳著、孙惠柱主编：《人类表演学系列：谢克纳专辑》，北京：文化艺术出版社，2010 年。

71.[美]W. 兰斯·班尼特：《新闻：政治的幻象》，杨晓红、王家全译，北京：当代中国出版社，2005 年。

72.[美] 迈克尔·埃默里等：《美国新闻史：大众传播媒介解释史》，展江译，北京：中国人民大学出版社，2004 年。

73.[美] 迈克尔·赫茨菲尔德：《人类学：文化和社会领域中的理论实践》，北京：华夏出版社，2013 年。

74.[美] 迈克尔·舒德森：《新闻社会学》，徐桂权译，北京：华夏出版社，2010 年。

75.[美] 迈克尔·舒德森：《新闻的力量》，刘艺聘译，展江、彭桂兵校，北京：华夏出版社，2011 年。

76.[美] 欧文·戈夫曼：《日常生活中的自我呈现》，黄爱华、冯钢译，杭州：浙江人民出版社，1989 年。

77.[美] 塞缪尔·P. 亨廷顿：《第三波：20 世纪后期的民主化浪潮》，欧阳景根译，北京：中国人民大学出版社，2013 年。

78.[美] 斯坦利·费什：《读者反应批评：理论与实践》，文楚安译，北京：中国社会科学出版社，1998 年。

79.[美] 沃尔特·李普曼：《公众舆论》，阎克文、江红译，上海：上海人民出版社，2002 年。

80.[美] 薇思瓦纳珊编：《权力、政治与文化——萨义德访谈录》，单德兴译，北京：生活·读书·新知三联书店，2006 年。

81.[美] 托德·吉特林：《新左派运动的媒介镜像》，张锐译，胡正荣校，北京：华夏出版社，2007 年。

82.[美] 托马斯·库恩：《科学革命的结构》，金吾伦、胡新和译，北京：北京大学出版社，2003 年。

83.[美] 约翰·菲斯克：《解读大众文化》，杨全强译，南京：南京大学出版社，2001 年。

84.[美] 约翰·菲斯克等编：《关键概念：传播与文化研究辞典》，李彬译，北京：新华出版社，2003 年。

85.[美] 约翰·R. 塞尔：《表达与意义：言语行为理论研究》，王加为、赵明珠译，北京：商务印书馆，2017 年。

86.[美] 詹姆斯·W. 凯瑞：《作为文化的传播》，丁未译，北京：华夏出版社，2005 年。

87.[荷] 冯·戴伊克:《话语·心理·社会》，施旭、冯冰编译，北京：中华书局，1993 年。

88.[荷] 范·戴克：《精英话语与种族歧视》，齐月娜、陈强译，北京：中国人民大学出版社，2011 年。

89.[荷] 托伊恩·A. 梵·迪克：《作为话语的新闻》，曾庆香译，北京：华夏出版社，2003 年。

90.[荷] 祖伦：《女性主义媒介研究》，曹晋、曹茂译，桂林：广西师范大学出版社，2007 年。

91.[奥]L. 维特根斯坦：《逻辑哲学论》，郭英译，北京：商务印书馆，1985 年。

92.[瑞士] 费尔迪南·德·索绪尔：《普通语言学教程》，高名凯译，岑麒祥、叶蜚声校注，北京：商务印书馆，1980 年。

93.[加] 罗伯特·洛根：《理解新媒介：延伸麦克卢汉》，何道宽译，上海：复旦大学出版社，2012 年。

94.[澳]J. 丹纳赫、T. 斯奇拉托、J. 韦伯：《理解福柯》，刘瑾译，天津：百花文艺出版社，2002 年。

95.Norman Fairclough: *Language and Power*, New York: Longman, 1989.

96.Michel Foucault: *The Archaeology of Knowledge*. Trans. by A. M. Sheridan Smith. New York: Vintage Books, 2010.

97.Hanspeter Kriesi, Sandra Lavenex, Frank Esser, Jörg Matthes, Marc Bühlmann and Daniel Bochsler: *Democracy in the Age of Globalization and Mediatization*, London: Palgrave Macmillan, 2013.

98.Milton B. Singer : *When a Great Tradition Modernizes*, New York: Praeger, 1972.

99. 白春仁等编：《文本·对话与人文》，石家庄：河北教育出版社，1998 年。

100. 杜小真编选：《福柯集》，上海：上海远东出版社，1998 年。

101. 郭于华主编:《仪式与社会变迁》,北京:社会科学文献出版社,2000 年。

102. 胡春阳:《话语分析:传播研究的新路径》,上海:上海人民出版社,2007 年。

103. 洪汉鼎编:《理解与解释——诠释学经典文选》,北京:东方出版社,2001 年。

104. 刘北成:《福柯思想肖像》,上海:上海人民出版社,2001 年。

105. 罗钢、刘象愚编:《文化研究读本》,北京:中国社会科学出版社,2000 年。

106. 倪炎元:《论述研究与传播议题分析》,台北:五南出版社,2018 年。

107. 倪炎元:《公关政治学:当代媒体与政治操作的理论、实践与批判》,台北:商周出版社,2009 年。

108. 浦兴祖、洪涛主编:《西方政治学说史》,上海:复旦大学出版社,1999 年。

109. 申丹、秦海鹰主编:《欧美文学论丛(第三辑):欧美文论研究》,北京:人民文学出版社,2003 年。

110. 王逢振、盛宁、李自修编:《最新西方文论选》,桂林:漓江出版社,1991 年。

111. 吴冠军译、陶东风等编:《文化研究》(第 5 辑),桂林:广西师范大学出版社,2006 年。

112. 文贵良:《话语与生存:解读战争年代文学(1937 ~ 1948)》,上海:上海书店出版社,2007 年。

113. 汪民安、陈永国、马海良编:《福柯的面孔》,北京:文化艺术出版社,2001 年。

114. 汪民安编:《什么是批判:福柯文选Ⅱ》,北京:北京大学出版社,2015 年。

115. 吴琼编:《视觉文化的奇观》,北京:中国人民大学出版社,2005 年。

116. 许宝强、袁伟编选:《语言与翻译的政治》,北京:中央编译出版社,2000 年。

117. 俞可平:《政治与政治学》,北京:社会科学文献出版社,2005 年。

118. 阎立峰：《思考中国电视——文本、机构和受众》，西安：陕西人民教育出版社，2009 年。

119. 朱刚：《萨伊德》，台北：台湾生智文化事业有限公司，1999 年。

120. 中国艺术研究院影视研究室《影视文化》编辑部编：《影视文化》，北京：文化艺术出版社，1988 年。

121. 祝基滢：《政治传播学》，台北：三民书局，1983 年。

122. 赵可金、孙鸿：《政治营销学导论》，上海：复旦大学出版社，2008 年。

123. 郑贞铭：《美国大众传播》，台北：台湾商务印书馆，2014 年。

后 记

　　《文本、话语与政治：新闻传播研究的新视野》一书由阎立峰设置议题，拟定框架，并做修改统稿。书中的部分内容和思路，曾在厦门大学博士生课程"新闻学前沿"和"新闻学经典研读"中做过讲解和讨论。

　　各章节执笔者情况如下：《权力与建构：话语视域下的新闻文本研究》——郑美娟；《话语与传播：批评话语分析再探析》——刘也夫；《表演与政治：西方政治传播与政治的媒介化》——张燕萍；附录一《再现与反再现：爱德华·萨义德媒介批评思想研究》——曾宇欣；附录二《论电子游戏中的性别与叙事》——陈思婷、张燕萍。张晓娴为附录一的最终完成也做出贡献。

　　本书为厦门大学部校共建项目"中国新闻学丛刊"成果之一，出版得到了该项目的资助。"中国新闻学丛刊"由时任福建省委宣传部部长李书磊先生倡导发起。谨致谢忱！

阎立峰

2021 年 6 月于厦大南光二 321 室